Excel Avanzado

Excel Avanzado

Óscar Sánchez Estella

Paraninfo | ESPECIALIDADES FORMATIVAS

Paraninfo

© Autor: Óscar Sánchez Estella

© Ediciones Paraninfo, SA, 2025
1.ª edición, 2025

C/ Sierra de Guadarrama 35. Naves 2, 3, 4 y 5
Pol. Ind. San Fernando II,
28830 San Fernando de Henares
Teléfono: 914 463 350
clientes@paraninfo.es / www.paraninfo.es

Producción: Nacho Cabal Ramos
Diseño: Eva Zuazua
Maquetación: Sonia del Río

ISBN: 978-84-283-6778-3
Depósito legal: M-7474-2025

(31.489)

Impreso en España
Liberdigital (Casarrubuelos, Madrid)

La editorial recomienda que el alumnado realice las actividades sobre el cuaderno y no sobre el libro.

Este manual desarrolla la especialidad formativa denominada **Excel Avanzado.** Con código **IFCT36** y nivel de cualificación profesional 2.

El objetivo general es manejar la aplicación de hoja de cálculo Microsoft Excel para realizar tareas avanzadas de manipulación de datos de distinto tipo, utilizando funciones, fórmulas, macros, gráficos y un lenguaje de programación.

El libro responde fielmente al desarrollo curricular establecido en 2 módulos según el programa formativo:

Módulo 1: Herramientas y funciones de nivel medio
Módulo 2: Herramientas y funciones de nivel avanzado

El cómputo total de horas formativas es de 100 horas, que se dividen en 25 para el módulo 1 y 75 para el módulo 2.

Las unidades del libro se acompañan de multitud de **recursos didácticos** que ayudarán a la mejor comprensión de la materia de estudio:

- Desarrollo del currículo oficial.
- Lenguaje claro y sencillo que favorece la comprensión.
- Explicaciones exhaustivas y rigurosas, pero también amenas y asequibles.
- Gran cantidad de fotografías y tablas explicativas.
- Casos prácticos que ilustran los contenidos teóricos.
- Actividades finales de aplicación de los contenidos teóricos.

Este libro cuenta con el **solucionario** de las actividades incluidas en el libro al que puede accederse previo registro, desde la ficha web de este libro en www.paraninfo.es.

Solucionario disponible en
www.paraninfo.es

Presentación

Contenido

Contenido

Contenido

Módulo 1: Herramientas y funciones de nivel medio

Como ya sabes, una aplicación de hojas de cálculo permite generar todo tipo de documentos contables. Cualquier documento en el que haya que incluir información numérica o textual de modo estructurado y operar con ella (efectuar operaciones aritméticas, lógicas, estadísticas, etc.) se podrá representar mediante una hoja de cálculo.

Las hojas de cálculo facilitan enormemente el trabajo con información numérica: presupuestos, modelos económicos, balances, estadísticas... No obstante, cuando la información que debamos tratar sea compleja y existan múltiples relaciones entre los datos (por ejemplo, para almacenar las relaciones entre clientes, facturas, albaranes, etc.), el modelo de la hoja de cálculo se queda un tanto pequeño y es preferible trabajar con una **base de datos.**

A lo largo de este módulo vas a recordar herramientas y funciones básicas de Excel, avanzando hacia opciones un poco más complejas.

Contenido

1.1. Nombre de rango de celdas

Aunque el trabajo en Excel se hace sobre una celda, en ocasiones es necesario aplicar formatos a más de una. Cuando se seleccionan varias celdas, estamos trabajando con un **rango**.

Este rango puede ser de celdas contiguas (utilizando la tecla *Mayús*) o de celdas discontinuas (utilizando la tecla *Ctrl*). Esta selección se llama **rango múltiple**.

Excel también permite seleccionar celdas de más de una hoja. A esta selección se la llama **rango tridimensional**. Para realizarla, basta con ir pinchando en el nombre de cada hoja y seleccionar las celdas deseadas.

A los rangos de celdas se les puede proporcionar también un **nombre** que permita identificarlos. Así, en la imagen inferior se ha denominado "VENTAS" al rango seleccionado.

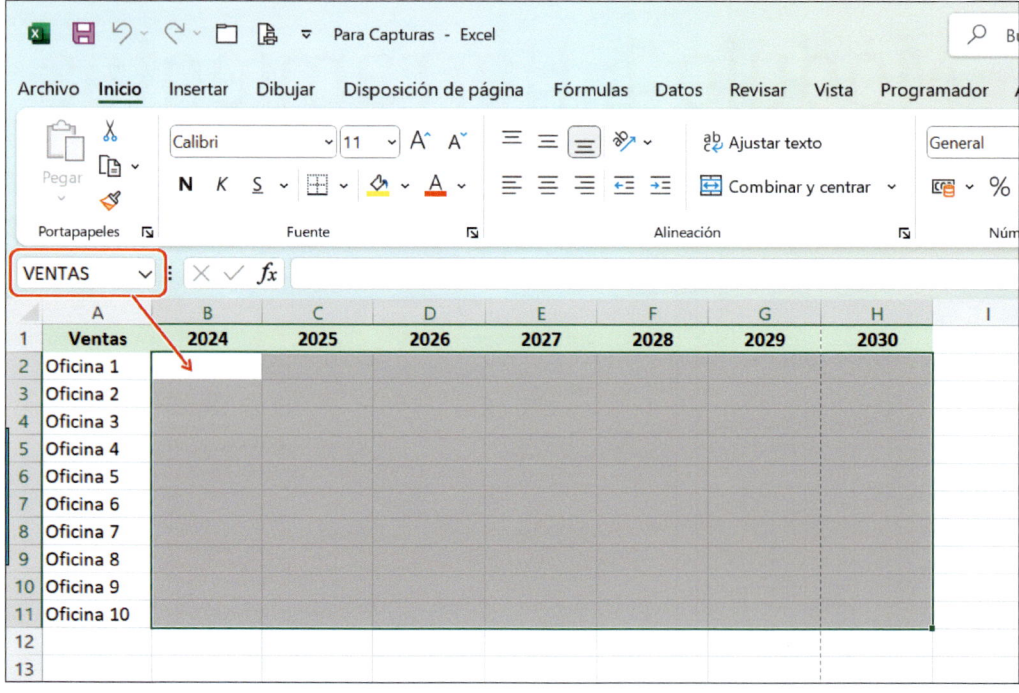

Al igual que con los rangos de celdas, también a las celdas individuales se les puede asignar un nombre propio introduciéndolo en el cuadro de nombres. A la celda en cuestión nos podremos referir entonces tanto por su referencia (B2, C2, etc.) como por el nombre que le hayamos asignado.

Es importante que tengas en cuenta que los nombres de rango no distinguen entre mayúsculas y minúsculas y **no pueden**:

- Tener espacios en blanco.

- Empezar por un número.

- Contener operadores (+, -, *, /).

- Contener símbolos del sistema (@, #, $, %, &...).

La asignación de nombre a un rango (o a una celda) se puede realizar de varias formas:

a) A través del *Cuadro de nombres*. Ya sabes que el *Cuadro de nombres* es el espacio que se encuentra a la izquierda de la barra de fórmulas, tal y como puedes ver en la siguiente imagen:

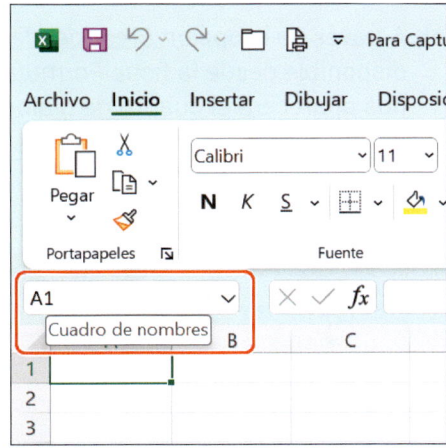

Para dar nombre a un rango debes:

- Seleccionar el rango al que le quieres dar nombre.

- Introducir el nombre en el *Cuadro de nombres* (teniendo en cuenta las condiciones explicadas anteriormente).

- Pulsar la tecla *Intro*.

b) A través de la opción *Asignar nombre*. Está disponible desde la ficha *Fórmulas*, grupo *Nombres definidos*. Al pulsar sobre ella nos aparecerá el cuadro de diálogo que puedes ver en la siguiente imagen:

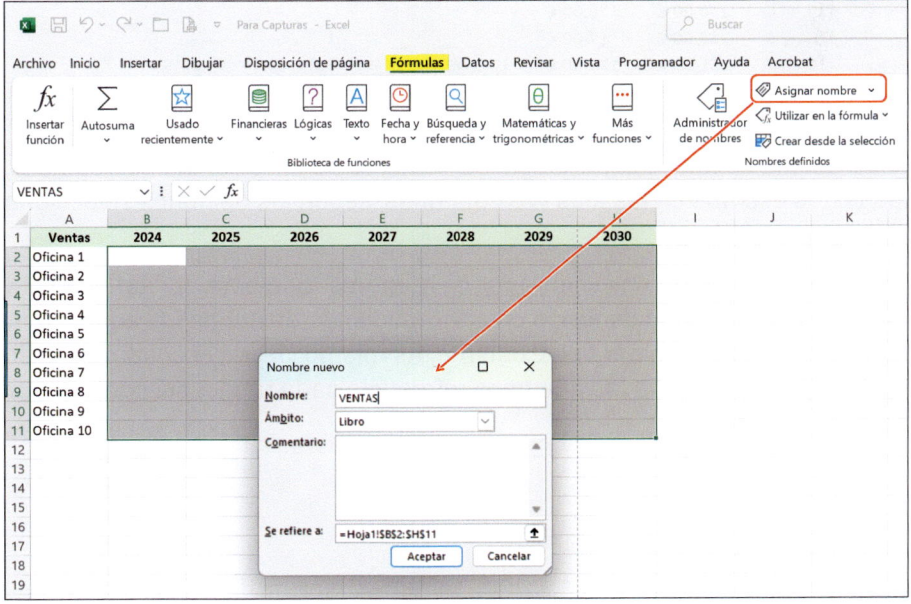

Como puedes comprobar basta con establecer el **Nombre** que quieres darle al rango, el **Ámbito** al que pertenece (por defecto a todo el libro), si deseas un **Comentario** y, por último, **Se refiere a** en donde se establecerá el rango de celdas (automáticamente aparecerá el rango si, antes de haber pulsado sobre la opción *Asignar nombre,* has seleccionado celdas).

Como puedes comprobar, aunque el ámbito es el libro, al definir Hoja1 en el rango de celdas, este nombre solo se aplica en esta hoja.

c) A través de la opción *Crear desde la selección*. Al igual que en el caso anterior, está disponible desde la ficha *Fórmulas*, grupo *Nombres definidos*. Al pulsar sobre ella, nos aparecerá el cuadro de diálogo que puedes ver en la siguiente imagen:

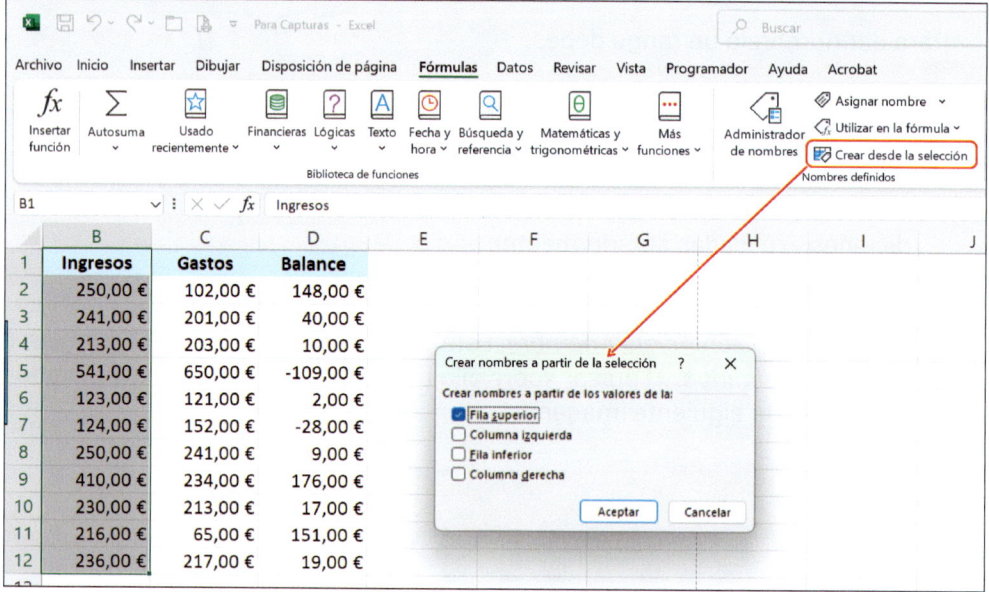

Excel asigna de forma automática los nombres de rango utilizando como nombres los textos escritos en las filas y/o columnas, según las opciones seleccionadas en el cuadro de diálogo.

d) A través de la opción *Administrador de nombres*. Con esta opción puedes visualizar todos los nombres de rango creados, pudiendo definir desde aquí uno nuevo, al igual que editar o eliminar uno existente. Asimismo, desde el cuadro de diálogo podemos ver las celdas a las que hace referencia cada rango, así como el contenido de dicho rango.

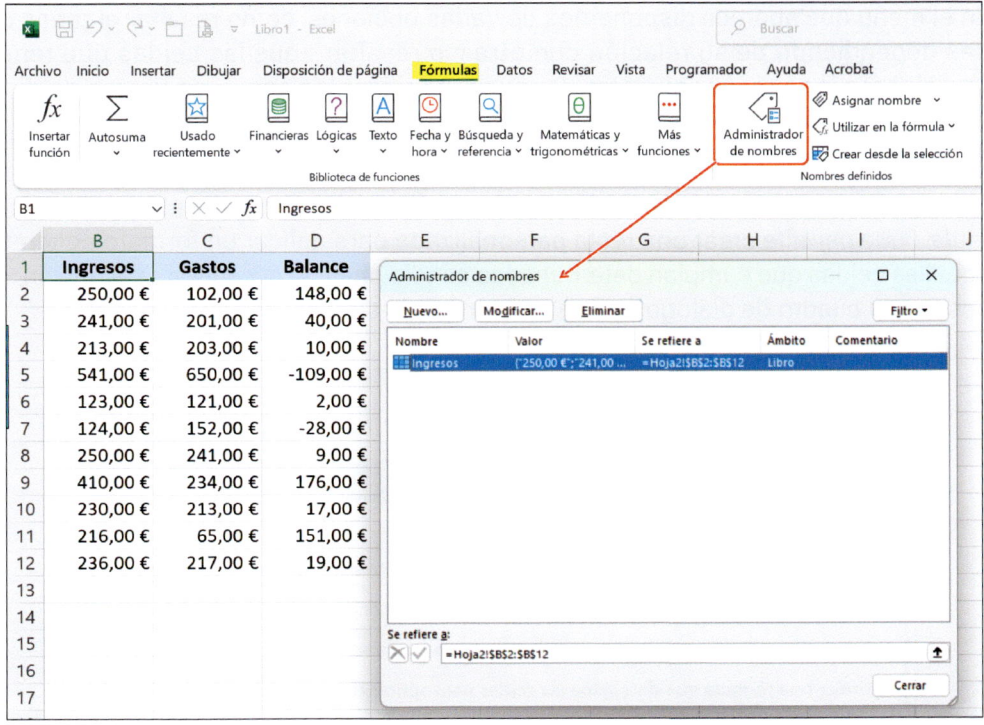

Si quieres definir un nuevo rango, tienes que pulsar el botón *Nuevo…*, apareciendo el mismo cuadro de diálogo que cuando se pulsa sobre la opción *Asignar nombre*.

La utilización de nombres de rango permitirá facilitar las operaciones que efectuemos con las celdas del rango, siendo especialmente útil cuando se utilizan funciones.

1.2. Formato condicional

El formato condicional se utiliza para que Excel aplique un formato especial a la celda dependiendo del valor que esta tome. Suele utilizarse para resaltar errores, para valores que cumplan una determinada condición, para resaltar las celdas según el valor contenido en ella, etcétera.

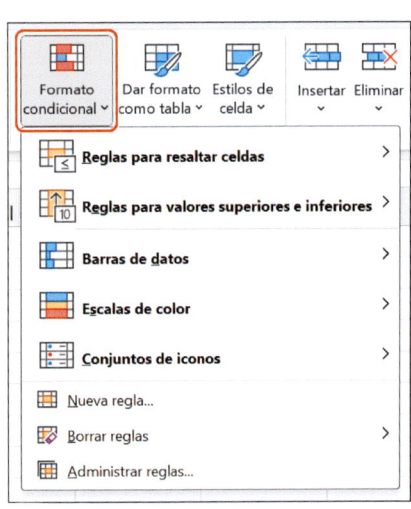

Para aplicar un formato condicional, se deben realizar los siguientes pasos:

- Seleccionamos la celda a la que vamos a aplicar un formato condicional.

- Accedemos a la opción *Formato condicional* de la ficha *Inicio,* grupo *Estilos.*

En el menú que aparece disponemos de varias opciones, como resaltar algunas celdas dependiendo de su relación con otras, o resaltar aquellas celdas que tengan un valor mayor o menor que otro. Se pueden utilizar las opciones *Barras de datos*, *Escalas de color* y *Conjuntos de iconos* para aplicar diversos efectos a determinadas celdas.

Si ninguna de estas opciones nos puede ser válida, disponemos de la opción *Nueva regla...* que permite crear una regla personalizada para aplicar un formato concreto a aquellas celdas que cumplan determinadas condiciones. Al acceder a esta opción, nos aparece el cuadro de diálogo que se muestra en la siguiente imagen.

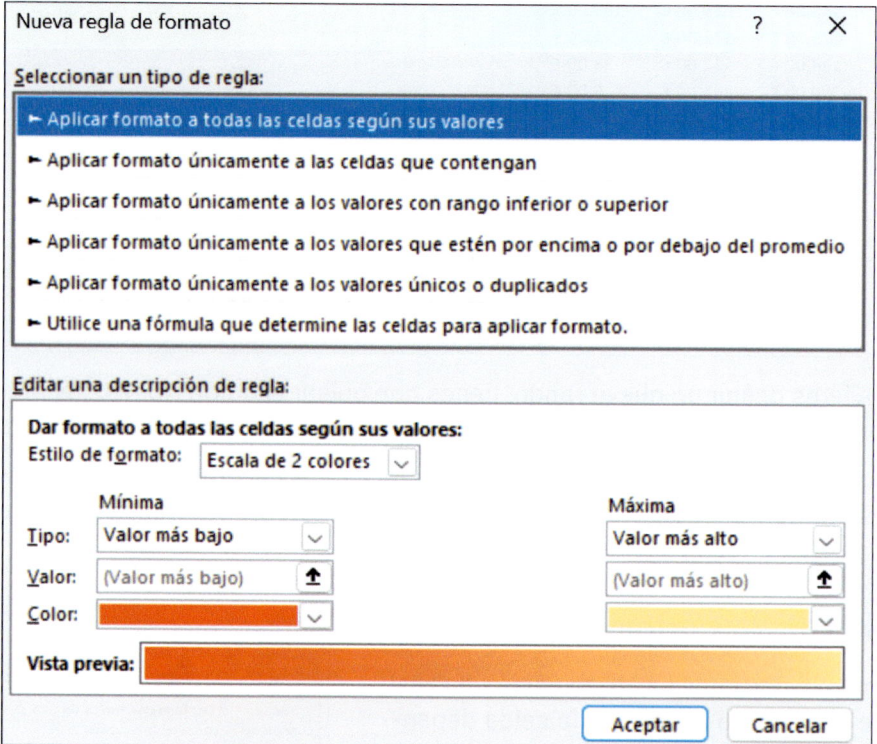

En este cuadro seleccionaremos un tipo de regla. En el marco *Editar una descripción de regla* deberemos indicar las condiciones que debe cumplir la celda y de qué forma se marcará. Por ejemplo, si nos basamos en el *Valor de la celda*, podemos escoger entre varias opciones como pueden ser un valor entre un rango mínimo y máximo, un valor mayor que, un valor menor que y condiciones de ese estilo.

Los valores de las condiciones pueden ser valores fijos o celdas que contengan el valor a comparar. De esta forma, si queremos aplicar formato a las celdas que contengan un determinado valor tendremos que utilizar la segunda opción, tal y como puedes ver en la siguiente imagen.

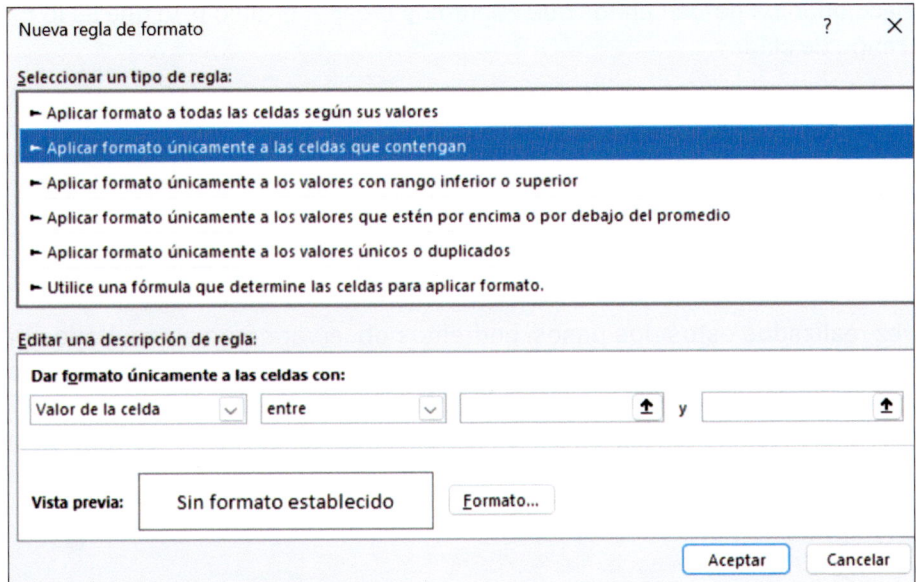

Si pulsamos sobre el botón *Formato...*, accedemos a un cuadro de diálogo donde podemos escoger el formato con el que se mostrará la celda cuando la condición se cumpla. El formato puede modificar el color de la fuente, el estilo, el borde de la celda, el color de fondo de la celda, etcétera.

Al pulsar sobre el botón *Aceptar* se creará la regla y cada celda que cumpla las condiciones se marcará. Si el valor incluido en la celda no cumple ninguna de las condiciones, no se le aplicará ningún formato especial.

También es posible copiar formatos condicionales en otras celdas. Para ello, seleccionaremos las celdas que tengan los formatos condicionales que se desee copiar, haremos clic en el botón *Copiar formato* en la ficha *Inicio*, grupo *Portapapeles*, y a continuación seleccionaremos las celdas que queremos que tengan el mismo formato condicional.

1.3. Gráficos

Un gráfico es una representación de los datos de nuestra hoja de cálculo. Son muy útiles ya que facilitan la interpretación de los datos por aquello de que "una imagen vale más que mil palabras", o más que mil datos en este caso.

1.3.1. Creación de un gráfico

La creación de un gráfico es un proceso sencillo y, para llevarlo a cabo, es necesario seguir una serie de pasos:

1. Seleccionar los datos con los que queremos crear el gráfico o, lo que es lo mismo, el rango de celdas.

2. Ir a la ficha *Insertar*, grupo *Gráficos*, y seleccionar el tipo de gráfico que queremos, tal y como se muestra en la siguiente imagen.

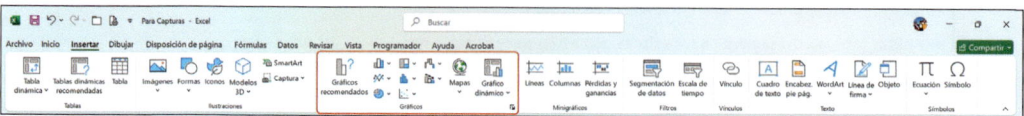

Una vez realizados estos dos pasos, podremos observar cómo el resultado aparece como un objeto en la hoja en la que nos encontremos (aunque es posible modificar su ubicación a través del botón *Mover gráfico* de la ficha *Diseño de gráfico*). Una vez insertado, podemos imprimir el gráfico, o bien copiarlo al portapapeles e insertarlo en una de nuestras hojas de cálculo o en un documento de Word, entre otros posibles destinos.

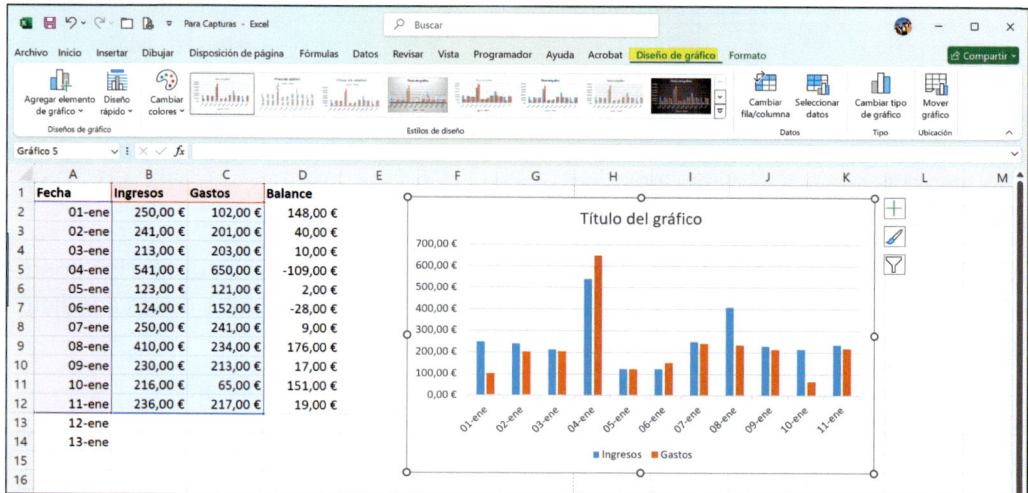

1.3.2. Elementos de un gráfico

Los gráficos poseen, en general, diferentes elementos que es preciso distinguir. Para cada uno de ellos, podremos personalizar muchas de sus características: tipos de letra, tamaños, estilos de líneas, colores, escalas de datos, etcétera.

- El área del gráfico es el área total que contiene el gráfico.

- El área de trazado la forma el gráfico propiamente dicho, limitada por los ejes de coordenadas.

- Los *ejes* (*eje X* y *eje Y*, o *eje de categorías* y *eje de valores*) sirven para encuadrar el gráfico y mostrar las categorías y las divisiones de la escala de valores. En los gráficos tridimensionales aparece también el *eje Z*, que muestra las diversas series de los datos.

- Las *series de datos* son los valores representados en el gráfico.

- Las *líneas de división* son una ayuda visual para localizar la posición de los valores en el gráfico.

- La *leyenda* sirve para identificar a qué conceptos o categorías corresponden los colores o tonalidades empleados en las representaciones del gráfico (columnas, barras, áreas, sectores circulares, etcétera).

- El *título* del gráfico sirve para identificarlo y explicar qué representa.

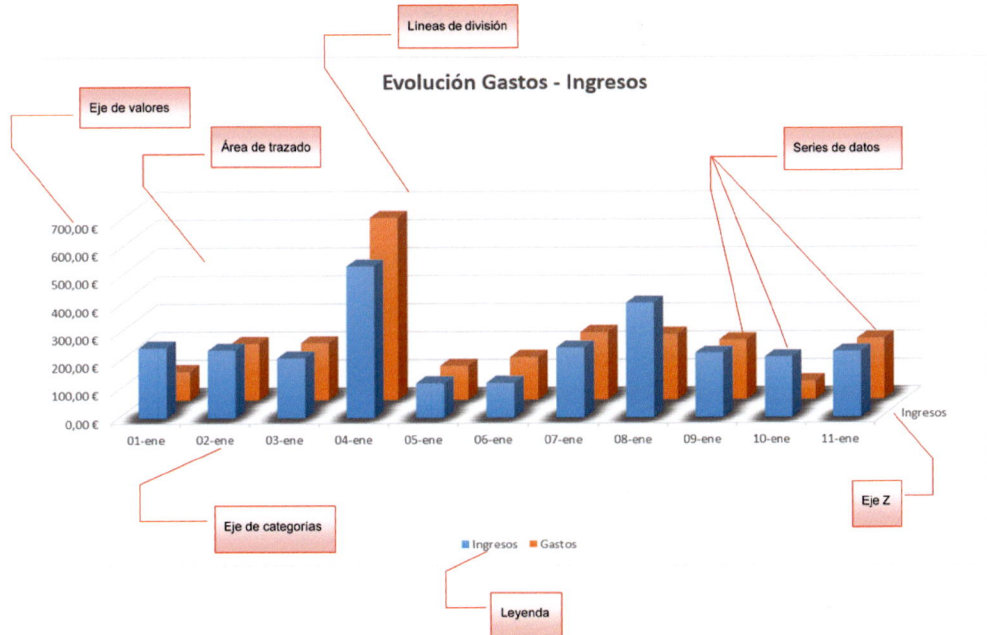

1.3.3. Modificación de un gráfico

Cuando se ha creado un gráfico, es posible que queramos modificar algunos de sus elementos, como su leyenda, sus colores o los grosores de las líneas que lo forman. Veamos cómo hacerlo.

En Excel, una vez creado el gráfico, aparecerán a la derecha de las fichas existentes dos nuevas fichas con herramientas para la manipulación de los gráficos, las fichas *Diseño de gráfico* y *Formato*.

- Mediante la ficha *Diseño de gráfico* podemos escoger el tipo de gráfico, modificar el conjunto de datos a partir de los cuales se ha creado, seleccionar diversos *diseños de gráfico* y elegir uno de los posibles *estilos de gráfico*. Los diseños permiten efectuar variaciones en el trazado del gráfico, el área o volumen que ocupan las columnas o barras, la distancia entre las líneas de división, etc. Los estilos son combinaciones de colores y tipografías que permiten modificar rápidamente la apariencia de nuestro gráfico.

- Con la ficha *Formato* se pueden modificar los contornos y colores de relleno de los elementos, aplicar estilos de WordArt a los títulos, etiquetas, etc., del gráfico, y modificar el tamaño de los elementos que lo componen.

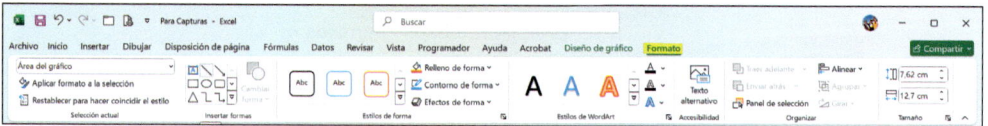

También se puede dar formato a los diversos elementos del gráfico haciendo clic sobre cada uno de ellos. Al hacerlo, se abre el cuadro de diálogo *Formato de <nombre del elemento>*. Por ejemplo, al seleccionar en un gráfico de líneas la forma que representa los datos y hacer doble clic sobre la línea, se abrirá el panel de diálogo *Formato de serie de datos*, tal y como puede verse en la imagen de la derecha.

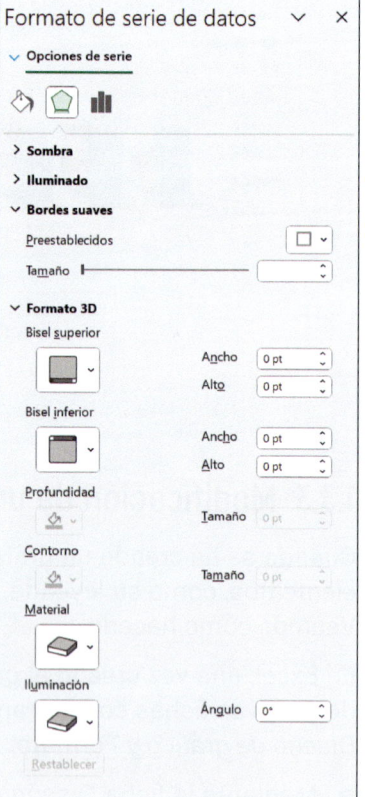

1.3.4. Tipos de gráficos

Excel nos ofrece una gran variedad de tipos de gráficos para representar los datos de nuestra hoja de cálculo. Hay datos que, por su naturaleza, se adaptan especialmente bien a un tipo de gráfico determinado: por ejemplo, es diferente la forma de representar la evolución de los ingresos y gastos a lo largo de los meses del año que la distribución de las fuentes de ingresos de una empresa.

Los tipos de gráficos más importantes son los siguientes:

- El **gráfico de líneas** representa los datos de la hoja como puntos en unos ejes de coordenadas y traza líneas entre los puntos dibujados de una misma serie (fila o columna). Este tipo de gráfico es interesante para mostrar la evolución de datos o conjuntos de datos.

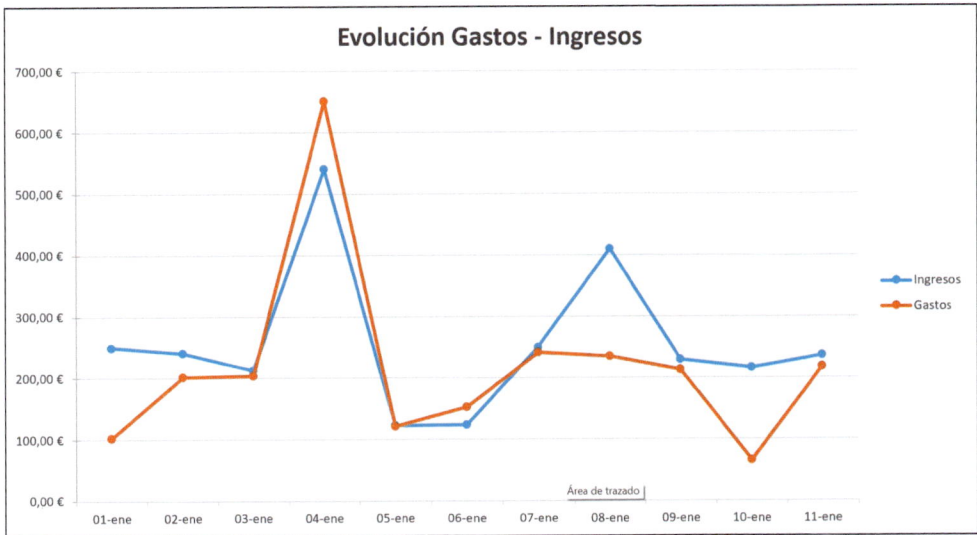

- El **gráfico de columnas** representa los datos de la hoja como columnas, es decir, rectángulos cuya altura es proporcional al valor de cada dato. Las columnas se representan en unos ejes de coordenadas cuyo eje horizontal indica los "títulos" de las columnas y cuyo eje vertical indica sus valores. Es posible representar diversas series, en cuyo caso la aplicación representará varias columnas por título, de diversos colores o tonalidades, uno por serie. También es posible, cuando hay varias columnas, proporcionar a nuestro gráfico una apariencia tridimensional, como se muestra en la figura. El gráfico de columnas es particularmente útil para comparar los datos de la hoja.

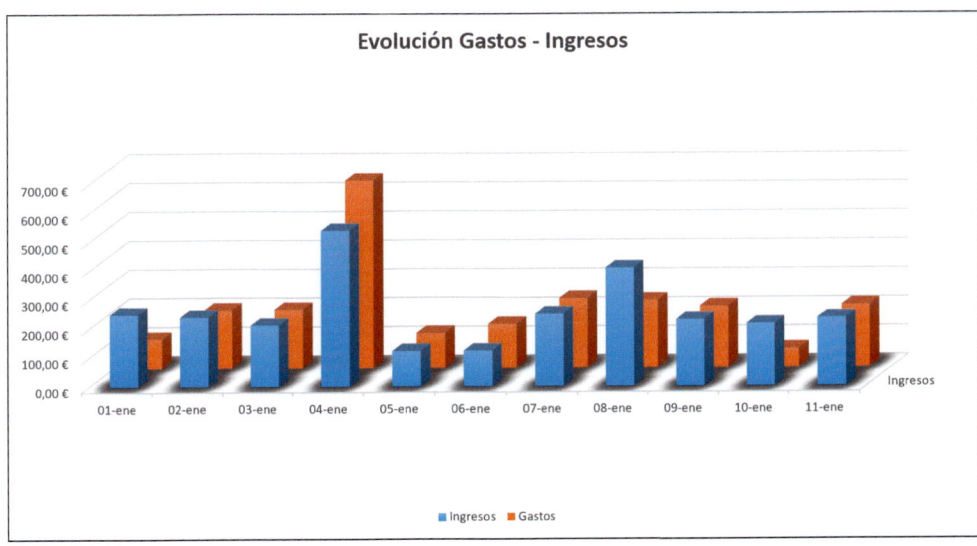

- El **gráfico de barras** es idéntico al anterior, con la diferencia de que los ejes horizontal y vertical aparecen aquí invertidos: el eje vertical es el que contiene los "títulos" de las barras y el horizontal representa sus valores. Los datos se representan en barras horizontales, cuya base es proporcional a su valor.

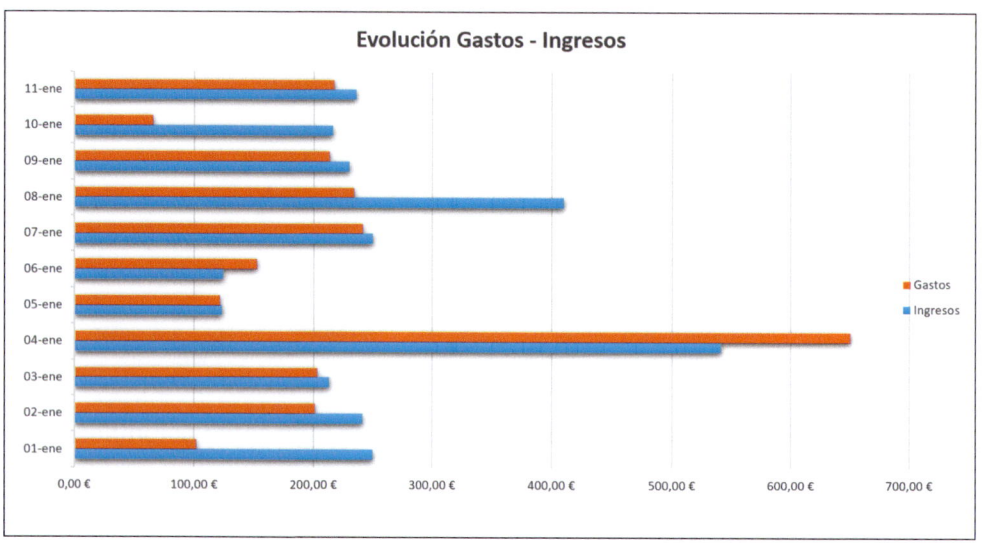

- El **gráfico circular** sirve ante todo para representar una distribución, las proporciones que forman un total. Si el total se representa en los 360 grados del círculo, cada uno de los datos ocupará un sector circular proporcional a su contribución a dicho total. En la figura se representa, a título de ejemplo, la distribución de la cuota de audiencia en mayo de 2025; este gráfico muestra de modo muy claro cuáles son las diferentes cadenas de televisión y su cuota de audiencia.

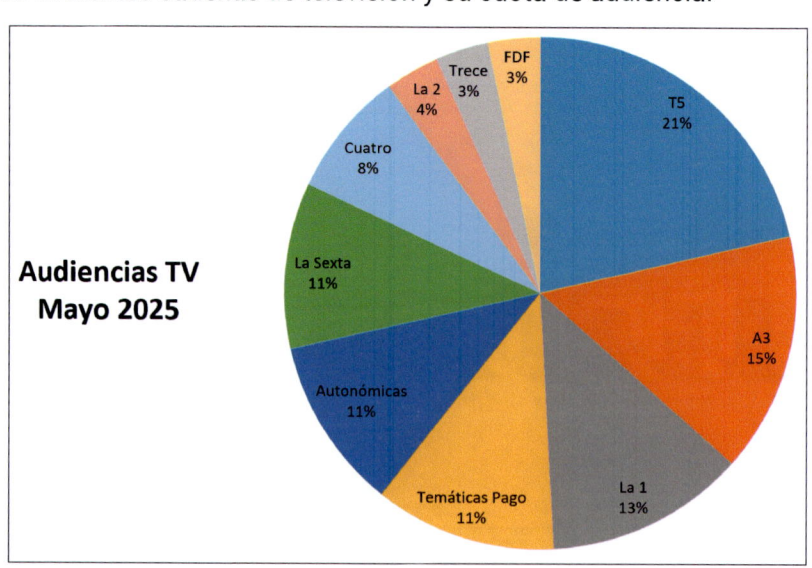

- El **gráfico de áreas** conjuga la representación de las proporciones con la de la evolución de los datos. Cada serie se representa como un área en unos ejes coordenados. Las áreas, además, se colocan unas encima de otras, para tener una representación visual de su contribución al total. En la figura se representa la evolución de la población en las comunidades autónomas con más de 1 200 000 habitantes del año 2019 al año 2023.

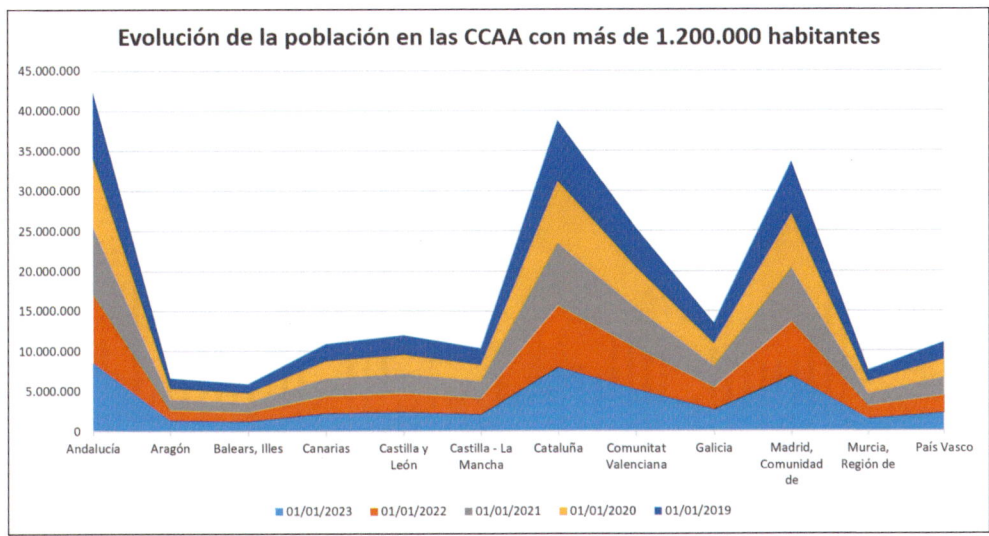

- Otros tipos de gráficos, menos habituales y más especializados, son los de dispersión, superficies, radiales, de burbujas, etcétera.

Además de los tipos de gráficos que hemos explicado anteriormente, a partir de la versión 2019 de Excel, se dispone de otros que pueden resultar de gran utilidad:

- Los **gráficos de jerarquía** sirven para representar gran cantidad de datos de estructura jerárquica. El espacio de la visualización está dividido en rectángulos a los que se les asigna un tamaño y un orden en función de una variable cuantitativa. Los niveles de la jerarquía se visualizan como rectángulos que contienen otros rectángulos, que, de acuerdo con el tamaño, representan más o menos valor de la variable representada.

El resultado final es una visualización intuitiva y dinámica de un rectángulo dividido en áreas proporcionales a los datos que representan, jerarquizado por tamaños y código de color, y optimizando el espacio.

Dentro de la ficha *Insertar* del grupo *Gráficos* disponemos de un icono para poder insertar este tipo de gráficos, tal y como puedes ver en la siguiente imagen:

Por ejemplo, imagina que quieres representar la población de cada una de las provincias, distribuidas por comunidades autónomas, de España. Aunque esta información se puede representar con distintos tipos de gráficos, en función del que utilicemos, hay una gran diferencia. En la siguiente imagen se muestra la información con un **gráfico de columnas**:

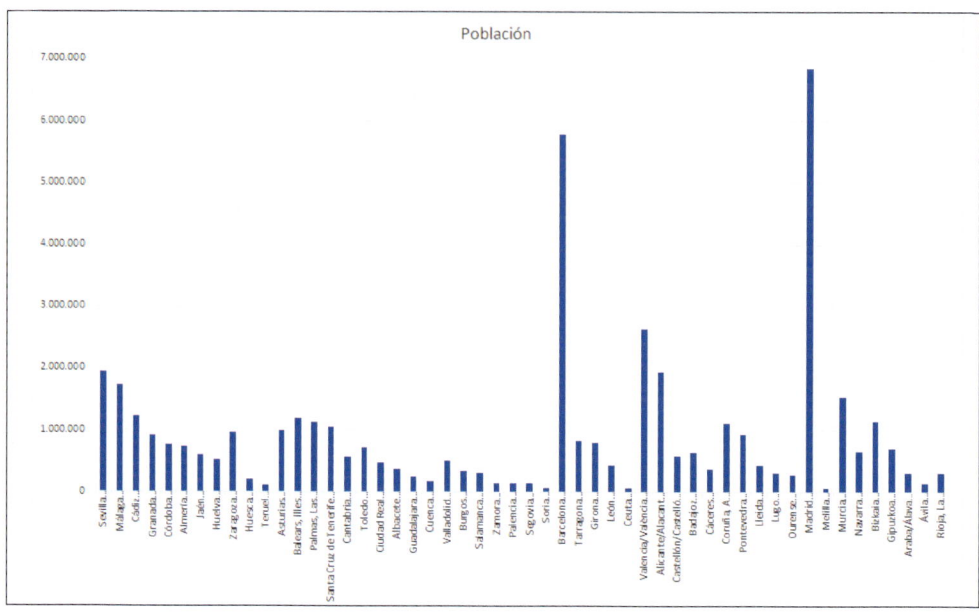

Ahora vamos a representar la misma información con un **gráfico de rectángulos**:

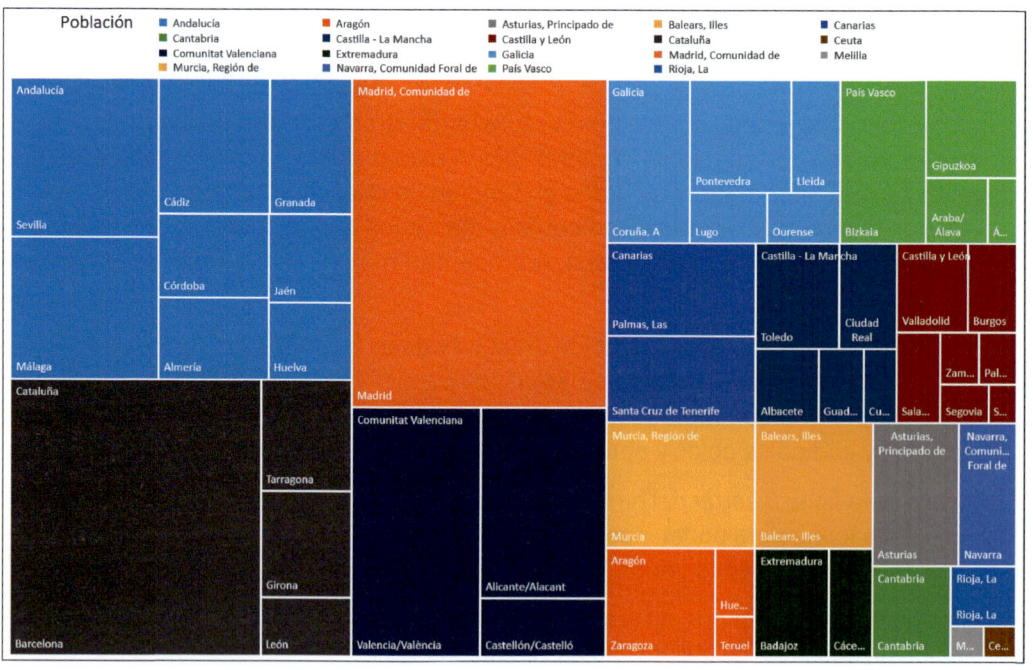

¿Dónde crees que se ve mejor la información? Aunque en este caso los datos están ordenados de mayor a menor, hubiera sido indiferente para la realización de este gráfico el que no lo estuvieran, puesto que los rectángulos siempre se ordenan de más grandes a más pequeños.

Aunque en este tipo de gráfico no se existen muchas opciones disponibles que se puedan modificar, son suficientes para representar la información de otra forma. Las opciones que se pueden modificar son:

— El formato de serie de datos.

— El formato de etiqueta de datos.

Dentro de esta categoría también nos encontramos con los **gráficos de proyección solar**. En estos, cada nivel de la jerarquía está representado por un anillo o círculo, siendo el círculo interior el superior de la jerarquía. Un gráfico de proyección solar sin datos jerárquicos (con un solo nivel de categorías) es similar a un gráfico de anillos. Sin embargo, si se representan varios niveles de categorías, se muestra cómo se relacionan los anillos exteriores con los interiores. El gráfico de proyección solar es especialmente eficaz para mostrar cómo se divide un anillo en sus partes constituyentes, mientras que el gráfico de rectángulos, es ideal para comparar tamaños relativos.

En la siguiente imagen puedes ver la representación gráfica vista anteriormente, pero con un gráfico de proyección solar.

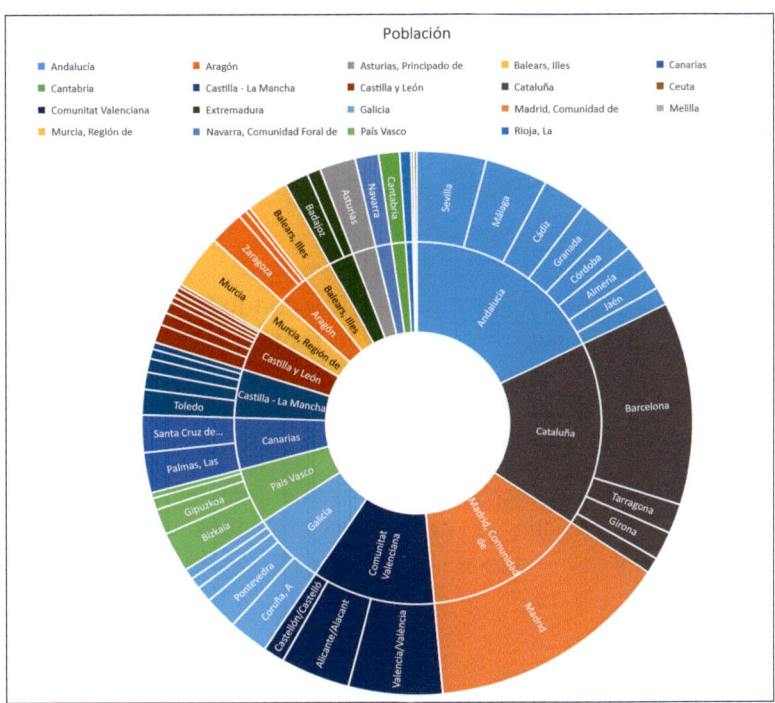

- Los **gráficos en cascada** muestran un total acumulado a medida que se suman o se restan valores. Es muy útil para comprender cómo se ve afectado un valor inicial (por ejemplo, ingresos o gastos) por una serie de valores positivos y negativos.

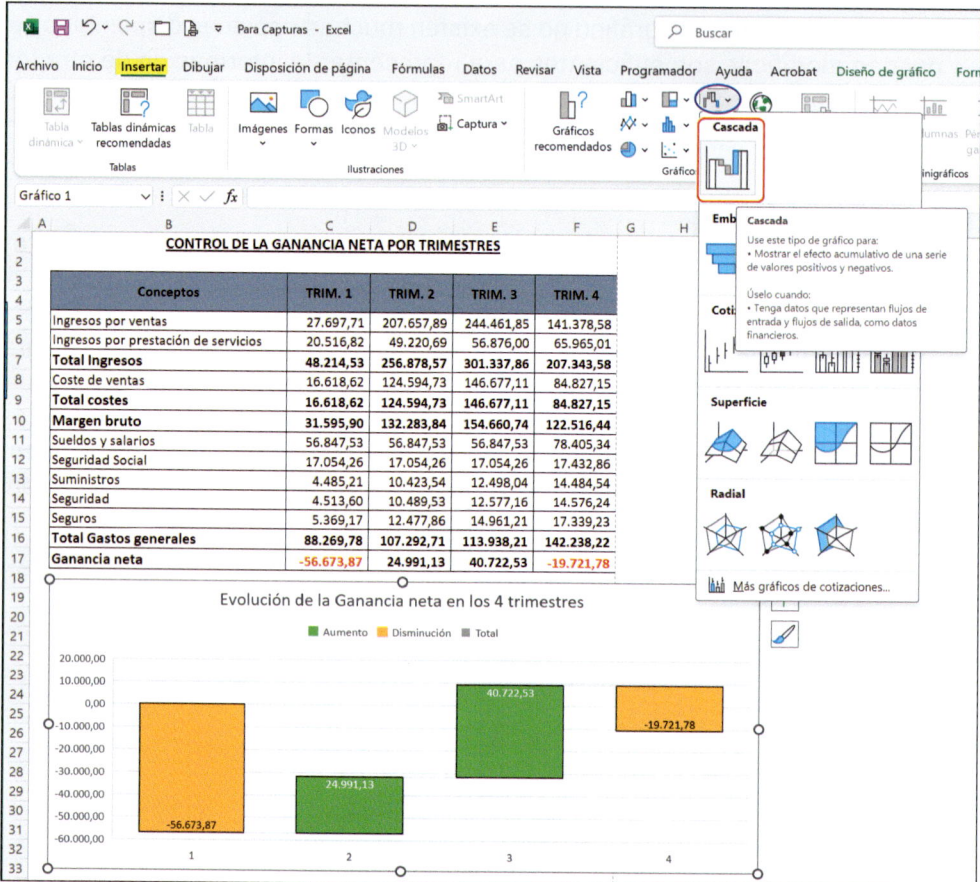

- Los **gráficos de embudo** se suelen emplear cuando los valores de una variable disminuyen respecto a otro factor y, por lo tanto, tienen forma de embudo. Por ejemplo, el seguimiento de los cursos a distancia o virtuales normalmente va disminuyendo según va avanzando el curso; también son muy útiles para representar población o aspectos relacionados con el *marketing* de las empresas.

Realizar este tipo de gráfico no tiene ninguna diferencia en relación a cualquier otro gráfico. Basta con seleccionar los datos y pulsar sobre el icono correspondiente de la ficha *Insertar*, tal y como puedes observar en la siguiente imagen.

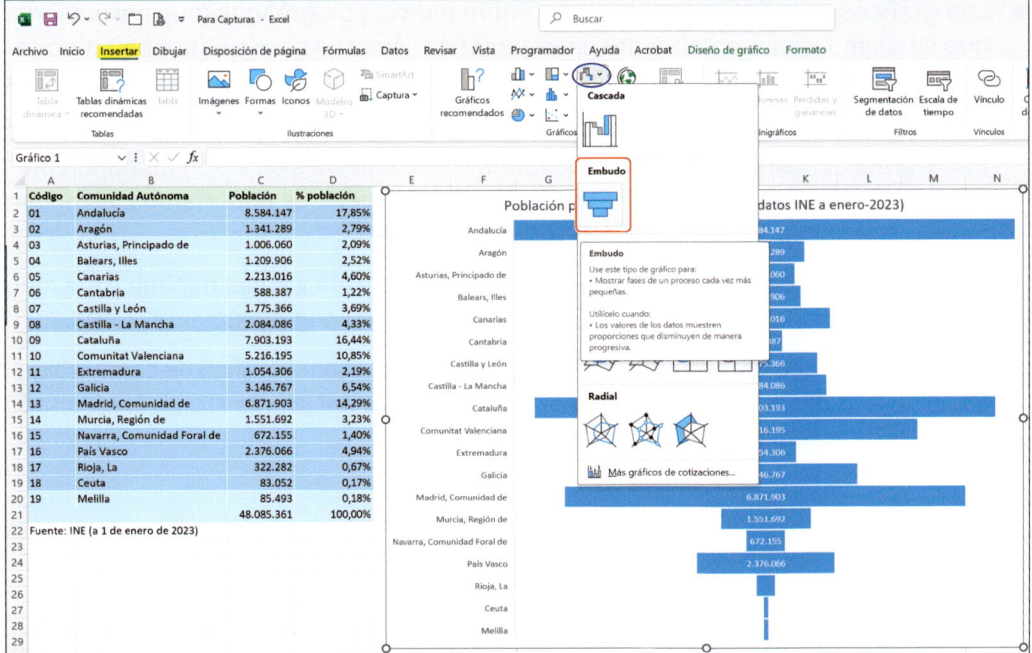

Como se puede observar, el gráfico no representa exactamente un embudo (ancho por la parte superior y estrecho por la inferior, o viceversa). Esto es debido a que los datos no están ordenados. Al ordenarlos, obtendremos lo siguiente:

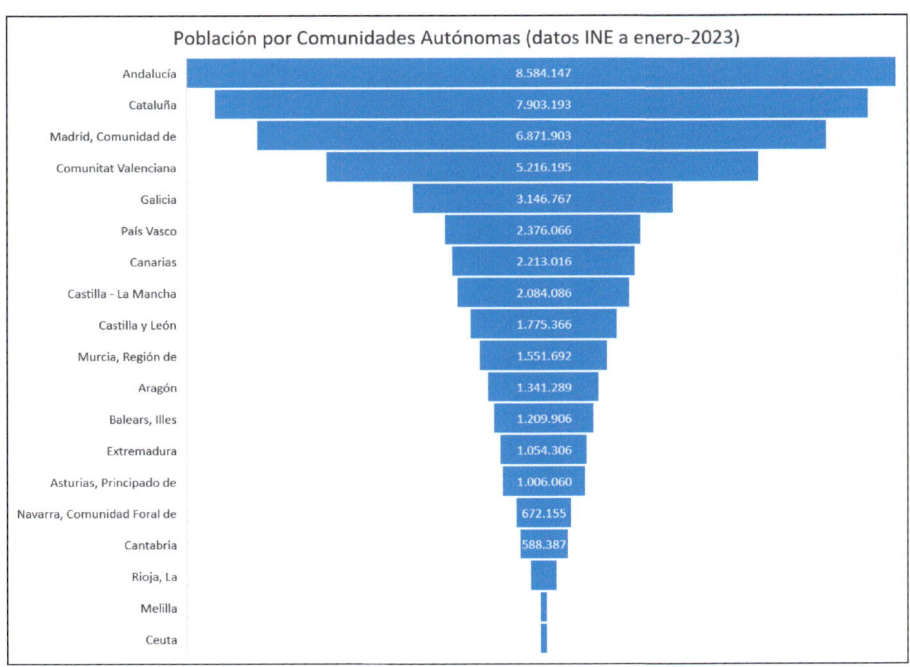

■ Los **gráficos estadísticos**, como su nombre indica, son gráficos muy particulares que se usan fundamentalmente en estadística. Aunque desde esta opción podemos establecer tres tipos de gráficos, nos vamos a centrar en los **gráficos de cajas y bigotes**.

Estos gráficos, también llamados *boxplots* o *box and whiskers*, son una presentación visual que describe varias características estadísticas importantes, al mismo tiempo, tales como la dispersión y la simetría.

Para su realización se representan los tres cuartiles y los valores mínimo y máximo de los datos, sobre un rectángulo, alineado horizontal o verticalmente.

Vamos a verlo con un ejemplo. Se quiere representar con un gráfico de cajas y bigotes el salario de las comunidades autónomas (datos del INE de 2022). El resultado sería el que se muestra en la siguiente imagen.

	A	B	C
1	Código	Comunidad Autónoma	Salario Medio
2	01	Andalucía	2.115,18 €
3	09	Cataluña	2.264,44 €
4	13	Madrid, Comunidad de	2.320,13 €
5	10	Comunitat Valenciana	2.427,32 €
6	12	Galicia	2.036,31 €
7	16	País Vasco	2.313,11 €
8	05	Canarias	2.303,18 €
9	08	Castilla - La Mancha	2.128,43 €
10	07	Castilla y León	2.492,82 €
11	14	Murcia, Región de	2.166,56 €
12	02	Aragón	2.056,59 €
13	04	Balears, Illes	2.253,74 €
14	11	Extremadura	2.625,18 €
15	03	Asturias, Principado de	2.061,02 €
16	15	Navarra, Comunidad Foral de	2.565,72 €
17	06	Cantabria	2.837,42 €
18	17	Rioja, La	2.267,85 €
19	19	Melilla	2.324,98 €
20	18	Ceuta	2.493,01 €
21	Fuente: INE (2022)		
22		Mínimo	2.036,31 €
23		Q1	2.147,50 €
24		Q2 (Mediana)	2.303,18 €
25		Q3	2.460,07 €
26		Máximo	2.837,42 €
27		Media	2.318,58 €
28		Rango Intercuartílico	312,58 €

Teniendo en cuenta esta imagen, se pueden sacar muchas conclusiones de ella, como por ejemplo:

— Las dos partes de la caja son muy similares. Esto quiere decir que el salario comprendido entre el 25 % y el 50 %, y entre el 50 % y el 75 %, no está muy disperso.

— El bigote de la parte inferior (del mínimo a Q1) es más corto que el de la parte superior (del máximo a Q3); por ello, el 25 % del salario de las comunidades que menos pagan está más concentrado que el 25 % de los que más pagan.

— El rango intercuartílico es 312,58 € (Q3-Q1; 2460,07-2147,50), es decir, el 50 % del salario de las comunidades autónomas está comprendido en un rango de 312,58 €.

Como has podido comprobar, en este tipo de gráfico es especialmente útil que se visualicen las etiquetas de datos.

■ Los **gráficos con eje secundario** implican superponer en una misma representación dos valores con información muy diferente, habiendo mucha diferencia entre ellos (valores grandes y valores pequeños).

Desde la versión 2019 se ha simplificado considerablemente la elaboración de este tipo de gráficos, puesto que, dentro de las diferentes opciones que nos da Excel, ya existen estos gráficos. De todas formas, aunque estuviéramos trabajando con versiones anteriores, también es posible crear gráficos con eje secundario.

Imagina que tienes que representar el importe que vende cada uno de las personas que están en el departamento de ventas de la empresa, así como la comisión que cobran por cada venta realizada (del 1 %).

Como puedes imaginar tenemos que representar datos con diferencias de valor muy importantes, y por ello es preciso utilizar un gráfico con eje secundario, tal y como puedes ver en la siguiente imagen.

FECHA	VENDEDOR/A	IMPORTE VENTA	COMISIÓN
01-may	Ana Martínez	141.657,80 €	1.416,58 €
02-may	Lucía Soria	393.536,27 €	3.935,36 €
03-may	Ana Martínez	195.857,31 €	1.958,57 €
04-may	Lucía Soria	156.187,49 €	1.561,87 €
06-may	Adai López	155.538,66 €	1.555,39 €
10-may	Lucía Soria	155.491,23 €	1.554,91 €
12-may	Lucía Soria	32.273,59 €	322,74 €
13-may	Ana Martínez	21.989,77 €	219,90 €
15-may	Ana Martínez	14.219,17 €	142,19 €
30-may	Adai López	1.544,52 €	15,45 €
01-jun	Lucía Soria	3.298,31 €	32,98 €
02-jun	Adai López	15.550,67 €	155,51 €
07-jun	Ana Martínez	134.195,88 €	1.341,96 €
08-jun	Adai López	39.349,65 €	393,50 €
10-jun	Ana Martínez	39.353,62 €	393,54 €
11-jun	Adai López	257.890,44 €	2.578,90 €
			- €
			- €

- Los **mapas**, como su nombre indica, representan la información en zonas geográficas en un mapa, sirviendo para comparar valores y mostrar categorías.

Es preciso que tengas en cuenta que es necesario tener referencias geográficas en los datos, como países, regiones, estados, provincias o códigos postales.

Una vez que tenemos los datos en nuestra hoja de cálculo, basta con pulsar sobre el icono *Mapas* de la ficha *Insertar*, tal y como puedes ver en la siguiente imagen.

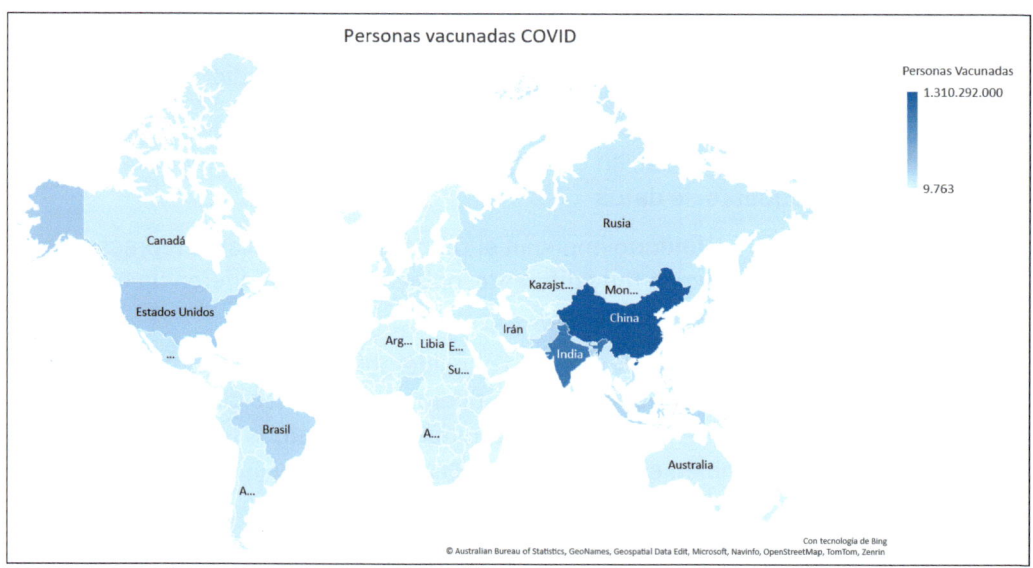

La información visualizada en el mapa se puede configurar a través del panel de diálogo *Formato de serie de datos*, al pulsar con el botón derecho del ratón en algún lugar dentro del mapa, tal y como se puede ver en la imagen de la derecha.

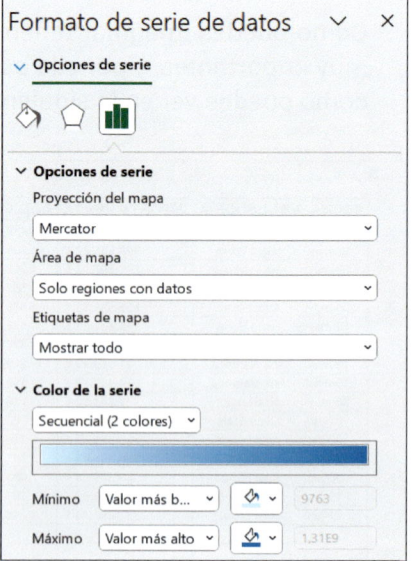

1.3.5. Borrado de un gráfico

Cuando realizamos un gráfico en Excel, este puede estar ubicado en una hoja nueva o como un objeto dentro de otra hoja.

Para borrar un gráfico ubicado en una hoja independiente, basta con eliminar la hoja pulsando el botón derecho del ratón en la hoja que deseamos eliminar y pulsar en la opción *Eliminar*.

Si el gráfico está ubicado como un objeto, para eliminarlo basta con seleccionarlo y pulsar la tecla *Supr*.

1.4. Búsqueda de datos

Las funciones de búsqueda y referencia en Excel son una gran herramienta para encontrar datos concretos almacenados en las hojas de cálculo. Aunque son varias las funciones de estas características que nos proporciona la aplicación, las más utilizadas son BUSCARV y BUSCARH, que se usan indistintamente en función de si los datos que se desea buscar están en forma de columna (vertical-V) o en forma de fila (horizontal-H); también es muy utilizada la función TRANSPONER.

- **BUSCARV**. Busca un valor en la primera columna de la izquierda y devuelve el valor en la misma fila desde una columna especificada. La sintaxis es la siguiente:

    =BUSCARV (valor_buscado;matriz_tabla;indicador_columnas;rango)

    Esta función tiene tres argumentos obligatorios y uno que no lo es, en los que habrá que especificar lo siguiente:

    — Valor_buscado: es el valor de referencia entre las dos tablas; en este caso es el número de empleado que se encuentra en ambas tablas.

    — Matriz_tabla: conjunto de celdas en donde se va a realizar la búsqueda. Acuérdate de establecer referencias absolutas a estas celdas, puesto que los datos siempre se encuentran en esas celdas. También puedes dar nombre a ese conjunto de celdas y hacer referencia al rango en el cuadro, tal y como explicamos en el apartado 1.1.

    — Indicador_columnas: en esta opción se debe indicar el número de la columna que se desea mostrar de las que componen la matriz.

    — Rango: este campo representa un valor lógico, por lo que solamente admite VERDADERO o FALSO. La opción que indique dependerá de si, en la matriz, la columna que contiene el valor de referencia entre las dos tablas se encuentra ordenada de manera ascendente o no. Si está ordenada, será VERDADERO (también es válido dejar el campo vacío), y, si no está ordenada, será obligatorio poner FALSO.

- **BUSCARH**. Busca un valor en la primera fila y devuelve el valor en la misma columna desde una fila especificada. La sintaxis es la siguiente:

    =BUSCARH (valor_buscado;matriz_buscar_en;indicador_filas;ordenado)

- **TRANSPONER**. Intercambia en una matriz las filas por las columnas. La sintaxis es la siguiente:

    =TRANSPONER(matriz)

1.5. Condicionales

Existen casos en los que deberemos operar no con un rango de celdas fijo, sino con aquellas que cumplan determinadas condiciones. Quizá en una empresa necesitemos saber cuántos ingresos proporcionan los clientes cuya facturación anual supera una cierta cantidad. Excel dispone de una serie de funciones para efectuar esta clase de operaciones: son las funciones **SUMAR.SI, PROMEDIO.SI, CONTAR.SI**, etc. Veamos su sintaxis con un ejemplo. La fórmula

=SUMAR.SI(A1:A10;">1000")

permitirá sumar los valores de las celdas A1 hasta la A10 que sean mayores que 1000. Esta función admite también especificar un rango para la comparación y otro para la suma: por ejemplo, si la localidad de un cliente está almacenada en la columna B y su facturación en la C, y queremos sumar la facturación de todos los clientes de Madrid, usaríamos la función con la sintaxis siguiente:

=SUMAR.SI(B1:B10;"Madrid";"C1:C10")

Con esta fórmula, Excel sumaría las celdas de la columna C para las que el correspondiente valor en la columna B fuese "Madrid".

La sintaxis de las otras dos funciones es igual que la vista con la función SUMAR.SI, por lo que la explicación realizada es totalmente válida para estas otras funciones.

Además de las funciones anteriores, existen otras funciones que se basan en condiciones y que se encuentran dentro de las llamadas **funciones lógicas**.

Las funciones lógicas se utilizan para especificar una condición o condiciones para que Excel ejecute la acción especificada tanto en el caso de que el resultado de la evaluación de la(s) condición(es) sea verdad o falsa. Algunos ejemplos de funciones lógicas son las siguientes.

- **SI**. La función SI se utiliza para realizar acciones condicionadas al resultado de valuar una o más condiciones. Su sintaxis es:

=SI(prueba_lógica;valor_si_verdadero;valor_si_falso)

Ejemplo:

=SI(A5<30;"Hacer pedido";"Hay stock") → La función devuelve el aviso "Hacer pedido" si el contenido de la celda A5 es menor de 30 y "Hay stock" si dicho contenido es igual o superior a 30.

Como puedes comprobar, **los valores que son texto deben ir entrecomillados**.

Es importante que recuerdes que cuando anidamos unas funciones SI dentro de otras, hay que prestar atención a cerrar correctamente los paréntesis que hemos abierto; fíjate que los paréntesis se van abriendo en cada función SI que introduzcamos, y se cierran al final. Uno de los errores de sintaxis más frecuentes en las fórmulas con funciones SI anidadas es el cierre incorrecto de paréntesis.

- **O**. Esta función devuelve el valor VERDADERO, si alguno de los argumentos es verdadero. En el caso de que todos sus argumentos sean FALSOS, la función devolverá el valor FALSO. Su sintaxis es:

$$=O(valor\_lógico1;valor\_lógico2;...)$$

Ejemplo:

=SI(O(A1="Hola";B5<10);"hola";0) → La función devuelve "hola" si se cumple una de las dos condiciones expresadas como argumentos en la función O; si las dos son falsas, devolverá un 0.

- **Y**. Devuelve el valor VERDADERO cuando todos los argumentos (condiciones) se cumplen. Si algún argumento (condiciones) es FALSO, la función Y devuelve el valor FALSO. Su sintaxis es:

$$=Y(valor\_lógico1;valor\_lógico2;...)$$

Ejemplo:

=SI(Y(A1=5;B1<2);1;0) → La función devuelve un 1 si la celda A1 contiene 5 y la celda B1 contiene un 0 o un 1.

- **SI.ERROR**. Esta función se utiliza para gestionar errores que puedan ocurrir durante cálculos o manipulaciones de datos. Permite definir respuestas personalizadas al encontrar diferentes tipos de errores dentro de una fórmula, de esta forma, puedes controlar el comportamiento de tus fórmulas y asegurarte de que tus cálculos sean precisos, incluso cuando te enfrentes a datos propensos a errores. Los argumentos de esta función son los siguientes:

$$=SI.ERROR(valor;valor\_si\_error)$$

Ejemplo:

=SI.ERROR(A1/B1;"No se permite dividir por cero") → Si B1 tuviera un valor cero, la división daría un error del tipo "#DIV/0". Al establecer esta fórmula, la celda mostrará el mensaje personalizado que se ha establecido si se produce una división por cero.

1.6. Gestionar datos de las tablas

Una tabla en Excel es un conjunto de datos organizados en filas o registros, en la que la primera fila contiene las cabeceras de las columnas (los nombres de los campos), y las demás filas contienen los datos almacenados. Es como una tabla de base de datos, de hecho también se denominan listas de base de datos.

Las tablas son muy útiles porque, además de almacenar información, incluyen una serie de operaciones que permiten analizar y administrar esos datos de forma muy cómoda.

Entre las operaciones más interesantes que podemos realizar con las listas tenemos:

- Ordenar los registros.

- Filtrar el contenido de la tabla por algún criterio.

- Utilizar fórmulas para la lista añadiendo algún tipo de filtrado.

- Crear un resumen de los datos.

- Aplicar formatos a todos los datos.

Las tablas de datos ya se usaban en versiones anteriores de Excel, pero bajo el término no *Listas de datos*. Incluso encontrarás, que en algunos cuadros de diálogo, se refieren a las tablas como listas.

Para crear una tabla tenemos que llevar a cabo los siguientes pasos:

1. Seleccionar el rango de celdas (con datos o vacías) que queremos incluir en la lista.

2. Seleccionar la opción *Tabla* de la ficha *Insertar*, grupo *Tablas*.

   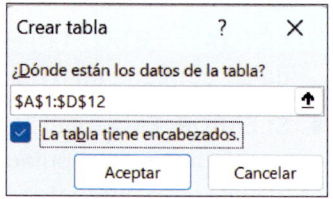

   Se nos mostrará en la pantalla el cuadro de diálogo que aparece en la imagen de la derecha, en la que, si queremos, podremos modificar las celdas que hayamos seleccionado previamente.

3. Si en el rango seleccionado hemos incluido la fila de cabeceras (recomendado), activaremos la casilla de verificación *La lista tiene encabezados*.

4. Para finalizar, pulsaremos sobre el botón *Aceptar*.

Al cerrarse el cuadro de diálogo, podemos ver que en la cinta de opciones aparece la ficha *Diseño de tabla*, con todas las opciones que podemos realizar con la tabla. De la misma forma, en la hoja de cálculo aparece el rango seleccionado con el formato propio de la tabla, tal y como puedes observar en la siguiente imagen.

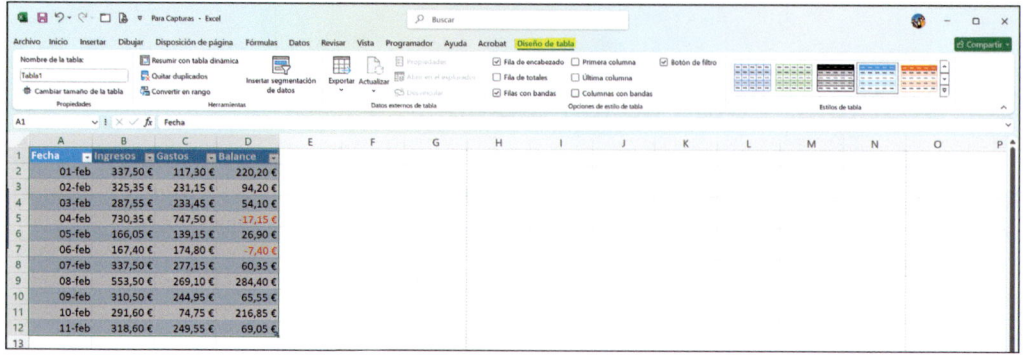

1.6.1. Estilos de una tabla

Cuando se inserta una tabla en Excel, por defecto aparecen unos colores (estilos) que son totalmente configurables. Para ello, dispones del botón *Estilos rápidos* situado en la ficha *Diseño de tabla* del grupo *Estilos de tabla*.

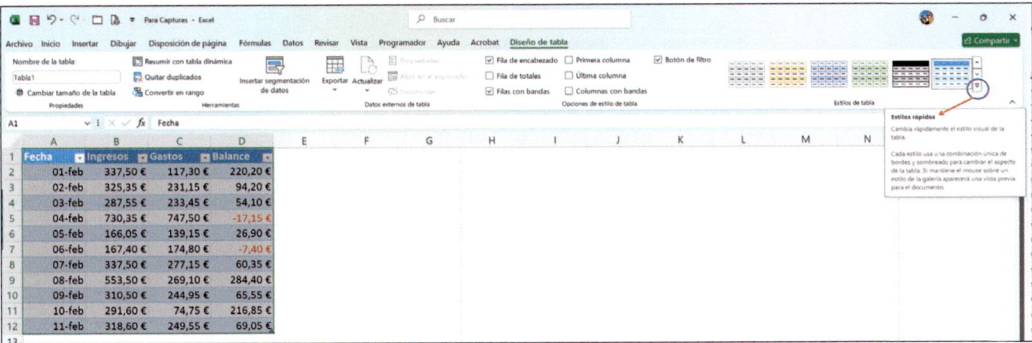

1.6.2. Conversión de una tabla en rango

Una vez que hemos insertado una tabla, en cualquier momento podemos convertirla en un rango de datos a través de la opción *Convertir en rango* de la ficha *Diseño de tabla*, grupo *Herramientas*. Al pulsar sobre el botón, nos aparece un cuadro de diálogo de confirmación, tal y como puedes ver en la siguiente imagen.

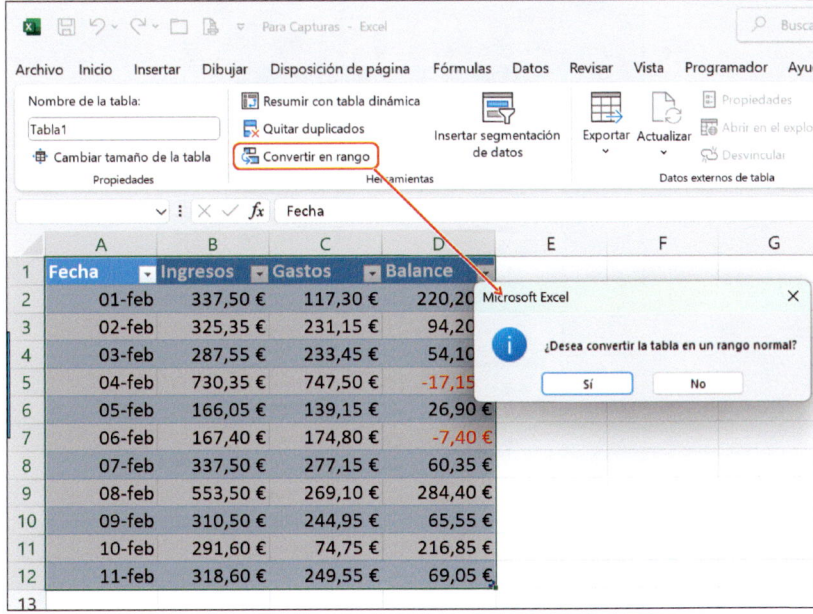

Al pulsar en el botón *Sí*, desaparece el formato tabla manteniendo los datos.

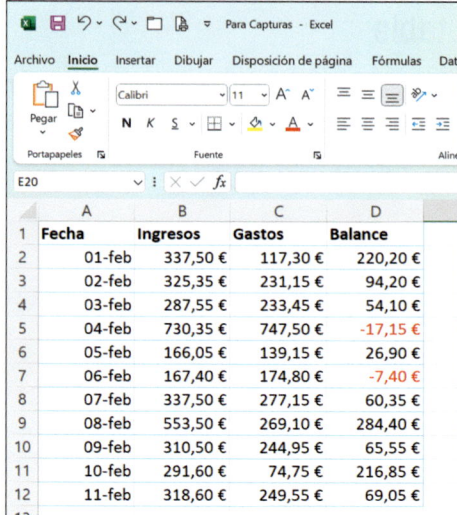

Esta misma acción se puede realizar pulsando el botón derecho del ratón en cualquier celda que se encuentre dentro de la tabla. A través de la opción *Tabla → Convertir en rango*.

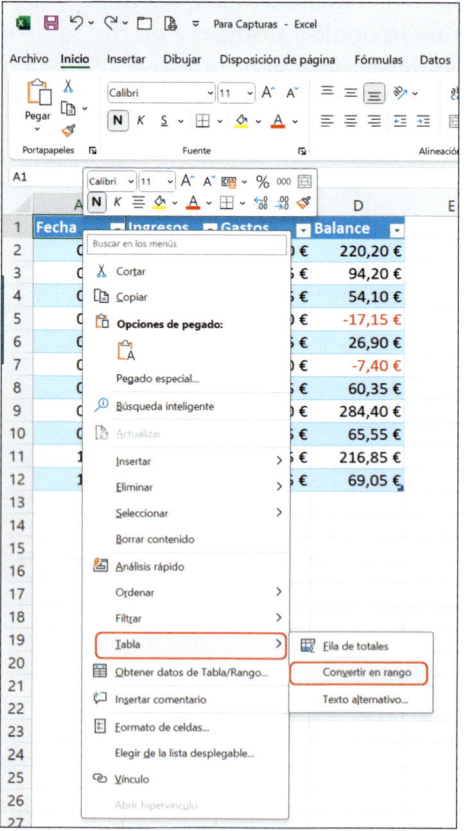

1.6.3. Conversión de un rango en tabla

Como te hemos explicado anteriormente, la creación de una tabla se puede realizar con datos en las celdas o sin ellos. Por ello, si ya tengo datos escritos, lo que tengo que hacer es pinchar en el icono *Tabla* de la ficha *Insertar* del grupo *Tablas*.

1.6.4. Ventajas de trabajar con tablas

Algunas de las ventajas de trabajar con tablas en Excel son las siguientes:

- Cuando **introducimos una fórmula** en una nueva columna, en lugar de hacer referencia solamente a la celda en cuestión, nos incluye toda la columna.

  De esta manera, cuando pulsamos la tecla *Aceptar*, no solamente nos calcula de forma dinámica su valor, sino que rellena todas las celdas de esa columna hasta el final y nos ahorramos el tener que arrastrarla.

  Es decir, automáticamente Excel realiza el autorellenado y la gestión de nombres.

- **Crear totales** o establecer **filtros**, gracias a las casillas de verificación establecidas en la ficha *Diseño de tabla*, grupo *Opciones de estilo de tabla*.

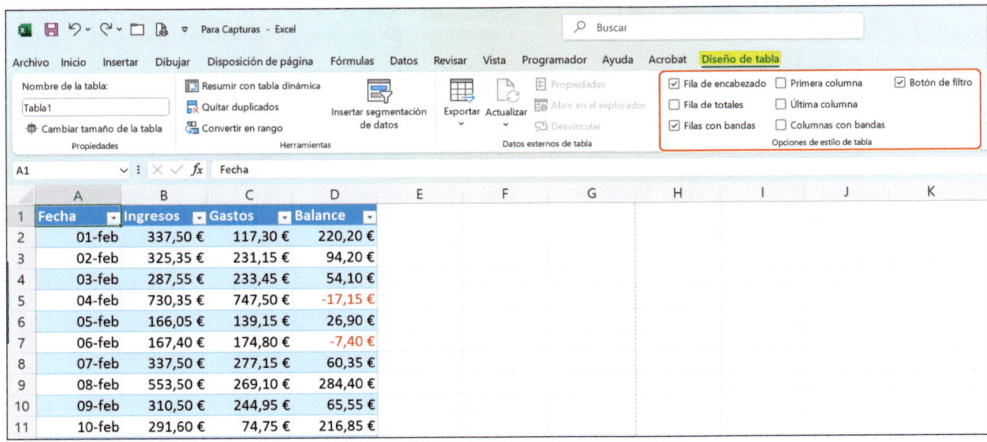

- Podemos **crear una tabla dinámica** a partir de una tabla que ya tenemos hecha. Esta acción se realiza desde la opción *Resumir con tabla dinámica* de la ficha *Diseño de tabla*, grupo *Herramientas*.

- Podemos trabajar **segmentando datos**, a través de la opción *Insertar segmentación de datos* de la ficha *Diseño de tabla*, grupo *Herramientas*. Gracias a la segmentación podrás:

  - Filtrar y gestionar una base de datos solamente con las segmentaciones que nos propone la propia tabla para poder trabajar.

— Podemos filtrar y desfiltrar todo lo que queramos y automáticamente nos aparecerán los datos que necesitamos.

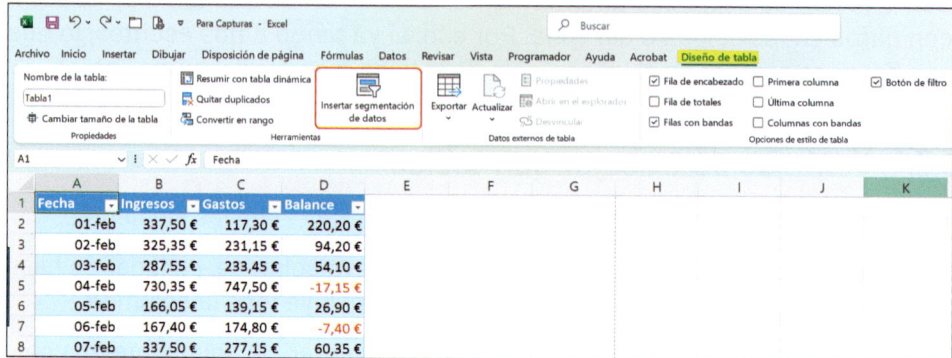

1.7. Tablas dinámicas

Una empresa dedicada a la distribución de sobres, cajas y cartones presenta la siguiente información del último trimestre del año:

	A	B	C	D	E	F	G	H
1	Fecha	Mes	Vendedor/a	Artículo	Zona	Ventas	Comisión	
2	5-oct.	octubre	Pedro Moya	Cartones	Norte	865,18 €	43,26 €	
3	5-oct.	octubre	Abel Tormos	Cajas	Centro	801,16 €	40,06 €	
4	7-oct.	octubre	Mar García	Cajas	Sur	930,70 €	46,54 €	
5	8-oct.	octubre	Alex Miramón	Cartones	Norte	1.091,89 €	54,59 €	
6	11-oct.	octubre	Alex Miramón	Cartones	Centro	1.255,67 €	62,78 €	
7	12-oct.	octubre	Teresa Lamarca	Cajas	Sur	800,58 €	40,03 €	
8	13-oct.	octubre	Pedro Moya	Cartones	Sur	826,78 €	41,34 €	
9	18-oct.	octubre	Abel Tormos	Cajas	Centro	703,57 €	35,18 €	
10	20-oct.	octubre	Felisa Zarza	Cartones	Norte	855,82 €	42,79 €	
11	21-oct.	octubre	Sandra Boix	Cartones	Norte	770,48 €	38,52 €	
12	23-oct.	octubre	Mireya Cordón	Cartones	Centro	919,09 €	45,95 €	
13	25-oct.	octubre	Sonia Méndez	Cartones	Sur	1.084,89 €	54,24 €	
14	28-oct.	octubre	Abel Tormos	Cajas	Sur	809,11 €	40,46 €	
15	29-oct.	octubre	Mireya Cordón	Cajas	Norte	1.221,36 €	61,07 €	
16	5-nov.	noviembre	Sandra Boix	Cartones	Centro	669,98 €	33,50 €	
17	13-nov.	noviembre	Felisa Zarza	Cartones	Sur	984,19 €	49,21 €	
18	14-nov.	noviembre	Mireya Cordón	Cajas	Norte	1.062,05 €	53,10 €	
19	23-nov.	noviembre	Teresa Lamarca	Cajas	Centro	696,16 €	34,81 €	
20	2-dic.	diciembre	Sandra Boix	Cajas	Centro	835,23 €	41,76 €	
21	3-dic.	diciembre	Pedro Moya	Cartones	Sur	950,79 €	47,54 €	
22	6-dic.	diciembre	Ángeles Ortiz	Cajas	Sur	932,78 €	46,64 €	
23	9-dic.	diciembre	Pedro Moya	Cartones	Centro	994,95 €	49,75 €	
24	11-dic.	diciembre	Sonia Méndez	Cartones	Centro	1.247,62 €	62,38 €	
25	14-dic.	diciembre	Abel Tormos	Cajas	Centro	696,66 €	34,83 €	
26	15-dic.	diciembre	Mireya Cordón	Cartones	Sur	1.056,95 €	52,85 €	
27	17-dic.	diciembre	Luis Galindo	Sobres	Norte	1.049,53 €	52,48 €	
28	21-dic.	diciembre	Ángeles Ortiz	Cajas	Norte	811,11 €	40,56 €	

Observa las columnas Fecha, Vendedor/a, Artículo, Zona y Ventas. ¿Puedes identificar rápidamente qué artículo es el que más se vende?, o bien ¿qué vendedor/a es el/la que más ha vendido?, o ¿cuál ha sido el mes donde se ha facturado más?, o ¿cuánto se ha vendido en cada zona?

Para ayudarnos a contestar estas preguntas, en Excel disponemos de las tablas dinámicas, ya que nos permiten visualizar estos cálculos de forma muy rápida, tanto en forma de tabla como en forma de gráfico.

Como se ha podido comprobar por la imagen anterior, una tabla dinámica es una herramienta que permite calcular, resumir y analizar datos, presentándolos de una forma que facilita realizar comparaciones, visualizar patrones y tendencias en ellos.

Las tablas dinámicas son las herramientas de Excel más utilizadas para el análisis de datos. Permiten resumir y ordenar información, analizando una gran cantidad de filas y de columnas y ayudando a visualizar únicamente la información relevante, con lo que el análisis se vuelve más sencillo.

1.7.1. Creación de una tabla dinámica

Antes de empezar a ver cómo se crea una tabla dinámica, es preciso tener en cuenta que se llaman dinámicas porque permiten manipular los datos de diferentes formas en función de las necesidades.

Aunque no es obligatorio, lo ideal es transformar los datos sobre los que se va a realizar la tabla dinámica en una tabla, tal y como te hemos explicado en el apartado anterior (icono *Dar formato como tabla* de la ficha *Inicio,* grupo *Estilos*).

Si hemos convertido los datos en una tabla, disponemos de dos opciones para crear una tabla dinámica:

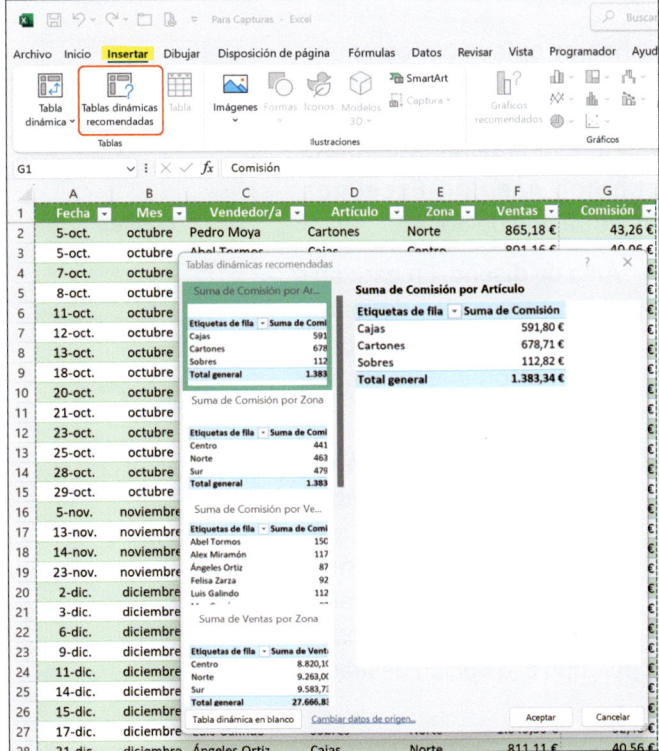

- Desde el icono *Tablas dinámicas recomendadas*, disponible en la ficha *Insertar*, grupo *Tablas*. En función de los datos disponibles, Excel realiza recomendaciones para la tabla, aunque también se dispone de la opción de realizar una tabla en blanco, tal y como se puede apreciar en la imagen de la derecha.

- Desde el icono *Resumir con tabla dinámica*, disponible en ficha *Diseño de tabla*, grupo *Herramientas*. Nos aparecerá el cuadro de diálogo que puedes ver en la siguiente imagen para que le indiquemos la tabla o rango de datos que queremos representar, así como la ubicación de la tabla dinámica.

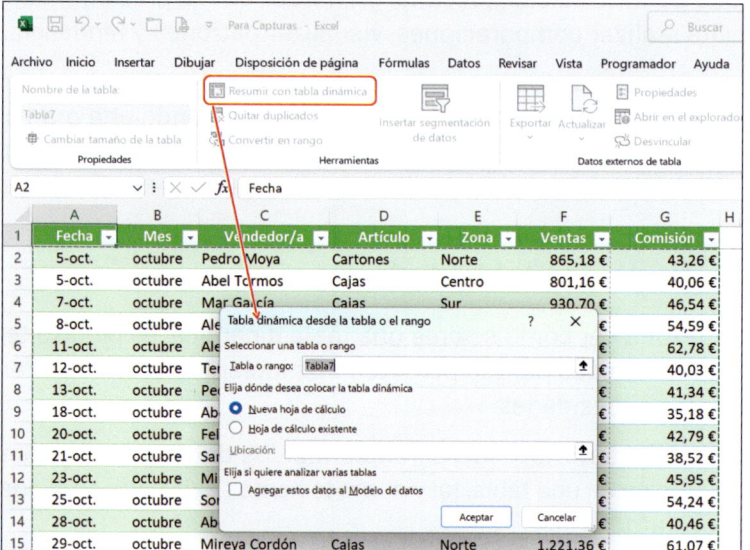

Si hemos optado por crear una tabla dinámica en blanco, una vez seleccionados los datos y la ubicación, pulsamos el botón *Aceptar*. Excel nos muestra dos opciones:

- **Área de diseño**. En esta opción aparecen los datos resumidos, dependiendo de la selección que se realice en la lista de campos.

- **Campos de tabla dinámica**. En esta opción se deben seleccionar los datos que se desean resumir e indicar su ubicación en la tabla dinámica, arrastrando cada campo a la opción deseada.

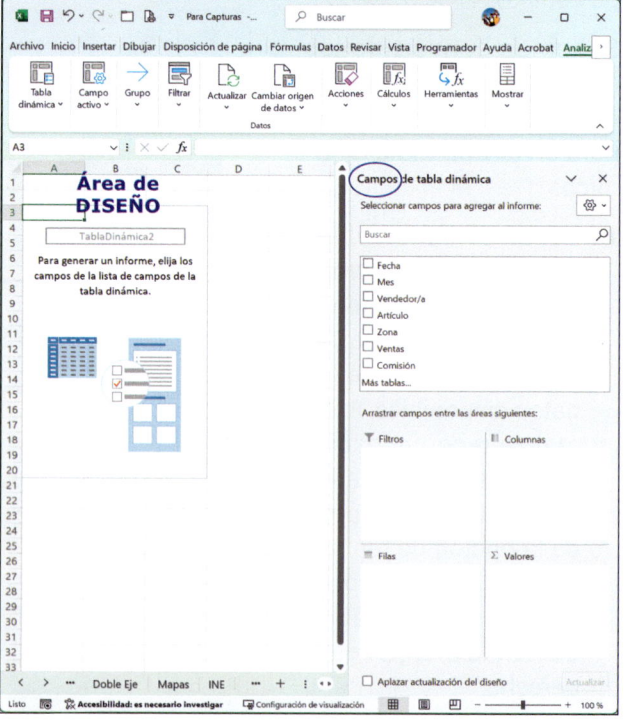

© Ediciones Paraninfo

En la siguiente imagen se puede observar que hemos realizado una tabla dinámica calculando la comisión que cobra cada vendedor/a por cada uno de los artículos que ha vendido.

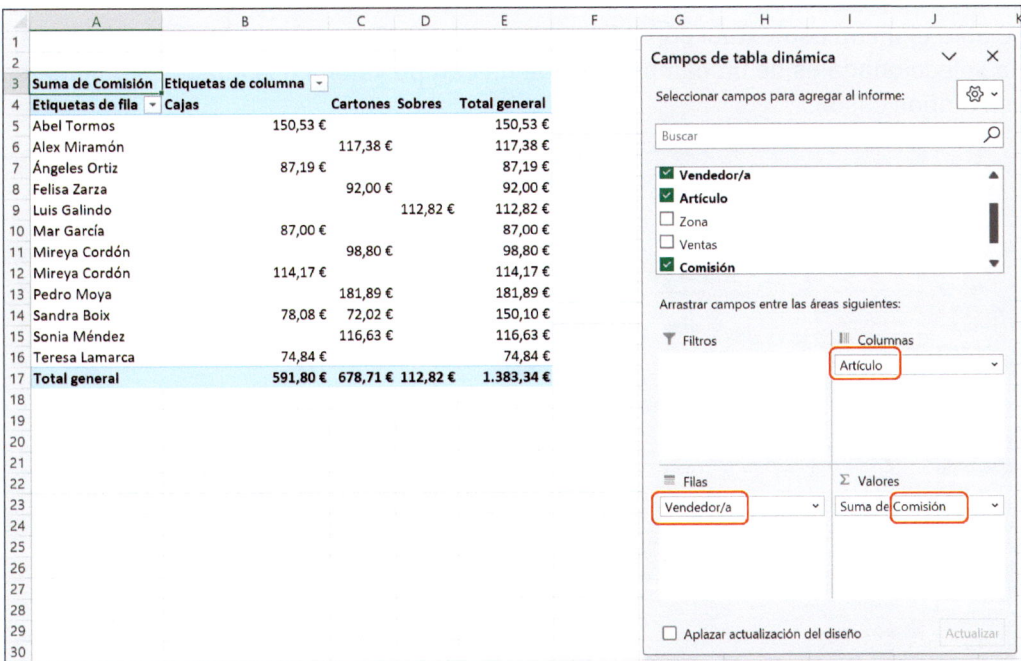

Es importante que tengas en cuenta que <u>no es obligatorio</u> que la tabla dinámica cuente con Filas, Columnas y Valores ya que, en función de lo que se quiera representar, es posible que solamente se precisen Filas y Valores o Columnas y Valores.

1.7.2. Modificación de una tabla dinámica

Una vez creada una tabla dinámica se puede personalizar su contenido. Al posicionar el cursor sobre una celda de la tabla, se habilitan dos fichas nuevas: *Analizar tabla dinámica* y *Diseño*.

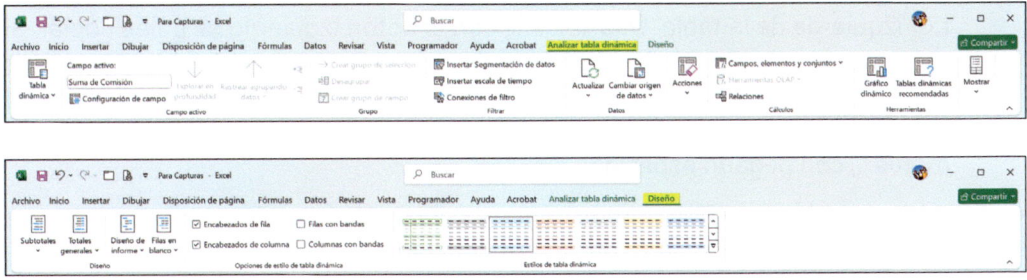

Tal y como se puede comprobar, muchas son las opciones disponibles dentro de estas dos fichas, aunque la mayor parte de ellas se pueden realizar desde otros sitios de la tabla dinámica como luego veremos.

Cuando se pulsa sobre el botón derecho del ratón en una celda de la tabla dinámica, se abre el menú contextual con diferentes opciones. Este menú es diferente si la celda seleccionada es de un campo fila o de un campo valor. En la imagen siguiente se ven ambos casos:

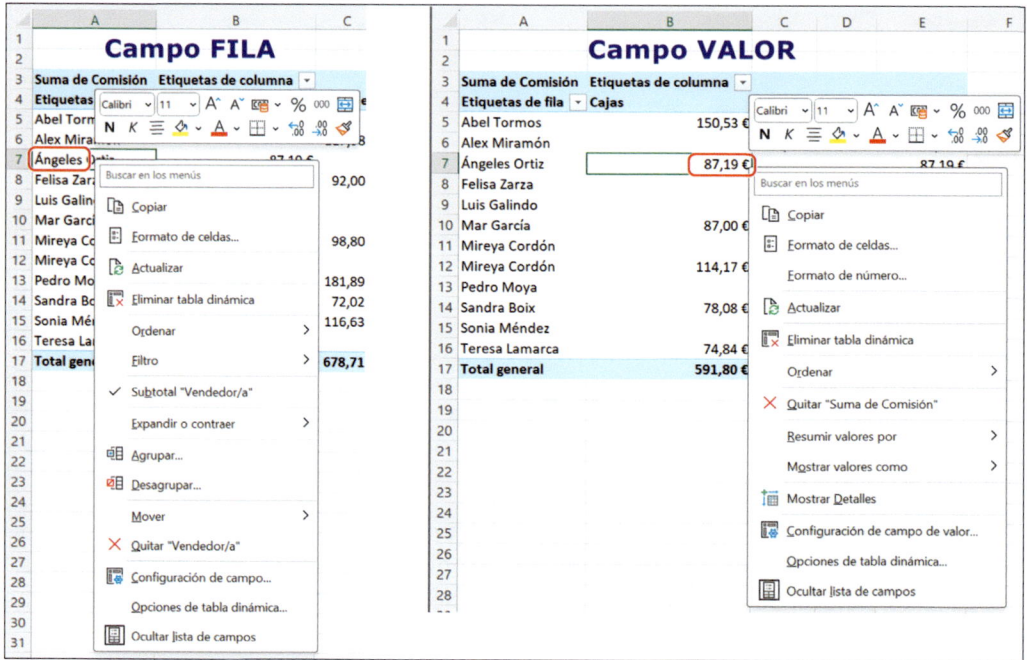

Las opciones disponibles son:

- **Copiar**. Se puede copiar parte de la tabla dinámica o la tabla entera:

  - Para copiar una parte de la tabla basta con seleccionar una celda o el rango de celdas que se quiera copiar.

  - Para copiar toda la tabla hay que pulsar el botón derecho sobre la parte superior izquierda de la tabla. Una vez allí, con el botón izquierdo se pulsa copiar. Si se pega en otra celda de la misma hoja o en otra hoja, se copia la tabla con sus vínculos, es decir, que cualquier actualización afectaría a la tabla copiada (al pulsar *Actualizar*). Ahora bien, también se pueden pegar solo los valores, formatos..., con pegado especial.

- **Formato de celdas...** y **Formato de número...** Para dar formato a las celdas y a los números, tal y como se realiza en cualquier celda de Excel.

- **Actualizar**. Permite actualizar la tabla con los valores actuales de la tabla de datos. Es especialmente útil cuando ha habido alguna modificación de la tabla de datos, ya que automáticamente no se actualiza la tabla dinámica, siendo necesario actualizarla a través de esta opción.

- **Eliminar tabla dinámica**. Como su nombre indica, esta opción nos permite borrar la tabla dinámica.

- **Ordenar**. Permite ordenar la columna en la que está la celda desde la que se ha pulsado el botón izquierdo del ratón.

- **Filtro**. Solo disponible si se pulsa sobre un campo fila. Similar al campo de la tabla dinámica, permite mostrar u ocultar los elementos seleccionados. También presenta la opción de mostrar el top 10 (o 5 o 3, es decir, se puede elegir el número de elementos que se van a mostrar) de valores superiores o inferiores.

- **Subtotal**. Permite mostrar u ocultar los subtotales de cada fila y/o columna.

- **Expandir o contraer**. Permite aportar mayor o menor detalle de los datos añadiendo campos en la tabla.

- **Agrupar...** y **Desagrupar...** La agrupación de datos en una tabla dinámica ayuda a mostrar un subconjunto de datos para analizar.

- **Mover**. Permite modificar el orden de presentación de los conceptos en el campo filas, bien los valores dentro de un mismo campo, o bien el orden de presentación de dos o más campos.

- **Resumir valores por**. De forma predeterminada, los datos en el área *Valor* siguen la siguiente regla: los valores numéricos usan la función SUMA y los valores de texto usan la función CONTAR. Sin embargo, con esta herramienta se puede cambiar la operación que se va a realizar, que puede ser: suma, promedio, recuento, máximo, mínimo...

- **Mostrar valores como**. Permite presentar los valores de distintas formas. En el módulo 2 te explicaremos las opciones disponibles.

- **Mostrar Detalles**. Crea una nueva hoja mostrando los datos que originan el valor correspondiente.

- **Configuración de campo de valor...** Al seleccionar esta opción nos aparece un cuadro de diálogo en el que podemos ver las dos opciones anteriores.

- **Opciones de tabla dinámica...** Permite modificar diferentes opciones de:

- Diseño y formato.

- Qué se quiere mostrar en pantalla.

- Qué se quiere que aparezca al imprimir.

- Opciones de actualización al abrir.

- Etcétera.

- **Mostrar/Ocultar lista de campos**. Permite ver u ocultar la lista de campos de la tabla dinámica.

1.7.3. Aplicación de filtros en una tabla dinámica

Las tablas dinámicas son ideales para tomar grandes conjuntos de datos y crear resúmenes con detalles en profundidad. En ocasiones, se desea la flexibilidad agregada de poder filtrar aún más los datos para una pequeña parte de la tabla dinámica. Excel presenta varios métodos para filtrar datos:

- Filtrado de los campos incluidos en las filas y columnas, a través de los iconos disponibles en la tabla dinámica.

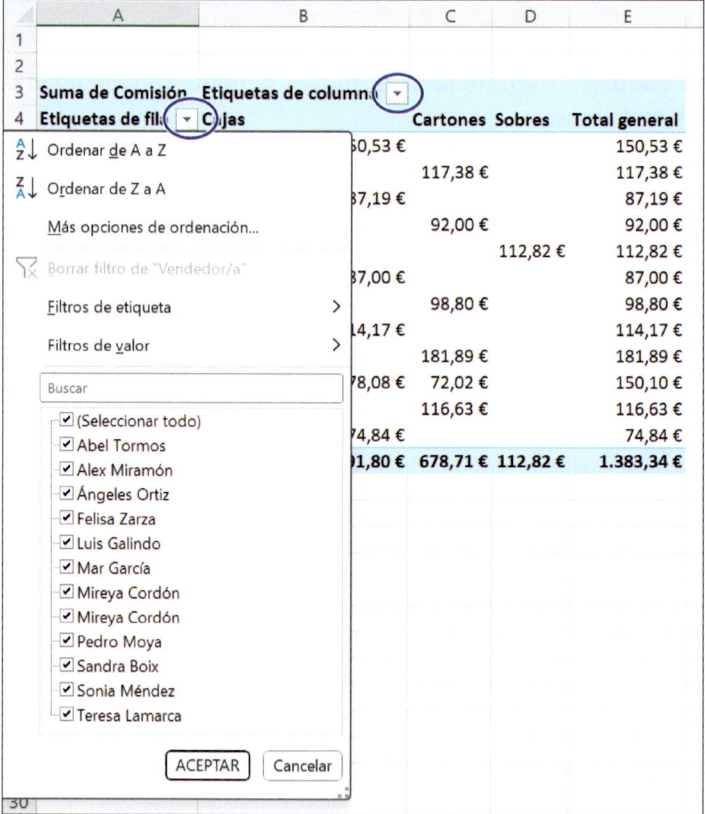

- La opción de *Filtro* que se usa en cualquier tabla (accesible desde la ficha *Datos*). Esta opción se encuentra desactivada si se posiciona el cursor dentro de la tabla. Para poder activarla hay que posicionar el cursor en cualquier celda adyacente a esta. En la siguiente imagen son las celdas sombreadas en naranja.

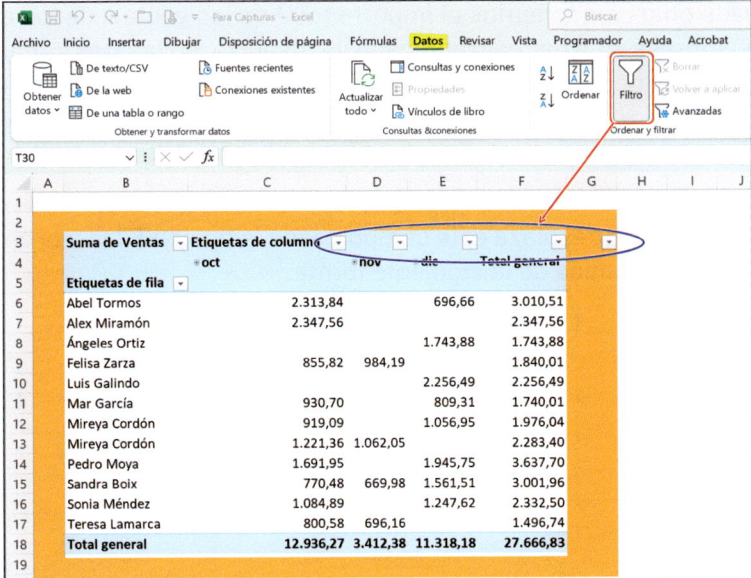

- Agregando filtros a la tabla dinámica. A esta opción es a la que vamos a dedicar la explicación que viene a continuación.

Ya se ha trabajado con la mayor parte de los elementos disponibles cuando se inserta una tabla dinámica. Sin embargo, todavía se puede agregar un último elemento a la tabla: **Filtros**.

Imagina que disponemos de la siguiente tabla dinámica:

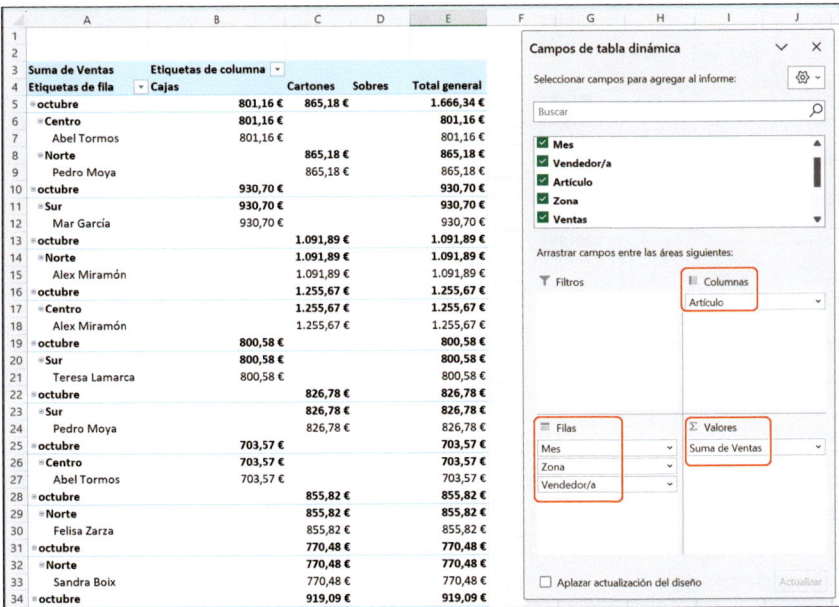

Como se puede observar, tenemos el importe total de las ventas, de los distintos artículos de la empresa, que ha realizado cada vendedor/a, en las tres zonas existentes y en cada mes. Al tener tantos datos, el tamaño de la tabla es demasiado grande en cuanto a las filas se refiere, no siendo muy útil para la persona que los visualiza. Es en estos casos donde resulta muy eficaz la utilización de los **Filtros** de la tabla dinámica.

En lugar de establecer tres datos en las filas, vamos a establecer un filtro por el campo *Zona*. De esta forma, se desplaza este campo desde la opción *Filas* a la opción *Filtros*, quedando la tabla dinámica de la siguiente forma:

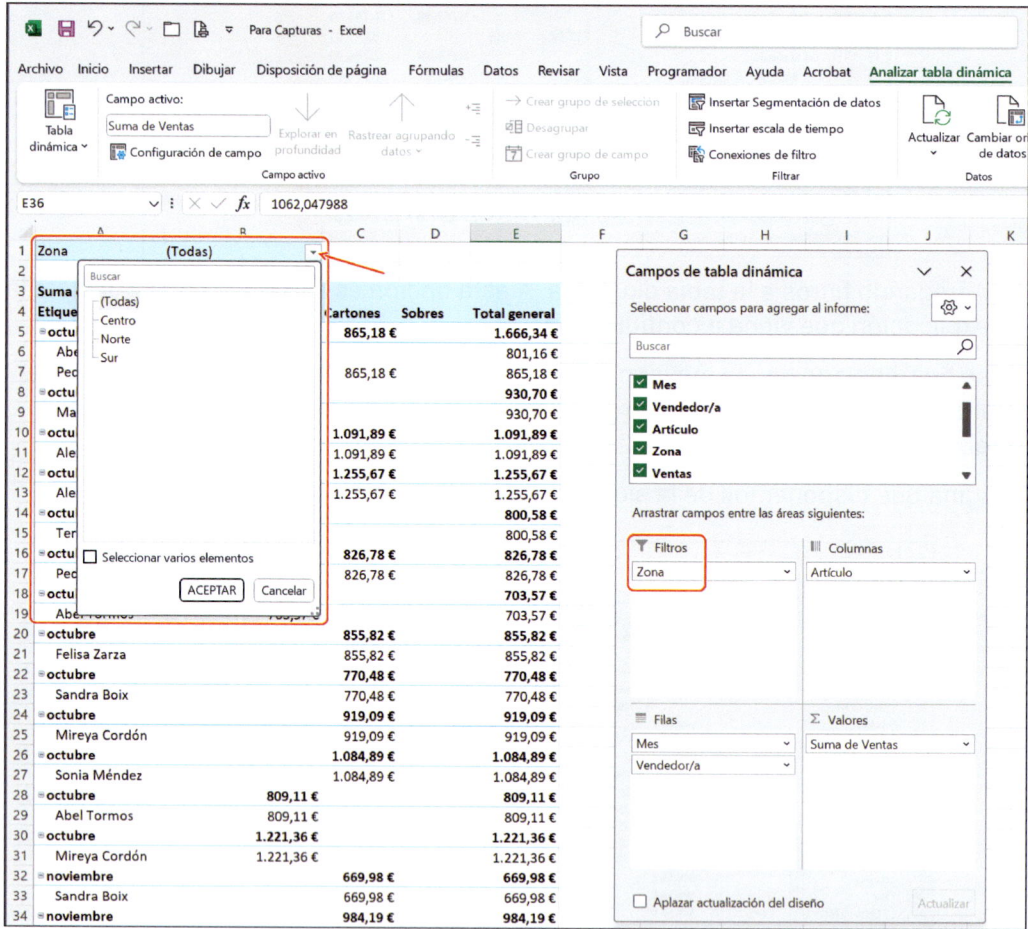

Como se puede comprobar de la imagen anterior, en la parte superior de la tabla dinámica aparece el campo que se ha puesto en la zona *Filtros* para que, sobre él, se puedan realizar los filtros relacionados con el campo *Zona*. De esta forma se consigue "aligerar" el volumen de la tabla dinámica e ir visualizando la información en función del filtro deseado.

1.8. Auditorías

Excel nos proporciona un grupo de herramientas para ayudarnos en la resolución de errores. Se trata del grupo *Auditoría de fórmulas*, disponible en la ficha *Fórmulas*. Esta herramienta nos permite realizar un seguimiento de las fórmulas y los datos, así como la localización y control de errores de cálculo que se produzcan en las hojas de nuestro libro.

Antes de comenzar es preciso que tengas en cuenta que Excel contiene fórmulas o funciones que dan lugar a la existencia de:

- **Celdas dependientes**, que son aquellas celdas que contienen fórmulas que se refieren a su vez a otras celdas.

- **Celdas precedentes**, que son aquellas celdas a las que se refieren las fórmulas de otras celdas.

Vamos a aclarar un poco estos conceptos a través de un sencillo ejemplo. Imagina que en la celda B2 tienes la siguiente fórmula: =D3. En este caso decimos que la celda B2 es la celda dependiente (ya que contiene una fórmula que se refiere a la celda D3) y la celda D3 es la celda precedente (ya que está referida en la fórmula de la celda B2).

Con las opciones disponibles en el grupo *Auditoría de fórmulas* podremos realizar una revisión sobre los cálculos realizados en la hoja activa:

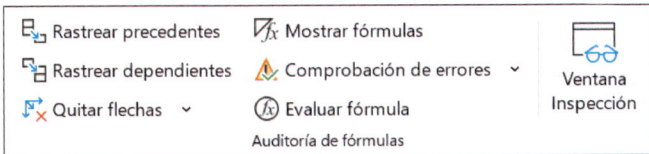

- **Rastrear precedentes**. Muestra flechas que indican las celdas que afectan al valor de la celda seleccionada actualmente.

- **Rastrear dependientes**. Muestra flechas que indican las celdas afectadas por el valor de la celda seleccionada actualmente.

- **Quitar flechas**. Quita las flechas trazadas por rastrear precedentes o por rastrear dependientes.

- **Mostrar fórmulas**. Muestra la fórmula en cada celda, en lugar del valor resultante. En un subapartado siguiente lo explicaremos un poco más detalladamente.

- **Comprobación de errores**. Busca errores comunes en las fórmulas, indicándonos dónde se encuentran; además, nos ofrece ayuda sobre por qué y cómo solucionar el error, y también nos da la opción de modificar la fórmula para corregirlo. En un subapartado siguiente lo explicaremos un poco más detalladamente.

- **Evaluar fórmulas**. Muestra el cuadro de diálogo *Evaluar fórmula*, a través del cual se puede evaluar cada parte de la fórmula de forma individual y así poder depurarla. A medida que pulsemos el botón *Evaluar,* sustituye la referencia subrayada por el valor correspondiente.

- **Ventana Inspección**. Supervisa los valores de determinadas celdas al mismo tiempo que se realizan cambios en la hoja.

1.8.1. Visualizar las fórmulas existentes en la hoja

Puede que se desee visualizar las fórmulas de una hoja de cálculo en lugar de sus resultados. Para hacerlo, hay que pinchar en el icono *Mostrar fórmulas*. Si se desea volver a reflejar el resultado, hay que pinchar nuevamente sobre el icono mencionado.

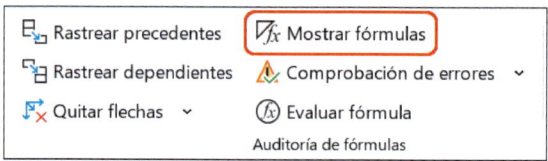

Para alternar de una forma rápida entre la visualización de valores o fórmulas, pulse la combinación *Ctrl* + ` (*Ctrl* + tecla de acento grave).

1.8.2. Rastreo de errores

Tal y como se ha explicado, Excel dispone de un grupo de herramientas (*Auditoría de fórmulas*) para realizar un rastreo de los errores que puede contener una fórmula.

Vamos a verlo a través de un sencillo ejemplo. Imaginémonos que una empresa de mantenimiento de calefacción utiliza la siguiente hoja de cálculo para la realización de las facturas:

Como se puede observar tanto el descuento como la base imponible, como el IVA, como el total, presentan errores de cálculo, mostrados con la expresión #¡VALOR!

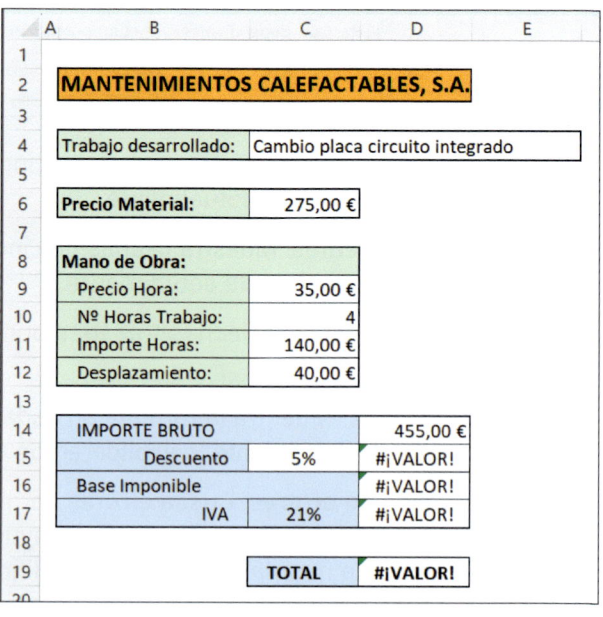

Vamos a utilizar el botón *Comprobación de errores* para que Excel nos indique dónde se localiza el error y así poder subsanarlo. Al pulsar sobre este botón, se abrirá el cuadro de diálogo que lleva el mismo nombre, indicándonos que se ha localizado un error en la fórmula introducida en la celda D15, indicándonos que "Un valor utilizado en la fórmula es de un tipo de datos erróneo". Si pulsáramos el botón *Siguiente,* nos mostraría el siguiente error, localizado en la celda D16, y así sucesivamente.

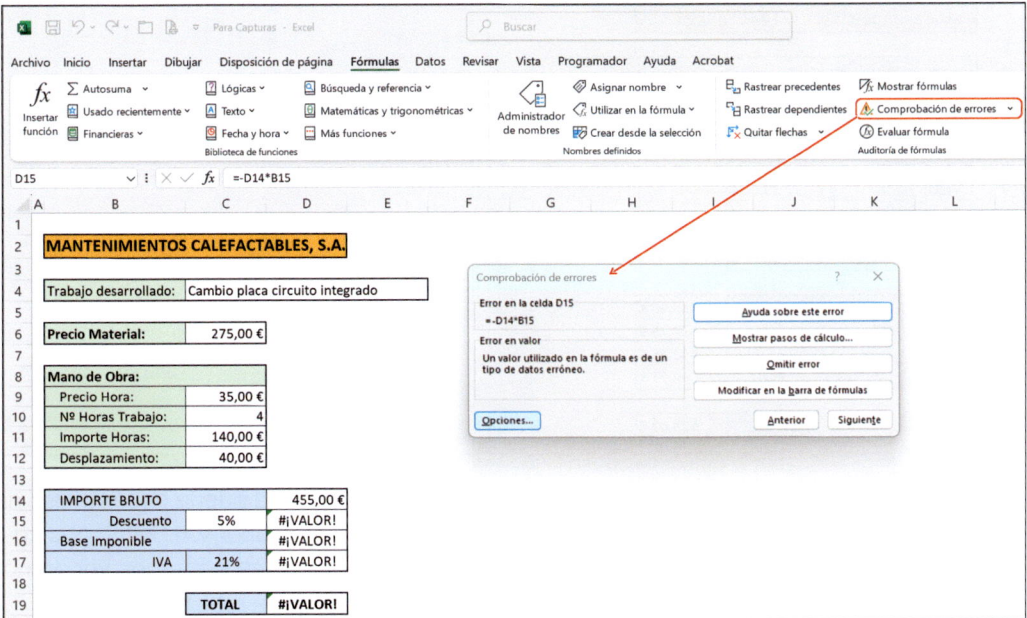

Pulsaremos dentro de la barra de fórmulas para realizar la corrección de la referencia de la celda B15, que es la causante de este error, poniendo en su lugar la celda C15.

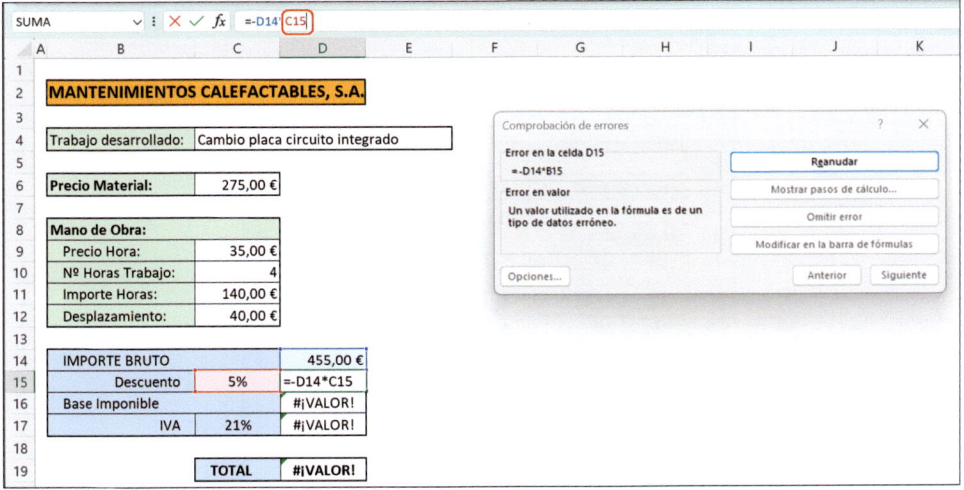

Después de realizar la corrección, pulsaremos el botón *Reanudar* para que Excel vuelva a hacer una comprobación de los posibles errores de cálculo que aún queden en la hoja.

Podemos observar que, al corregir el error de la celda D15, los siguientes errores también se han corregido, ya que son celdas dependientes del valor de la celda D15.

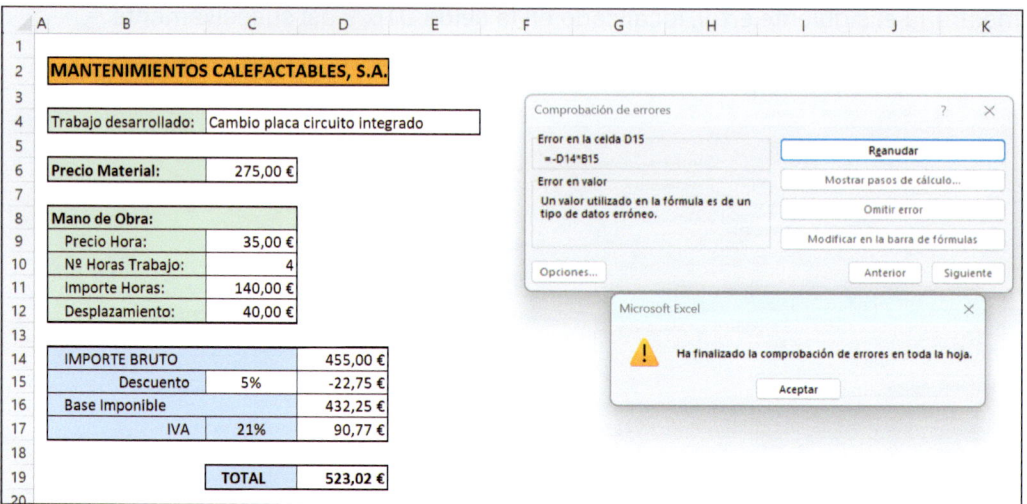

También podemos hacer uso del rastreo de celdas para ver dónde puede encontrarse el error. Vamos a partir de nuevo de la hoja de cálculo con la expresión #¡VALOR! Si nos colocamos en la celda D15 y pulsamos el botón *Rastrear precedentes*, podemos ver cómo nos aparecen dos flechas indicándonos qué celdas se utilizan para realizar el cálculo.

Si nos colocamos en la celda D16 y pulsamos tanto en el botón *Rastrear precedentes* como en el botón *Rastrear dependientes*, nos aparecerán las flechas que se pueden ver en la siguiente imagen.

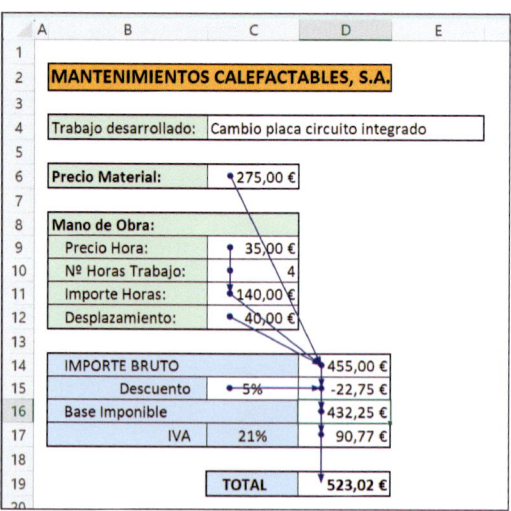

Debemos acordarnos que las celdas precedentes son aquellas que afectan al valor de la celda inspeccionada y las celdas dependientes son las afectadas por la celda seleccionada.

A la vista de la imagen, podemos ver claramente cuál es el error, y es que estamos multiplicando una cantidad por un texto.

Una vez corregido el error, si deseamos quitar las flechas de rastreo, pulsaremos sobre el botón *Quitar flechas*.

1.9. Minigráficos y organigramas

1.9.1. Minigráficos

Desde la versión 2016 Excel presentó la posibilidad de incluir minigráficos en las celdas, de esta forma se puede mostrar de un modo rápido la evolución de un pequeño grupo de datos.

Para insertar estos minigráficos en una celda se necesita una serie de datos, como en cualquier otro gráfico, que, en general, se encontrará en filas. La creación de estos gráficos es sumamente sencilla:

1. Se selecciona la celda en la que se quieren insertar los minigráficos.

2. En la ficha *Insertar*, dentro del grupo *Minigráficos*, seleccionamos aquel que más se adapte a nuestras necesidades, pudiendo elegir entre: **Líneas**, **Columnas** y **Pérdidas y ganancias**.

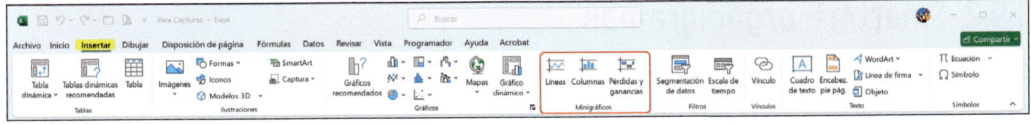

3. En el cuadro de diálogo que aparece al pulsar la opción deseada se cumplimentan las dos opciones solicitadas: *Rango de datos* y *Ubicación*. En esta última figurará la celda en la que nos hayamos posicionado.

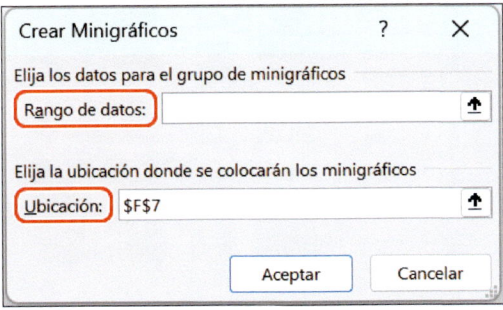

4. Al pulsar sobre el botón *Aceptar*, podremos ver el minigráfico en la celda.

Quizás este tipo de gráficos no sirvan para todas las operaciones, pero son muy interesantes y, como se ha podido comprobar, pueden quedar muy bien si se modifican algunas de sus opciones. Por ejemplo, en la imagen anterior se han marcado aquellos valores que son mayores dentro de la serie (columna F), pero en la columna J se han marcado los menores.

Todo esto se consigue a través de la nueva ficha que aparece al insertar un minigráfico: *Minigráfico*, tal y como se apreciar en la imagen.

1.9.2. SmartArt: organigramas

Un gráfico SmartArt no es más que una representación visual de información, que se puede crear de forma rápida y fácil eligiendo entre los diferentes diseños. El objeto de estos gráficos es comunicar mensajes o ideas eficazmente.

Los tipos de gráficos SmartArt que se pueden insertar son muchos y variados, tal y como puedes comprobar en la imagen de la derecha.

Hay que tener en cuenta que, en función de lo que se quiera representar, es necesario

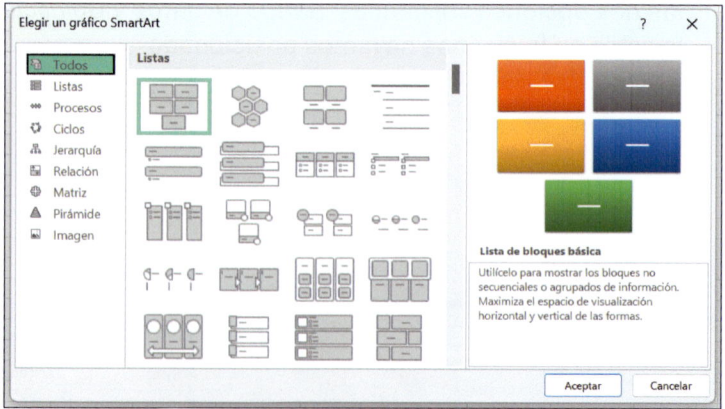

seleccionar un gráfico u otro y que no todos los gráficos sirven para todo. De todas formas, al seleccionar uno, en la parte derecha muestra información de para qué se puede utilizar. A modo de ejemplo, a continuación puedes ver unos pocos.

Tipo de gráfico SmartArt	¿Para qué se utiliza?
 Flujo alternativo	Para mostrar grupos de información o pasos secuenciales en una tarea, un proceso o un flujo de trabajo. Enfatiza la interacción o las relaciones entre los grupos de información.
 Organigrama	Para mostrar la información jerárquica o para informar de las relaciones en una organización.
 Lista de títulos de imágenes	Para mostrar una serie de imágenes. El título y la descripción aparecen en una forma de llamada debajo de cada imagen.

Tal y como has podido comprobar, un tipo de gráfico SmartArt son los que corresponden a la categoría de **Jerarquía**. Una jerarquía representa gráficamente una serie de agrupaciones ordenadas de personas o elementos dentro de un sistema.

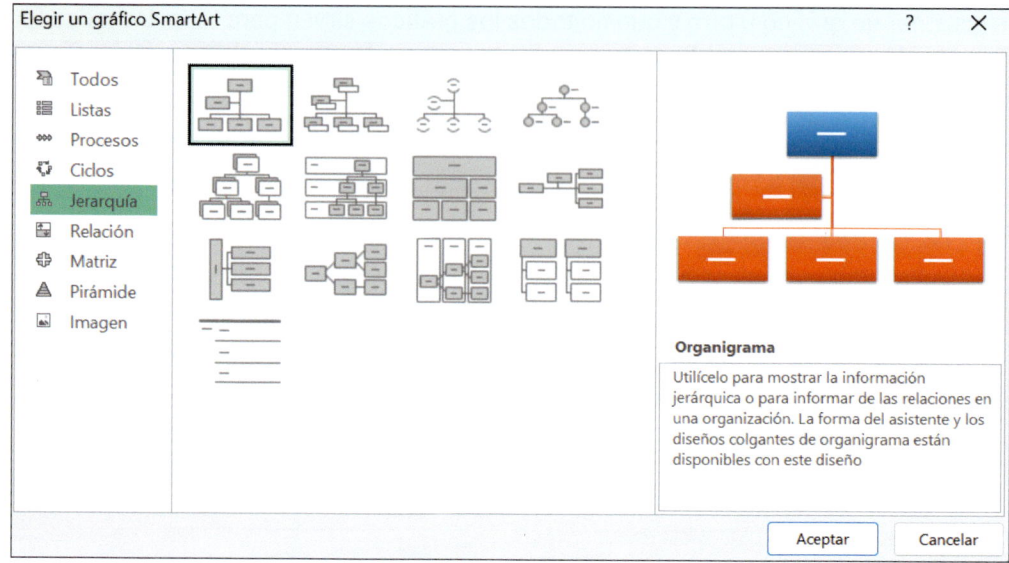

Si vas pulsando en cada una de las opciones, te mostrará una breve explicación de para qué sirve cada uno de ellas, así como sus características principales.

1.10. Ordenar y filtrar datos

1.10.1. Ordenar datos

En una hoja de cálculo, la ordenación de datos es una herramienta poderosa: no solo hace la información más sistemática y fácil de interpretar (por ejemplo, la ordenación de las categorías de datos en orden alfabético contribuirá a encontrar las categorías en la versión impresa de la tabla), sino que permite evaluar y analizar rápidamente los datos y descubrir información que podría pasar desapercibida.

Por ejemplo, al ordenar una lista de clientes según su volumen de facturación, podemos descubrir cuáles tienen una mayor importancia relativa; al ordenar las fuentes de ingresos de una empresa según su cuantía, se puede ver fácilmente cuáles aportan menos ingresos y son, por tanto, más prescindibles.

En Excel, en la ficha *Inicio*, grupo *Edición*, seleccionaremos el botón *Ordenar y filtrar*, que nos presentará una serie de opciones asociadas a él. Hay dos ordenaciones posibles, ascendente y descendente. Según el tipo de datos que contengan las celdas seleccionadas, la opción del botón aparecerá expresada de diferentes maneras: si se trata de valores numéricos, las opciones serán *Ordenar de menor a mayor* y *Ordenar de mayor a menor*; si se trata de fechas, las opciones serán *Ordenar de más antiguos a más recientes* y *Ordenar de más recientes a más antiguos*; si se trata de textos, por último, aparecerán las opciones *Ordenar de A a Z* y *Ordenar de Z a A*.

Si seleccionamos *Orden personalizado*, se abrirá un cuadro de diálogo que permite establecer varios niveles de ordenación (mediante los botones *Agregar nivel* y *Eliminar nivel*) y, para cada uno de dichos niveles, seleccionar el *criterio* de la ordenación y el *tipo* de la ordenación. La opción por defecto es ordenar por valores, pero es posible asimismo ordenar según los colores de las celdas o los iconos que estas contengan.

Mediante el botón *Opciones* del cuadro de diálogo podemos especificar si la ordenación debe hacerse por columnas ("De arriba hacia abajo") o por filas ("De izquierda a derecha").

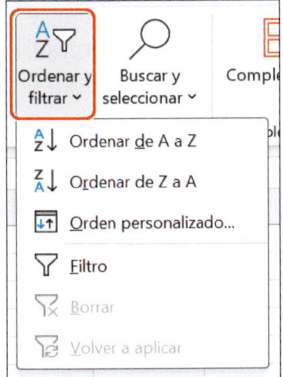

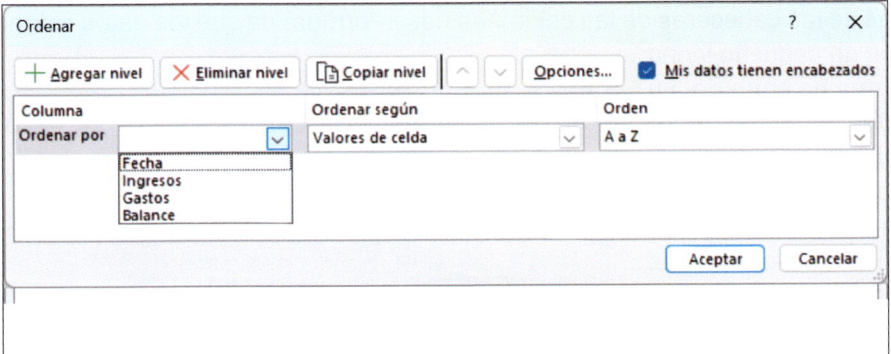

1.10.2. Filtrar datos

En una hoja de cálculo, un filtro es una herramienta que permite mostrar unos datos y otros no. Los filtros son una herramienta potente que permite especificar de modo preciso diversos criterios de aplicación. En todo caso, Excel dispone de un filtro automático (o autofiltro) que facilita la rápida creación de filtros de datos.

La herramienta *Autofiltro* permite mostrar solo determinados registros; el

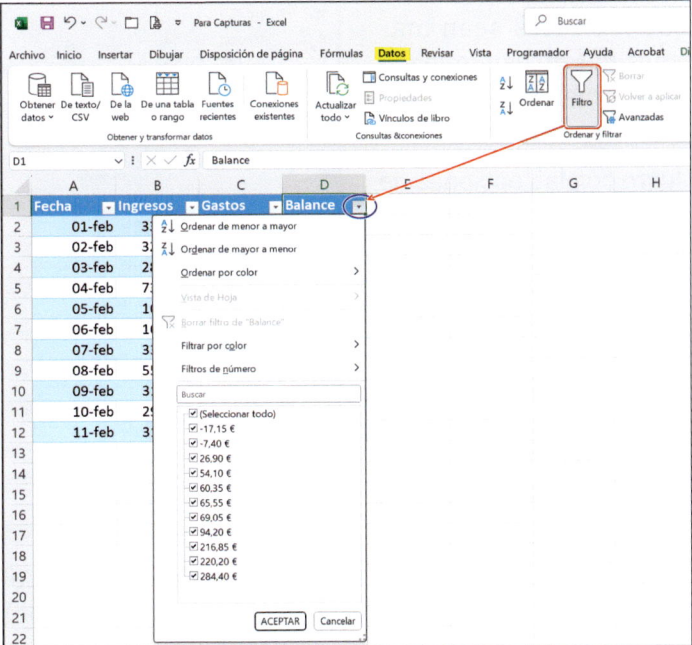

filtro puede aplicarse: por una lista de valores, por formato y siguiendo determinados criterios. En la ficha *Datos*, en el grupo *Ordenar y filtrar*, disponemos del botón *Filtro*. Al pulsarlo, se activan en las cabeceras de las columnas unas flechitas que, al clicar sobre ellas, dan acceso a un menú con varias opciones de filtro.

La opción más interesante de dicho menú es el *Filtro de número*, en el que podemos seleccionar diversos criterios de filtrado de los registros de la columna. Hay varias opciones disponibles, como mostrar solo los resultados que sean mayores (o menores) que un determinado valor, los superiores al valor medio o promedio de los datos de la columna o los diez mejores, es decir, los registros que tengan los diez valores más elevados.

También es posible filtrar directamente la lista de valores, eliminando los no deseados mediante sus casillas de verificación. Cuando se aplica el filtro, la casilla situada a la derecha de las cabeceras de las columnas nos informará de que los datos están filtrados con un pequeño icono con forma de embudo. En cualquier momento podemos eliminar el filtro volviendo a activar el menú emergente y escogiendo la opción *Borrar filtro de*. Mediante la opción *Filtros de número* y *Filtrar por color*, se pueden especificar criterios complejos, como que los datos sean mayores que un determinado valor *y* menores que otro, etcétera.

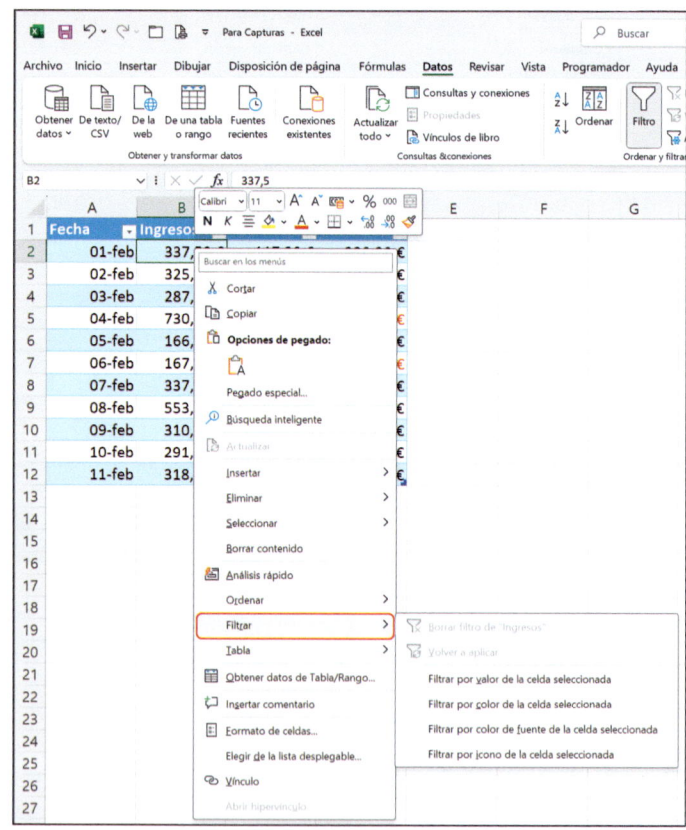

Junto con las opciones de autofiltro, podemos asimismo filtrar los registros *por selección*. Si seleccionamos una celda o rango de celdas, al pulsar el botón derecho del ratón aparece el correspondiente menú contextual. Mediante la opción *Filtrar*, se puede aplicar un filtro a los registros según el *valor* o el *color* de la celda o celdas seleccionadas.

La funcionalidad filtro que abordamos anteriormente solamente nos permite manejar dos condiciones a la vez para cada columna (campo) de una lista que deseemos filtrar.

Si necesitamos filtrar la información que cumpla más de dos criterios, deberemos utilizar la funcionalidad **filtro avanzado**.

Para realizar este procedimiento, la lista deberá tener *rótulos o nombres de columnas*.

Para crear un filtro avanzado, deberemos ejecutar el siguiente procedimiento:

1. En primer lugar, debemos crear un rango de criterio en la hoja de cálculo, lejos de la lista que desea filtrar. Existen diversos tipos de criterios:

   - Los **criterios de comparación** seleccionan los registros que coinciden exactamente con el criterio especificado.

     Excel permite el uso de los comodines * y **?**

     El símbolo * sustituye a cualquier carácter en la misma posición y las siguientes.

     El símbolo **?** sustituye a un solo carácter en la posición indicada.

     Ejemplos:

Criterio	Buscaría...
"Bayón" (campo Apellido)	Los registros cuyo apellido sea *Bayón*.
"R*" (campo Apellido)	Los registros cuyo apellido comience por *R*.
"????" (campo Nombre)	Los registros cuyo nombre tenga cuatro caracteres.
"Valladolid" (campo Ciudad)	Los registros cuya ciudad se corresponda con *Valladolid*.
"*as" (campo Apellido)	Los registros cuyo apellido termine en *as*.

   - **Criterios múltiples**. En una base de datos podemos seleccionar registros por más de una condición o criterio. Los criterios se combinan mediante los siguientes operadores:

Y	Si unimos dos condiciones o criterios por el operador Y, para que un registro sea seleccionado, tendrá que cumplir las dos condiciones. Excel considera que los criterios están unidos por el operador Y, cuando estos se sitúan en la misma fila.
O	Cuando dos condiciones se unen por medio del operador O, bastará que se cumpla una de las dos condiciones para que el registro sea seleccionado. Si los criterios los escribimos en distintas líneas, Excel los considera unidos por el operador O.
O e Y	Para realizar estas operaciones tendremos que hacer uso de los operadores lógicos O e Y. Los criterios se escriben en varias filas y en varias columnas.

Ejemplos:

Seleccionar a los vendedores cuyo volumen de ventas esté comprendido entre las 101 y 149 operaciones.

VENTAS	VENTAS
=E2>100	=E2<150

Seleccionar a las personas residentes en Madrid o en Alcalá de Henares.

CIUDAD
Madrid
Alcalá de Henares

Seleccionar a la persona cuyo nombre y apellido se corresponda con José Ramos.

NOMBRE	APELLIDO
José	Ramos

- **Criterios calculados.** Cuando el criterio de selección contiene la referencia a una celda, hay que hacer uso de los criterios calculados. Se introducen mediante una fórmula. Si las fórmulas hacen referencia a campos de la base de datos, debe indicarse la referencia relativa a la celda situada debajo del nombre del campo en la primera fila de la lista de esa columna. Si se hace referencia a celdas que están situadas fuera del área de la base de datos, deben utilizarse referencias absolutas. La fórmula introducida creará los valores lógicos VERDADERO y FALSO. Cuando filtremos la lista, solo se muestran los registros que tienen valores que producen VERDADERO.

Debe escribirse en una celda vacía o debajo de otra que contenga un texto (rótulo de criterio) que *no coincida con ningún nombre de campo*.

Ejemplos:

Seleccionar las personas de la agenda nacidas después del 12-12-90.

FECHA NACIMIENTO
=D2>12/12/90

Seleccionar a las personas nacidas entre los años 2012 y 2014. D2 es la primera celda de la columna Fecha-Nacimiento, y dicha columna tiene formato de fecha; por ello, se utiliza la función fecha.

FECHA NACIMIENTO
=Y(D2>FECHA(12;01/01);D2<FECHA(14;12;31))

Selecciona a las personas con más de cinco años que la primera.

EDADES
=D2>$D$2+5

2. Seleccionamos una celda de la lista.

3. Hacemos clic en el botón *Avanzadas* de la ficha *Datos* (grupo de herramientas *Ordenar y filtrar*). Aparecerá el cuadro de diálogo *Filtro avanzado*.

4. En la opción *Acción*, seleccionamos el botón *Filtrar la lista sin moverla a otro lugar* para ocultar las filas que no cumplen el criterio, o *Copiar a otro lugar* para copiar los registros filtrados a otra posición de la hoja de cálculo (si elegimos esta opción, deberemos especificar el rango de celdas donde se copiarán los registros filtrados en el cuadro *Copiar a*).

5. En el recuadro *Rango de criterios*, escribiremos o seleccionaremos el rango de criterio incluyendo los rótulos del criterio (haremos clic en el botón contraer diálogo si desea seleccionar el rango en la hoja de cálculo).

6. Para excluir filas con el mismo contenido, seleccionamos la casilla de verificación *Solo registros únicos*.

7. Hacemos clic en el botón *Aceptar*.

Para mostrar de nuevo todos los registros, haremos clic sobre el botón *Filtro* de la ficha *Datos*.

1.11. Automatizar procesos y datos

Una vez que hemos creado nuestra hoja de cálculo y hemos introducido en ella datos y relaciones entre ellos, hay una serie de operaciones que nos pueden ser de mucha ayuda. Validar datos, generar esquemas o calcular subtotales son las opciones de Excel que trataremos en este apartado.

1.11.1. Validaciones de datos

La validación de datos es muy similar al formato condicional que hemos visto en apartados anteriores, salvo que esta característica tiene una función muy concreta y es validar el contenido de una celda; pudiendo incluso mostrar un mensaje de error o aviso si llegara el caso.

Para aplicar una validación a una celda, debemos llevar a cabo los siguientes pasos:

1. Seleccionamos la celda que queremos validar.

2. Accedemos a la ficha *Datos* y pulsamos *Validación de datos*.

Nos aparece el cuadro de diálogo *Validación de datos* como el que vemos en la siguiente figura, donde podemos elegir entre varios tipos de validaciones.

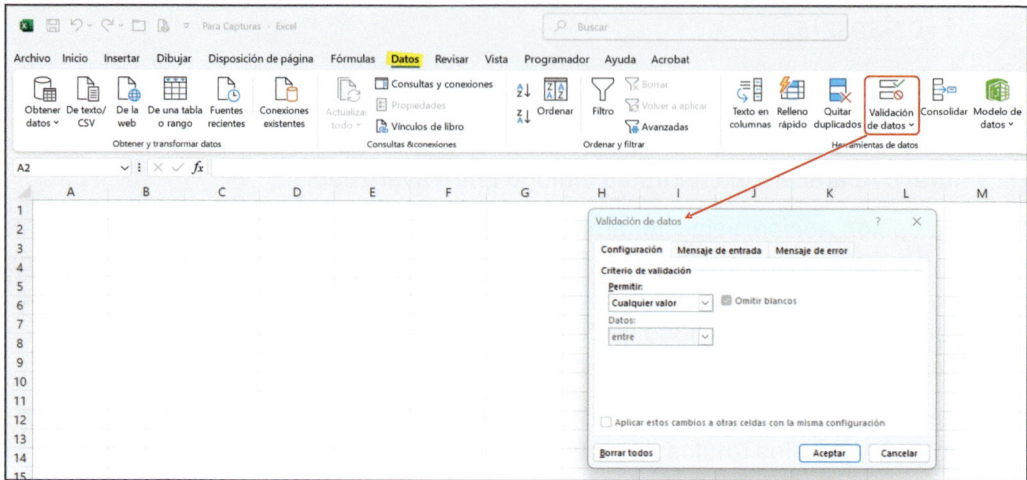

En el apartado *Criterio de validación* de la pestaña *Configuración*, indicamos la condición para que el dato sea correcto.

Dentro de *Permitir* podemos encontrar *Cualquier valor, Número entero, Decimal, Lista, Fecha, Hora, Longitud del texto* y *Personalizada*. Por ejemplo, si elegimos *Número entero*, Excel solo permitirá números enteros en esa celda; si el usuario intenta escribir un número decimal, se producirá un error.

Podemos restringir más los valores permitidos en la celda con la opción *Datos*, donde, por ejemplo, podemos indicar que los valores estén entre 10 y 30.

Si en la opción *Permitir* elegimos *Lista*, podremos escribir una lista de valores para que el usuario pueda escoger un valor de los disponibles en la lista. En el recuadro que aparecerá (*Origen*) podremos escribir los distintos valores separados por ; (punto y coma) para que aparezcan en forma de lista.

En la pestaña *Mensaje de entrada* podemos introducir un mensaje que se muestre al acceder a la celda. Este mensaje sirve para informar de qué tipos de datos son considerados válidos para esa celda.

En la pestaña *Mensaje de error* podemos escribir el mensaje de error que queremos que se le muestre al usuario cuando introduzca en la celda un valor incorrecto.

Cómo se ha podido comprobar en las explicaciones que se han realizado de la herramienta de *Validación de datos*, esta es de gran utilidad para controlar y restringir la introducción de datos, y así asegurarnos de que el libro de Excel funcione correctamente.

El poder seleccionar los datos mediante un cuadro de lista, limitar la cantidad de caracteres o evitar la introducción de valores poniendo topes máximos y mínimos son

¡¡IMPORTANTE!! La validación de datos no corrige errores ya cometidos al introducir datos. Previene de que, al introducir nuevos datos, se cometan errores. De todas formas, siempre se pueden rastrear los errores cometidos en la introducción de datos a través de la opción que puedes ver en la imagen de la derecha.

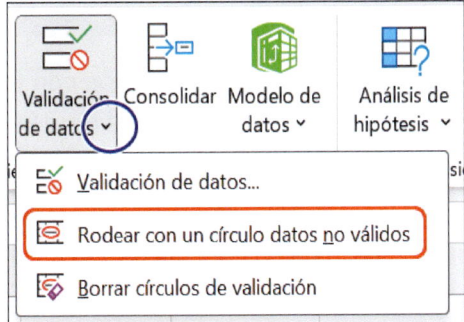

opciones fácilmente configurables que permiten, de forma rápida, establecer los criterios deseados. Pero la opción verdaderamente potente en el uso de la validación de datos es la posibilidad de utilizar fórmulas para restringir los valores introducidos en las celdas, y eso es lo que veremos brevemente a continuación, ya que las opciones son múltiples. Para ello, vamos a ver dos casos que pueden tener mucha utilidad.

CASO 1

Un uso muy útil de la validación con fórmulas se da a la hora de evitar la introducción de datos duplicados, ya que se trata de un error bastante habitual. Por ejemplo, si te encuentras creando un registro de clientes y cada uno de ellos tiene un código único que le identifica dentro de la empresa, se puede configurar la *Validación de datos* para que al introducir por segunda vez el mismo código, aparezca un mensaje de error. ¿Te imaginas la de errores que puedes evitar?

Para aplicar esta validación de datos en un rango de celdas o en una columna completa, sigue los siguientes pasos:

1. Selecciona el rango de celdas que quieres validar.

2. Selecciona el icono *Validación de datos*.

3. En el cuadro de diálogo que aparece, selecciona la ficha *Configuración*, y en el cuadro desplegable *Permitir*, pulsa en la opción *Personalizada*.

4. En el cuadro *Fórmula* se debe introducir la función CONTAR.SI, que se utiliza para contar el número de veces que aparece un valor especificado como condición en un argumento. Para este ejemplo, escribe la fórmula:

$$=CONTAR.SI(A:A;A1)=1$$

Donde A:A es el rango de celdas donde se aplicará la validación, y A1 corresponde a la referencia de la primera celda del rango seleccionado. Después del paréntesis de cierre, se introduce =1, es decir, que el recuento de las celdas del rango A:A no puede tener un resultado diferente a 1, porque significaría que se ha introducido el valor dos veces.

Validación de datos	? ✕
Configuración Mensaje de entrada Mensaje de error	
Criterio de validación	
Permitir: Personalizada ⌄ ☑ Omitir blancos	
Datos: entre ⌄	
Fórmula: = CONTAR.SI(A:A;A3)=1 ⬆	
☐ Aplicar estos cambios a otras celdas con la misma configuración	
Borrar todos	Aceptar Cancelar

© Ediciones Paraninfo

Fíjate en la siguiente imagen qué es lo que sucede cuando se introduce un valor duplicado.

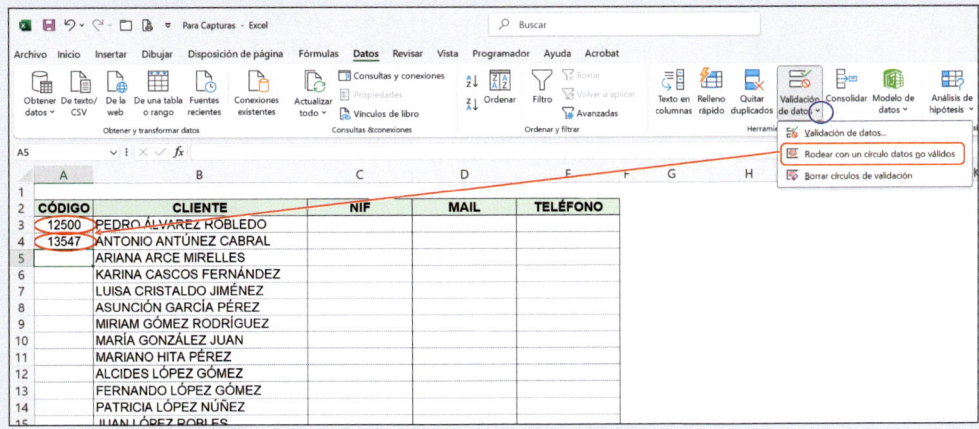

CASO 2

Vamos a continuar con el ejemplo anterior. Imagínate que también quieres que solamente se puedan introducir números y que estos tengan una longitud de seis dígitos. La fórmula que se va a utilizar sería:

$$=Y(CONTAR.SI(A:A;A3)=1;ESNUMERO(A3);LARGO(A3)=6)$$

Como ves en la fórmula anterior, se puede introducir más de una validación: la función CONTAR.SI evita la introducción de duplicados, la función ESNUMERO evita la introducción de texto y la función LARGO exige que el valor introducido tenga una longitud de seis caracteres.

Con la información ya introducida, como en el ejemplo, al establecer esta validación de datos no va a dar ningún mensaje de error, tal y como se ha dicho anteriormente. Sin embargo, si realizamos el rastreo de los datos no válidos nos aparecerá lo que puedes ver en la siguiente imagen.

Tal y como se puede comprobar, las opciones son múltiples y muy variadas.

1.11.2. Realización de esquemas

Cuando se trabaja con hojas de datos extensas, el uso de esquemas facilita la compresión y la interpretación de la información. Imaginemos que preparamos una hoja de cálculo para llevar la contabilidad de los movimientos diarios de nuestra cuenta corriente o de la caja de un establecimiento. En la hoja, introduciremos los movimientos relativos a diversas fechas, de forma similar a la que muestra la imagen.

	A	B	C	D
1	Fecha	Ingresos	Gastos	Balance
2	01-ene	25,00 €		25,00 €
3	01-ene		12,00 €	13,00 €
4	01-ene	450,00 €		463,00 €
5	01-ene		230,00 €	233,00 €
6	01-ene	210,00 €		443,00 €
7	01-ene	230,00 €		673,00 €
8	01-ene		21,00 €	652,00 €
9	01-ene		500,00 €	152,00 €
10	01-ene	54,00 €		206,00 €
11	02-ene	650,23 €		856,23 €
12	02-ene		25,89 €	830,34 €
13	02-ene		50,01 €	780,33 €
14	02-ene	78,00 €		858,33 €
15	02-ene	250,00 €		1.108,33 €
16	02-ene		23,56 €	1.084,77 €
17	02-ene		54,00 €	1.030,77 €
18	02-ene	98,00 €		1.128,77 €
19	02-ene	74,00 €		1.202,77 €
20	02-ene	69,50 €		1.272,27 €
21	03-ene		261,00 €	1.011,27 €
22	03-ene		250,00 €	761,27 €
23	03-ene	25,00 €		786,27 €
24	03-ene	21,00 €		807,27 €
25	03-ene		45,00 €	762,27 €
26	03-ene		78,00 €	684,27 €

Dado que se tiene mucha información, quizás me interese agrupar los movimientos por días, de tal forma que me permita ver solamente una parte de la información. Para ello, se emplea en las hojas de cálculo el concepto de **Esquema**.

Aunque en un punto posterior veremos cómo realizar esta operación de forma automática, utilizando los **Subtotales**, para poder realizarlo de forma manual, deberemos seguir estos pasos:

1. Seleccionar las filas o columnas que se quieren agrupar, siendo necesario que estén consecutivas.

2. En la ficha *Datos*, dentro del grupo *Esquema*, pinchar en el botón *Agrupar*.

Como podrás comprobar, automáticamente aparecen los niveles de esquema a la izquierda de los números de fila (si se han agrupado filas) o en la parte superior de la numeración de las columnas (si se han agrupado columnas).

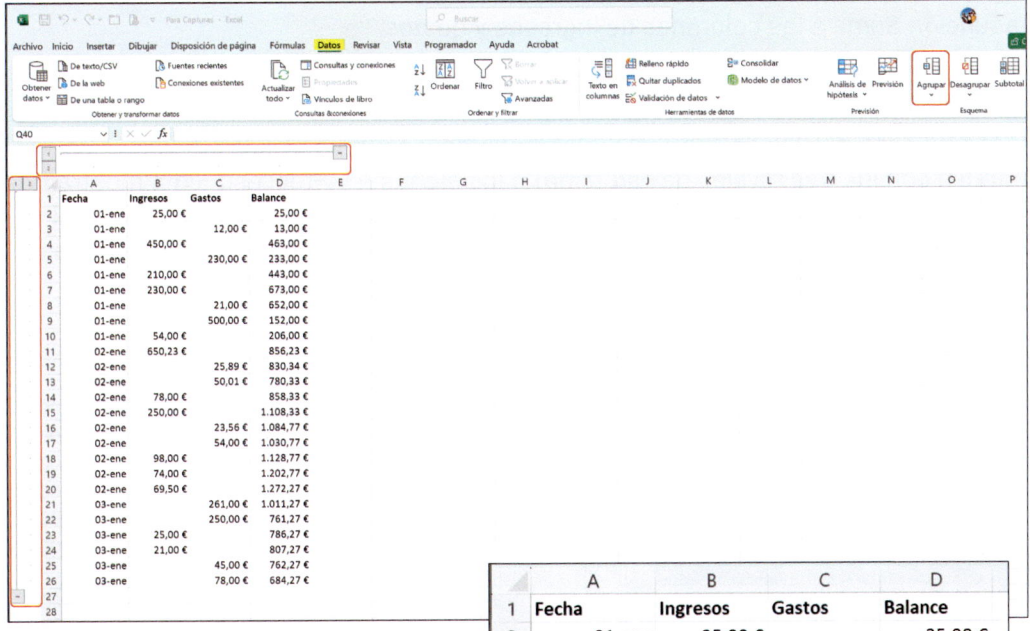

Al pulsar sobre cada uno de los números del agrupamiento, se expandirá o se contraerán los datos.

Si ya no se desean tener los datos agrupados, tenemos que realizar las mismas acciones que las explicadas anteriormente, pero pinchando en el botón *Desagrupar*.

1.11.3. Cálculo de subtotales

Ya hemos visto anteriormente la utilidad de los esquemas. Sin embargo, vamos a dar un paso más en el aprendizaje calculando subtotales. Recuerda la información de la que disponíamos:

Imagina que lo que queremos es ocultar la información de los movi-

	Fecha	Ingresos	Gastos	Balance
1	Fecha	Ingresos	Gastos	Balance
2	01-ene	25,00 €		25,00 €
3	01-ene		12,00 €	13,00 €
4	01-ene	450,00 €		463,00 €
5	01-ene		230,00 €	233,00 €
6	01-ene	210,00 €		443,00 €
7	01-ene	230,00 €		673,00 €
8	01-ene		21,00 €	652,00 €
9	01-ene		500,00 €	152,00 €
10	01-ene	54,00 €		206,00 €
11	02-ene	650,23 €		856,23 €
12	02-ene		25,89 €	830,34 €
13	02-ene		50,01 €	780,33 €
14	02-ene	78,00 €		858,33 €
15	02-ene	250,00 €		1.108,33 €
16	02-ene		23,56 €	1.084,77 €
17	02-ene		54,00 €	1.030,77 €
18	02-ene	98,00 €		1.128,77 €
19	02-ene	74,00 €		1.202,77 €
20	02-ene	69,50 €		1.272,27 €
21	03-ene		261,00 €	1.011,27 €
22	03-ene		250,00 €	761,27 €
23	03-ene	25,00 €		786,27 €
24	03-ene	21,00 €		807,27 €
25	03-ene		45,00 €	762,27 €
26	03-ene		78,00 €	684,27 €

mientos diarios y visualizar solamente los totales. En Excel crearemos un esquema con subtotales en la ficha *Datos* y el grupo *Esquema*, mediante el botón *Subtotal*. Al pulsarlo, se abrirá el cuadro de diálogo *Subtotales*, en el que seleccionaremos la configuración del esquema y de los subtotales que incluye. En nuestro caso, aplicaremos la función *Suma* a las columnas de ingresos y gastos.

El resultado, que se muestra en la figura, incluye los subtotales deseados, un total general de ingresos y gastos de todos los días y, a la izquierda, una serie de indicaciones respecto a los *niveles de esquema*. Manipulando los números *1*, *2* y *3* (que se corresponden con los tres niveles de esquema) o los signos + y − del esquema mostramos y ocultamos niveles de detalle, pudiendo dejar visible solo los subtotales o el total general. Si deseamos borrar el esquema, se puede pulsar en el botón *Desagrupar* y la opción *Borrar esquema*.

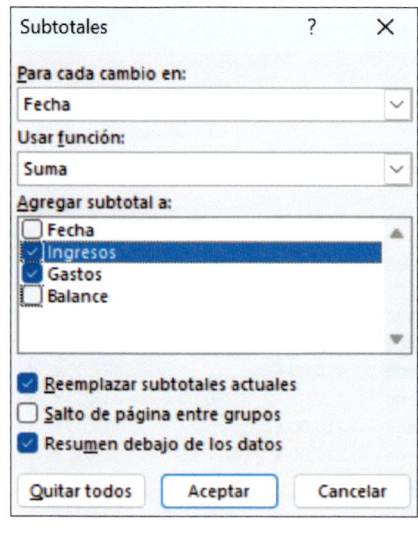

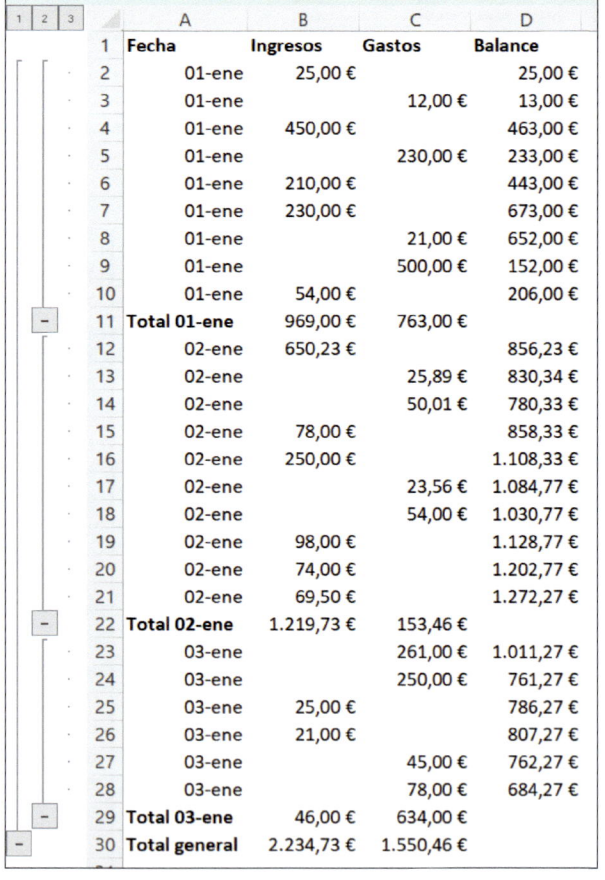

	A	B	C	D
1	Fecha	Ingresos	Gastos	Balance
2	01-ene	25,00 €		25,00 €
3	01-ene		12,00 €	13,00 €
4	01-ene	450,00 €		463,00 €
5	01-ene		230,00 €	233,00 €
6	01-ene	210,00 €		443,00 €
7	01-ene	230,00 €		673,00 €
8	01-ene		21,00 €	652,00 €
9	01-ene		500,00 €	152,00 €
10	01-ene	54,00 €		206,00 €
11	Total 01-ene	969,00 €	763,00 €	
12	02-ene	650,23 €		856,23 €
13	02-ene		25,89 €	830,34 €
14	02-ene		50,01 €	780,33 €
15	02-ene	78,00 €		858,33 €
16	02-ene	250,00 €		1.108,33 €
17	02-ene		23,56 €	1.084,77 €
18	02-ene		54,00 €	1.030,77 €
19	02-ene	98,00 €		1.128,77 €
20	02-ene	74,00 €		1.202,77 €
21	02-ene	69,50 €		1.272,27 €
22	Total 02-ene	1.219,73 €	153,46 €	
23	03-ene		261,00 €	1.011,27 €
24	03-ene		250,00 €	761,27 €
25	03-ene	25,00 €		786,27 €
26	03-ene	21,00 €		807,27 €
27	03-ene		45,00 €	762,27 €
28	03-ene		78,00 €	684,27 €
29	Total 03-ene	46,00 €	634,00 €	
30	Total general	2.234,73 €	1.550,46 €	

Tal y como has podido comprobar, con la opción de *Subtotales* aparecen automáticamente unos *Agrupamientos* de los datos, de tal forma que se puede contraer y expandir la información mostrada.

Para ello, disponemos de los botones *1, 2, 3...* situados a la izquierda de la numeración de las filas, tal y como hemos explicado con los esquemas.

1.12. Funciones financieras y contables

Tal y como sabes, las funciones son fórmulas predefinidas para realizar cálculos específicos. Para introducir una función, podemos pulsar en **fx** (*Insertar función*) que se encuentra junto al cuadro de nombres o, también, en el grupo *Biblioteca de funciones* de la ficha *Fórmulas*, tal y como puedes ver en las siguientes imágenes.

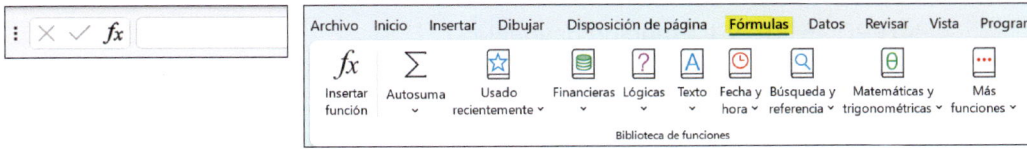

A lo largo del tiempo que has estado utilizando Excel habrás podido comprobar que son muchas y muy variadas las funciones que proporciona esta aplicación.

Vamos a ver cuáles corresponden a funciones contables (matemáticas y estadísticas) y a funciones financieras.

1.12.1. Funciones matemáticas

Las funciones matemáticas realizan operaciones estrictamente aritméticas, como pueden ser el cálculo de suma, producto o raíz, etc. Los argumentos de estas funciones deben ser valores o fórmulas cuyo resultado sea un valor.

Veamos algunas de las funciones matemáticas más usuales:

■ **ABS**. Devuelve el valor absoluto de un número. Su sintaxis es:

=ABS(número)

Ejemplos:

=ABS(-8) → La función devuelve 8.

=ABS(16) → La función devuelve 16.

■ **ALEATORIO**. Devuelve como resultado un número aleatorio entre 0 y 1. Cada vez que se calcula la hoja de cálculo (pulsar la tecla de función *F9*) creará un nuevo número aleatorio. Su sintaxis es:

=ALEATORIO()

Ejemplo:

Para generar un número aleatorio entre un número (X) y otro número (Y), se escribirá la fórmula:

=x+(x-y+1)*ALEATORIO()

- **ENTERO**. Redondea el número hasta el entero inferior más aproximado. Su sintaxis es:

=ENTERO(número)

Ejemplos:

=ENTERO(8,99) → La función devuelve 9.

=ENTERO(-6,90) → La función devuelve -7.

- **FACT**. Da como resultado el factorial de un número positivo. Su sintaxis es:

=FACT(número)

Ejemplos:

=FACT(0) → La función devuelve 1.

=FACT(1) → La función devuelve 1.

=FACT(5) → La función devuelve 5*4*3*2*1=120.

=FACT(-2) → La función devuelve #¡NUM!

- **PI**. Da el valor de la constante matemática π (pi) con una extensión de catorce dígitos. Su sintaxis es:

=PI()

Ejemplo:

=PI()*(5^2) → La función devuelve el área de un círculo.

- **PRODUCTO**. Multiplica todos los números proporcionados en la lista de argumentos. Los argumentos pueden ser números, celdas en blanco, valores lógicos, etc. Las celdas en blanco, valores lógicos, texto o valores de error son ignorados. Su sintaxis es:

=PRODUCTO(número1;número2;...)

Ejemplos:

=PRODUCTO(6;8;234) → La función devuelve 11.232.

=PRODUCTO(num-horas;precio)

- **RAIZ**. Calcula la raíz cuadrada de un número positivo. Su sintaxis es:

$$=RAIZ(número)$$

Ejemplos:

=RAIZ(45) → La función devuelve 6,708.

=RAIZ(-16) → Devuelve el mensaje de error #¡NUM!

- **SUMA**. Suma los números proporcionados como argumentos. Su sintaxis es:

$$=SUMA(número1;número2;...)$$

Ejemplo:

=SUMA(C2:C12;salario;A1-5)

- **SIGNO**. Determina si un número es positivo, negativo o cero. Da como resultado 1 si el número es positivo, -1 si el número es negativo y 0 si el número es 0. Su sintaxis es:

$$=SIGNO(número)$$

Ejemplos:

=SIGNO(3) → La función devuelve 1.

=SIGNO(-10) → La función devuelve -1.

=SIGNO(-0,005) → La función devuelve 0.

- **EXP**. Da como resultado el número e (e = 2,71828182845905) elevado a la potencia especificada. Su sintaxis es:

$$=EXP(número)$$

Ejemplo:

=EXP(3) → La función devuelve 20,08.

1.12.2. Funciones estadísticas

Este grupo de funciones opera sobre grupos de números, que pueden ser definidos individualmente, especificado en rango o en forma de matriz. Algunos ejemplos son los siguientes.

- **MAX**. Determina el número mayor de un rango o de una lista de argumentos. Su sintaxis es:

$$=MAX(número1;número2;...)$$

Ejemplo:

=MAX(5;23;10;50) → La función devuelve 50.

=MAX(D1:D4) → Si el rango D1:D4 contiene los valores 1,4,8,25, la función devuelve 25.

- **MIN**. La función MIN da como resultado el número menor de los contenidos en un rango o una lista de argumentos. Su sintaxis es:

=MIN(número1;número2;...)

Ejemplo:

=MIN(A1:A6) → Si el rango A1:A6 contiene 0,8,3,8,9,1, la función devuelve 0.

- **PROMEDIO**. Determina la media aritmética de los valores especificados en un rango o una lista de argumentos. Su sintaxis es:

=PROMEDIO(número1;número2;...)

Ejemplo:

=PROMEDIO(E1:E4) → Si el contenido del rango E1:E4 es 4,3,5,6, la función devuelve 4,5.

- **VAR**. Calcula la varianza de una muestra de población. La varianza es la media aritmética de las variaciones al cuadrado de cada uno de los valores de la variable estudiada con respecto a la media de los datos de esa muestra. Su sintaxis es:

=VAR(número1;número2;..)

Ejemplo:

=VAR(A1:A8) → La función devuelve la varianza de la muestra contenida en el rango especificado.

- **VAR.P**. Calcula la varianza del total de la población, utilizando como datos todos los correspondientes a la población y no una muestra. Su sintaxis es:

=VAR.P(número1;número2;...)

- **CONTAR**. Cuenta el número de celdas de un rango que contenga números, fechas y fórmulas cuyo resultado sea un valor numérico. Los valores de error, texto o celdas en blanco son ignorados. Su sintaxis es:

=CONTAR(valor1;valor2;...)

Ejemplo:

=CONTAR(C5:D20) → La función devuelve el número de celdas con contenido numérico en el rango C5:D20.

- **CONTARA**. Cuenta el número de celdas con contenido en un rango. Las celdas en blanco son ignoradas. Su sintaxis es:

$$=CONTARA(valor1;valor2;...)$$

Ejemplo:

=CONTARA(A1:A5;B1:B23) → La función devuelve el número de celdas no vacías en los dos rangos especificados.

- **DESVEST**. Esta función calcula el grado de variación de cada uno de los valores que componen una muestra de la población. Se define como la raíz cuadrada de signo positivo de la varianza. Su sintaxis es:

$$=DESVEST(número1;número2;...)$$

Ejemplo:

=DESVEST(A1:A100) → La función devuelve la desviación estándar de una población basada en una muestra contenida en el rango A1:A100.

- **DESVEST.P**. Calcula la desviación estándar de una serie de valores que representan el total de la población (estima que los datos considerados son los reales y no una muestra). Su sintaxis es:

$$=DESVEST.P(número1;número2;...)$$

Ejemplo:

=DESVEST.P(H1:H500) → La función devuelve la desviación estándar de toda la población especificada en el rango H1:H500.

1.12.3. Funciones financieras

No vamos a realizar un examen exhaustivo de todas las funciones financieras, pero sí que mostraremos un listado de las más utilizadas. Estas funciones resultan muy útiles para calcular todos los flujos de caja (cobros y pagos) que se presentan diariamente. Así, se puede calcular el total o la mensualidad de un crédito o de una hipoteca, saber la repercusión de una subida o bajada del tipo de interés, calcular la TIR de un proyecto de inversión, etcétera.

- **PAGO**. Devuelve el pago de un préstamo basado en pagos y tasas de interés constantes. La sintaxis es la siguiente:

$$=PAGO(tasa;nper;va;vf;tipo)$$

- **VA**. Calcula el principal de la operación conociendo el tipo de interés por periodo, el número de periodos y el pago por periodo. Sirve, por ejemplo, para saber cuánto dinero se puede pedir prestado sabiendo el tipo de interés, el plazo y lo que se puede pagar al mes. La sintaxis es la siguiente:

=VA(tasa;nper;pago;vf;tipo)

- **VF**. Calcula el valor futuro de una operación conociendo el tipo de interés por periodo, el número de periodos y el pago por periodo. Sirve, por ejemplo, para saber cuánto dinero produce una inversión sabiendo el tipo de interés, el plazo y los ingresos aportados mensualmente. La sintaxis es la siguiente:

=VF(tasa;nper;pago;va;tipo)

- **NPER**. Calcula el número de periodos necesario para terminar de amortizar una operación, conociendo el tipo de interés aplicado por periodo, los pagos en cada uno de los periodos y el principal. Sirve, por ejemplo, para saber cuánto va a durar un préstamo, conociendo todos los demás parámetros. La sintaxis es la siguiente:

=NPER(tasa;pago;va;vf;tipo)

- **TASA**. Calcula el tipo de interés que se aplica a la operación, dados el número de pagos, la cantidad de cada pago y el principal. Sirve, por ejemplo, para saber el tipo de interés que se aplica a una compra a plazos. La sintaxis es la siguiente:

=TASA(nper;pago;va;vf;tipo)

- **PAGOINT**. Devuelve el interés pagado por una inversión durante un periodo determinado, basado en pagos constantes y periódicos y una tasa de interés constante. La sintaxis es la siguiente:

=PAGOINT(tasa;periodo;nper;va;vf;tipo)

- **PAGOPRIN**. Devuelve el pago de un capital de una inversión determinada, basado en pagos constantes y periódicos y una tasa de interés constante. La sintaxis es la siguiente:

=PAGOPRIN(tasa;periodo;nper;va;vf;tipo)

- **TIR**. Devuelve la tasa interna de retorno de una inversión para una serie de valores en efectivo.

Estos flujos de caja no tienen por qué ser constantes, como es el caso de una anualidad. Pero sí los flujos de caja deben ocurrir en intervalos regulares, como meses o años. La tasa interna de retorno equivale a la tasa producida por un proyecto de inversión con pagos (valores negativos) e ingresos (valores positivos) que ocurren en periodos regulares. La sintaxis es la siguiente:

=TIR(valores;estimar)

- **VNA**. Calcula el valor neto actual de una serie de flujos de efectivo. Sirve, como su nombre indica, para calcular el VAN de una inversión. La sintaxis es la siguiente:

=VNA(tasa;valor1;valor2...)

1.13. Búsqueda de objetivos y Solver

La herramienta de *Análisis de hipótesis* en Excel, dentro de la ficha *Datos*, se utiliza para analizar cómo afectan los cambios de valores de celdas en el valor resultado de una celda dependiente de dichos valores a través de fórmulas.

Por ejemplo, se puede especificar el resultado que se desea que produzca una fórmula y, a continuación, determinar qué conjuntos de valores devolverán ese resultado.

Excel incluye tres tipos de análisis de hipótesis: *Escenarios, Buscar objetivo* y *Tablas de datos*, aunque se pueden instalar complementos que ayuden a realizar análisis de hipótesis, como el complemento Solver.

En este apartado vamos a estudiar **Buscar objetivo** y **Solver**.

1.13.1. Buscar objetivo

Esta herramienta permite rastrear la fórmula necesaria para obtener un resultado determinado, es decir, esta función funciona hacia atrás, por lo que resulta útil cuando ya conoces los datos que necesitas, pero no sabes cómo llegar a ellos.

Algunos ejemplos en los que esta herramienta es útil son:

- Cálculo de la amortización de un préstamo. Tienes que solicitar un préstamo con un tipo de interés fijo y pagos mensuales constantes. Gracias a esta herramienta, puedes determinar el importe inicial del préstamo necesario para alcanzar una cuota mensual específica.

- Planificación de inversiones. Has determinado que, a la hora de jubilarte, debes tener una cantidad de dinero y, para ello, realizas una inversión a un tipo fijo de interés. Gracias a esta herramienta puedes calcular la contribución mensual necesaria para alcanzar tu inversión.

- Análisis. En un contexto de negocio, quieres determinar el número de unidades que necesitas vender para alcanzar el punto de equilibrio. Con esta herramienta puedes determinar el volumen de ventas necesario para obtener un determinado beneficio.

Vamos a explicar esta herramienta a través de un ejemplo. Dispones de la siguiente factura de venta:

FERRETERÍA "EL MANITAS"				
FACTURA DE VENTA			FECHA:	07/07/2025
Código	Artículo	Cantidad	Precio unitario	Total
1	Tenazas	6	12,00	72,00
3	Alicates	5	17,00	85,00
5	Llave inglesa	6	22,00	132,00
		IMPORTE TOTAL		289,00
	DESCUENTO	14%		41,07
	IVA	21%		52,07
	TOTAL A PAGAR			300,00 €

Queremos saber el descuento que tenemos que aplicar para que el TOTAL A PAGAR sea de 290 €, y para ello, utilizamos la opción *Buscar objetivo*, que está disponible en la ficha *Datos*, dentro del grupo *Previsión>Análisis de hipótesis*, como se muestra en la siguiente imagen.

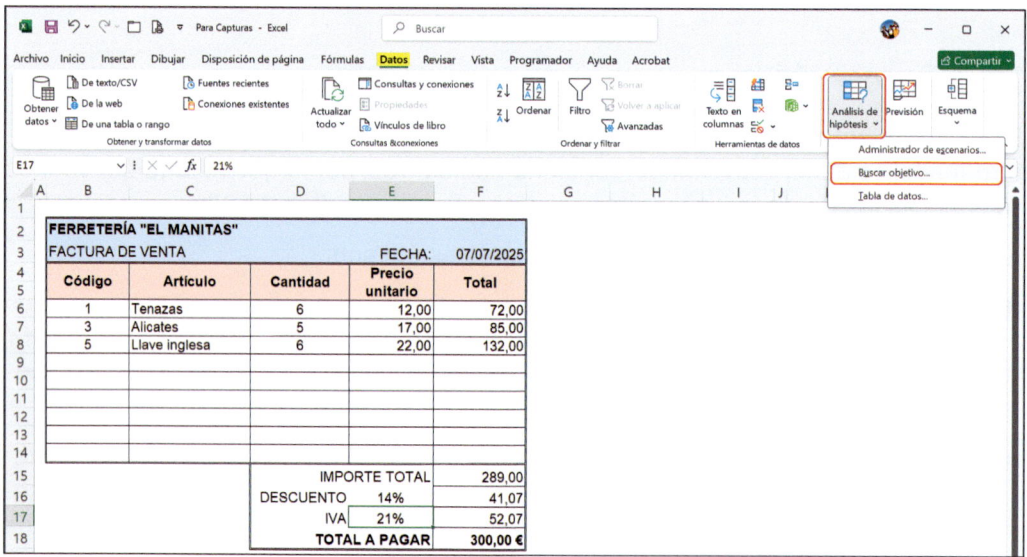

Al seleccionar esta opción, nos aparece el cuadro de diálogo *Buscar objetivo*, que tendremos que cumplimentar de la siguiente forma:

Lo que le estamos diciendo en este cuadro es:

- Modifica la celda F18 (300,00 €).

- Con el valor de 290.

- Y para ello, modifica el valor de la celda E16 (% descuento).

Al pulsar sobre el botón *Aceptar*, se obtiene el siguiente resultado:

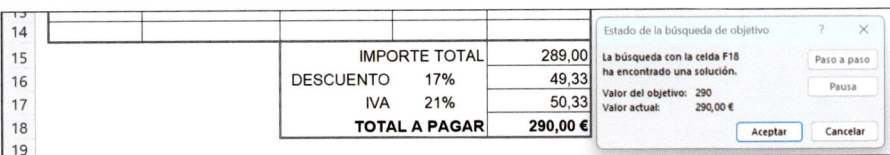

Para que el cliente pague 290 € es preciso aplicarle un descuento del 17,069404329549 %.

1.13.2. Solver

Solver es una herramienta de análisis incluida en Excel que permite calcular el valor óptimo de una celda en función de diferentes factores o variables incluidos en otras celdas, cumpliendo una serie de restricciones o limitaciones que pueden definirse.

Esta herramienta permite resolver problemas de programación lineal en donde, a partir de una función lineal que optimizar (encontrar el máximo o mínimo) y cuyas variables están sujetas a unas restricciones expresadas como inecuaciones lineales, el fin es obtener valores óptimos, bien sean máximos o mínimos.

Por defecto, esta opción no está activada, pero vas a ver que es muy sencillo activarla, solo se deben seguir los pasos siguientes:

- En la ficha *Archivo*, seleccionamos *Opciones*.

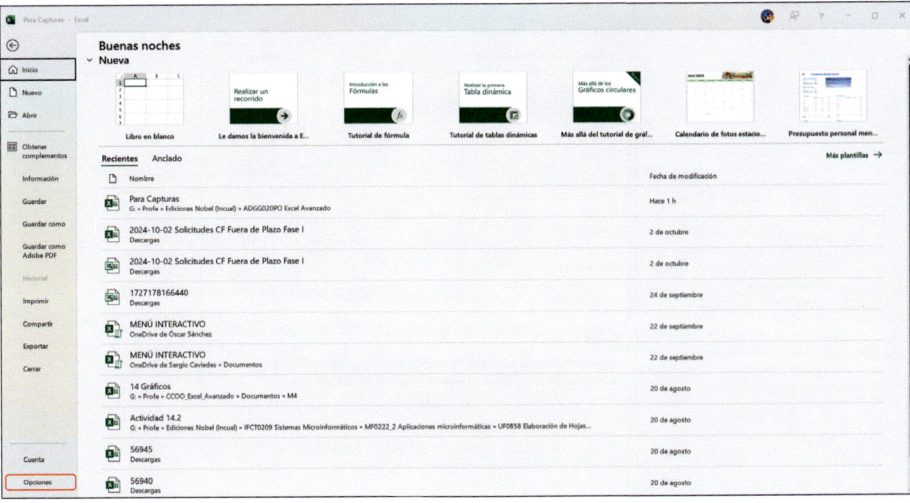

- Seleccionamos la opción *Complementos* y pinchamos en el botón *Ir*.

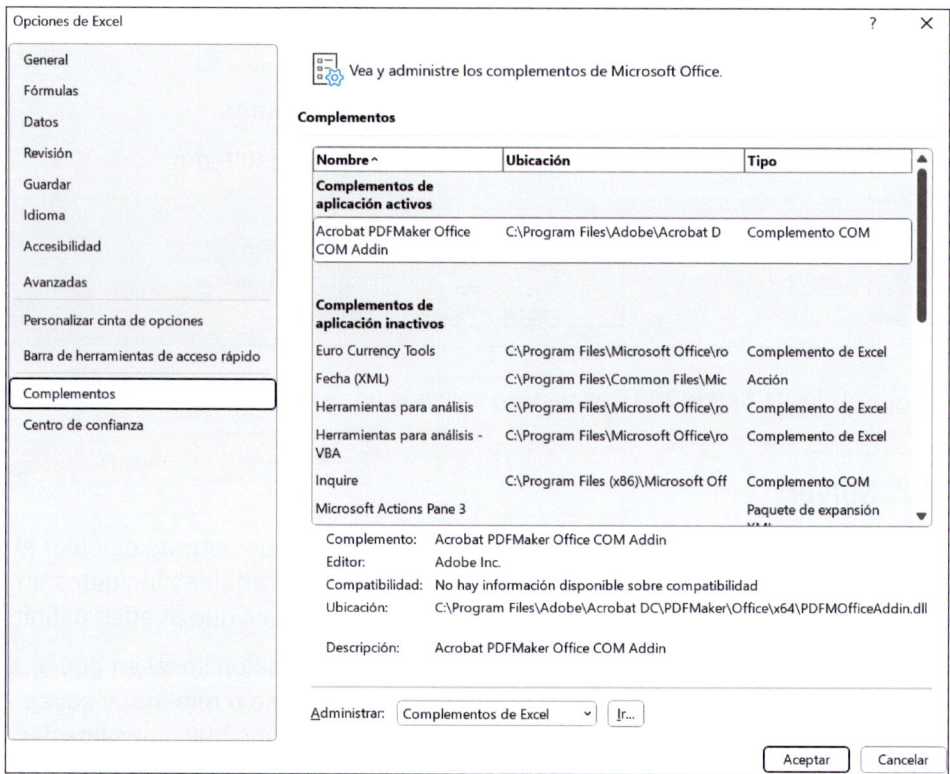

- En el cuadro de diálogo que aparece, marcamos la casilla de verificación de *Solver* y pulsamos en el botón *Aceptar*.

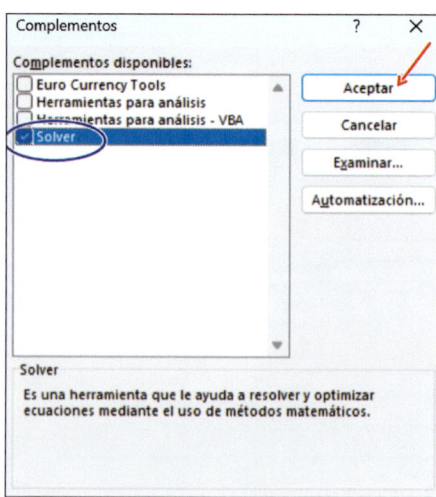

- Como puedes comprobar, en la ficha *Datos* se ha creado un grupo nuevo (*Análisis*) con la opción *Solver*.

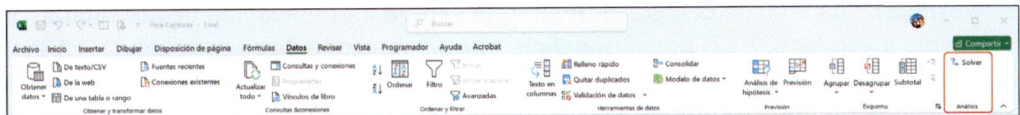

Para trabajar con Solver hay que tener muy claros los conceptos básicos y su funcionamiento. Estos conceptos básicos son los siguientes:

- Celda objetivo: es la celda en la que se representa el objetivo del problema. Este objetivo puede ser obtener el valor máximo posible, el mínimo posible o un valor exacto.

- Celdas variables: son aquellas celdas que Solver va a poder modificar para llegar al resultado de la celda objetivo.

- Limitaciones o restricciones: son las limitaciones o restricciones que se pueden configurar para que Solver resuelva el problema. Por ejemplo, se puede definir que las variables sean enteros y mayores que cero.

- Datos no variables: existen otros datos que no son modificables.

Vamos a ver todo esto a través de un ejemplo.

Una bombonería quiere hacer tres cajas mezclando bombones rellenos, bombones sin rellenar y bombones con fruta. Tiene un número limitado de unidades de cada bombón y unos objetivos máximos y mínimos de venta en cada tipo de caja. A su vez, cada tipo de caja tiene un beneficio diferente, y se quiere obtener el máximo beneficio con la venta de las cajas.

En la siguiente imagen se muestra toda esta información.

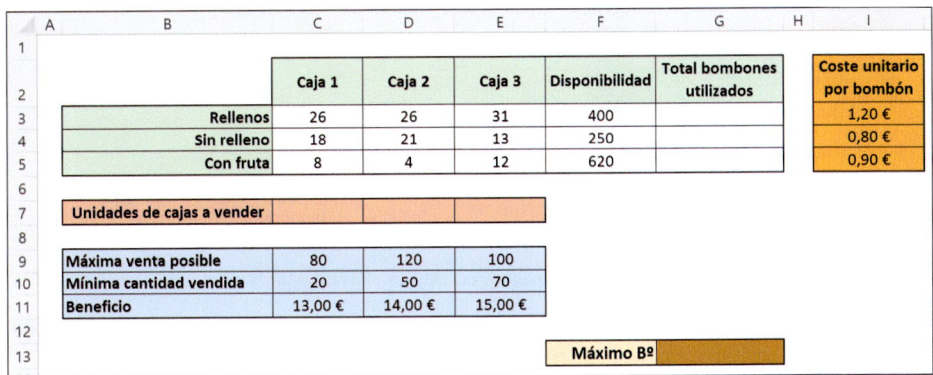

El objetivo será maximizar el beneficio (celda G13), por lo que esta será la **celda objetivo**.

Los valores incluidos en los rangos C3:E5 y C9:E11 son **datos no variables**, ya que deben permanecer inamovibles.

Las **celdas variables** son las que modificará Solver para lograr el objetivo de la celda G13, y será el rango C7:E7.

El **Máximo Bº** es fácil de calcular, puesto que será la multiplicación de las **Unidades de cestas a vender** (C7:E7) por el **Beneficio** que se consigue de cada cesta (C11:E11). Aunque se podría establecer una fórmula que fuera multiplicando y sumando las celdas correspondientes, Excel proporciona la función **SUMAPRODUCTO** para llevar a cabo esta operación. De esa forma, la fórmula a establecer en la celda G13 sería:

=SUMAPRODUCTO(C7:E7;C11:E11)

También habrá que calcular el **Total bombones utilizados** (G3:G5), puesto que no es posible superar el número de bombones de los que se dispone (**Disponibilidad** F3:F5). Para calcular estas celdas hay que multiplicar el número de bombones que lleva cada caja por las unidades de cajas a vender, de tal forma que la fórmula a utilizar sería la siguiente (para la celda G3):

=SUMAPRODUCTO(C3:E3;$C$7:$E$7)

Llegado a este punto, ¡¡ya estamos listos para utilizar la opción *Solver*!! Para ello, en la ficha *Datos*, dentro del nuevo grupo que se ha creado (*Análisis*), pinchamos en la opción *Solver*, apareciendo el cuadro de diálogo *Parámetros de Solver*, tal y como se puede apreciar en la siguiente imagen.

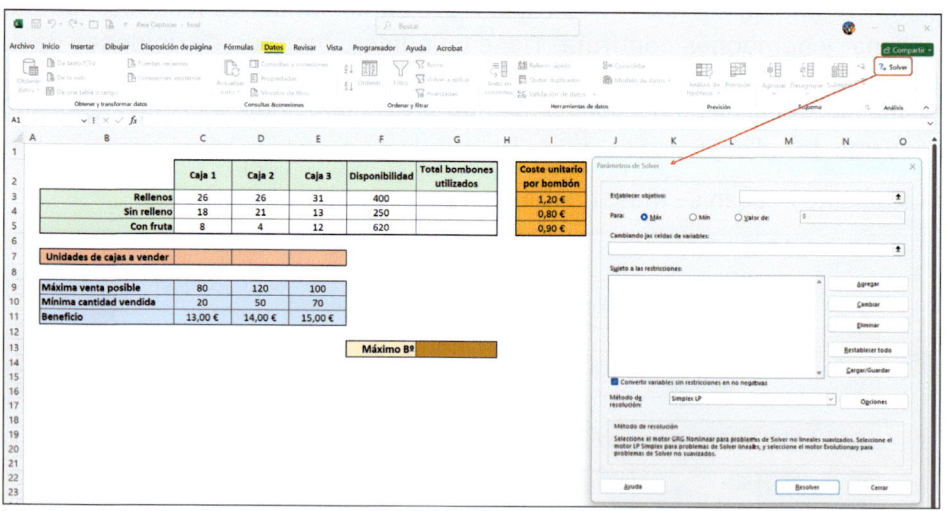

En primer lugar se establece la celda objetivo, que en este caso es la **G13** (Máximo Bº), y queremos maximizarlo, por lo que se deja marcada la opción **Máx**.

Tal y como se ha indicado anteriormente, las celdas variables serán el rango C7:E7.

En cuanto a las restricciones, existen varias:

- Evidentemente, el número de cajas tiene que ser un número entero (int).

- El número de cajas que se quiere vender (de cada tipo) tiene que ser mayor que la mínima cantidad vendida (fila 10).

- De la misma forma, el número de cajas que se quiere vender (de cada tipo) tiene que ser menor que la máxima venta posible (fila 9).

- Dado que tenemos un número disponible de bombones, la cantidad total utilizada no podrá superar la disponibilidad establecida en las celdas F3:F5, es decir, por ejemplo, el número total de bombones rellenos que se va a utilizar en las cajas no podrá ser superior a 400.

De esta forma, se irán añadiendo todas las restricciones pulsando el botón *Agregar*.

En relación a la casilla de verificación *Convertir variables sin restricciones en no negativas*, deberá estar seleccionada para prevenir que el número de cajas pueda ser negativa.

Por último, Solver nos solicita el **Método de resolución**. Son tres los posibles métodos:

- GRG Nonlinear. Se utiliza cuando la relación entre las variables no es lineal y los problemas están suavizados.

- Simplex LP. Utilizado para problemas de programación lineal, es decir, la relación entre las variables es lineal.

- Evolutionary. Es similar al GRG, pero se utiliza con problemas no suavizados.

Habitualmente los problemas que se plantean son lineales, por lo que se utilizará el Simplex. De todas formas, aquellas personas con conocimientos en optimización, tienen disponibles los otros dos métodos. En nuestro caso, y dado que todas las funciones son lineales, utilizaremos el método Simplex.

De esta forma, el cuadro de diálogo *Parámetros de Solver*, tendrá el siguiente aspecto:

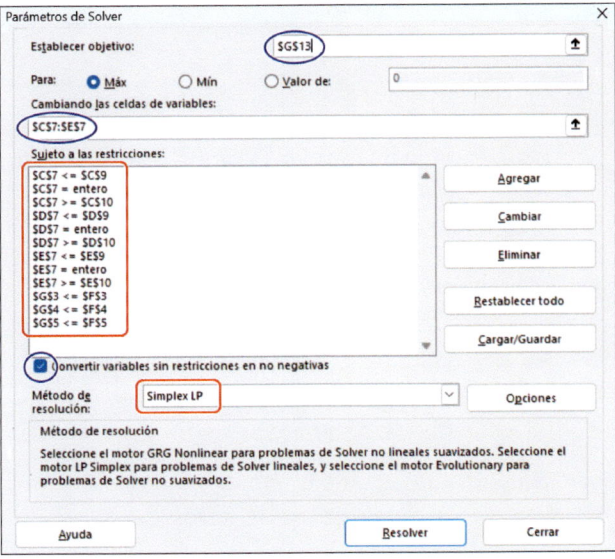

Al pulsar sobre el botón *Resolver*, aparecerá lo siguiente:

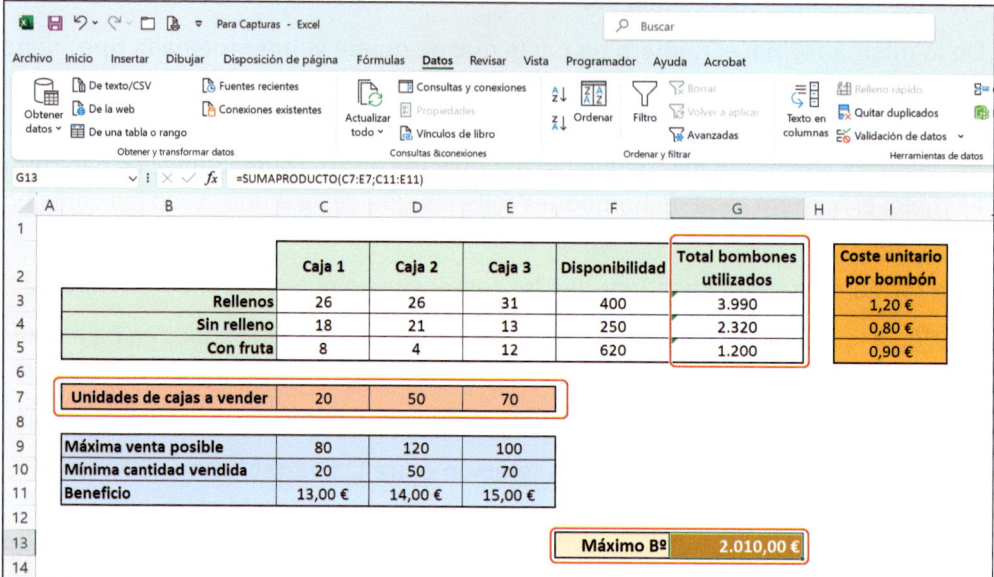

Al pulsar sobre el botón *Aceptar*, nos aparecerán estos valores en la hoja de cálculo. También se pueden guardar como si se tratase de un *Escenario* si se desean realizar varios.

Como se puede comprobar en la imagen, se cumplen todas las restricciones que se han añadido, obteniendo un beneficio de 2.010,00 €. Con esta aplicación de Excel sabemos que no puede haber ninguna otra combinación que haga tener más beneficios.

A C T I V I D A D E S   F I N A L E S

1.1. Realiza un nuevo libro de trabajo que contendrá tres hojas:

Hoja 1:

■ Copia la información que puedes ver en la siguiente imagen:

	A	B	C	D
1				
2		**EMPLEADO**	**FECHA NACIMIENTO**	**EDAD**
3		Pedro Monteagudo	14/03/1992	32
4		**Juan Andrada**	28/01/1971	53
5		**Belén Zapero**	16/08/1966	58
6		Marcos Yus	15/12/1998	25
7		Ana Bartolomé	20/11/1991	32
8		**Luis Casas**	31/03/1970	54

■ Realiza un formato condicional para que el nombre del empleado aparezca en color azul y la celda con relleno de color verde, siempre y cuando tengan una edad superior a cuarenta años.

Hoja 2:

■ Copia la información que puedes ver a continuación:

	A	B	C	D	E	F
1						
2				COMPRAS 2025		
3		**Sucursal**	**Septiembre**	**Octubre**	**Noviembre**	**Diciembre**
4		**Aragón**	2.100,00 €	7.140,00 €	9.450,00 €	6.980,40 €
5		**Madrid**	3.150,00 €	2.835,00 €	10.500,00 €	11.923,80 €
6		**Galicia**	4.200,00 €	4.924,50 €	15.960,00 €	9.540,30 €
7		**Murcia**	4.830,00 €	4.899,30 €	5.985,00 €	6.741,00 €
8						

■ Establece un formato condicional al rango C4:G7 de *Barra de datos* con *Relleno degradado* de color verde y con borde sólido.

Hoja 3:

■ Copia la información que puedes ver en la siguiente imagen:

	A	B	C	D	E	F
1						
2			**NOTA 1**	**NOTA 2**	**NOTA 3**	**PROMEDIO**
3		Pedro Monteagudo	5	6	4	⇒ 5,00
4		Juan Andrada	7	7	7	*7,00*
5		Belén Zapero	4	3	5	↓ 4,00
6		Marcos Yus	6	6	6	⇒ 6,00
7		Ana Bartolomé	9	10	9	↑ 9,33
8		Luis Casas	8	7	6	*7,00*

- Establece un formato condicional en la columna PROMEDIO, de tal forma que las celdas del alumnado que tenga una media de 7 tendrán un relleno de color naranja y el texto estará en negrita y cursiva.

- Establece otro formato condicional a esa misma columna para establecer iconos, de tal forma que los que tengan un promedio mayor o igual a 9 tendrán una flecha hacia arriba; los que tengan un promedio mayor o igual a 5 y menor de 9 tendrán una flecha vertical, y los que tengan un promedio inferior a 9 tendrán una flecha hacia abajo.

  Debes tener en cuenta que al alumnado que tenga un promedio igual a 7 no le aparecerá el icono.

1.2. En este ejercicio se van a desarrollar las siguientes opciones:

1. Formato de celdas: número, alineación, fuente y bordes.
2. Función SUMA.
3. Ancho de columnas.
4. Márgenes.
5. Orientación.
6. Combinación de celdas.
7. Gráficos.
8. Pie de página.

Realiza la siguiente hoja de cálculo teniendo en cuenta las consideraciones que se dan en el cuadro siguiente:

1. La columna I es con fórmula, y es el total de varones y de mujeres.
2. La fila 13 es con fórmula, y es el total de varones y mujeres que saca una nota determinada.
3. Realiza los gráficos que se dan.
4. Establece el ancho de las columnas similar al que te doy, teniendo en cuenta que se tienen que respetar los saltos de página.
5. Si no existe alguno de los tipos de letra que se dan, utiliza el que desees (que no sea Calibri).
6. Numera las páginas en la parte derecha del pie de página con el formato que se ofrece.

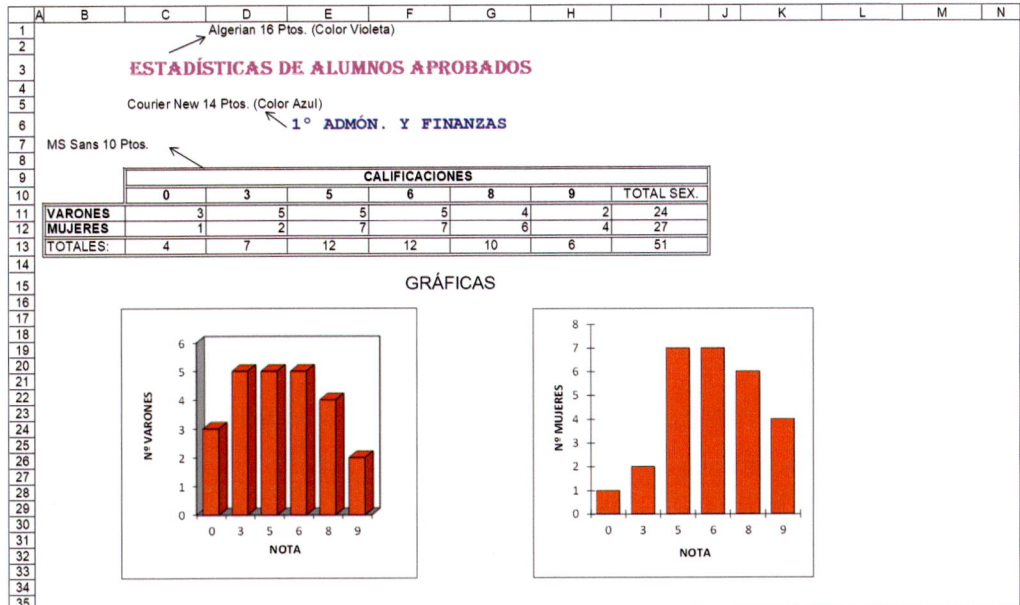

Pág. 1 de 2

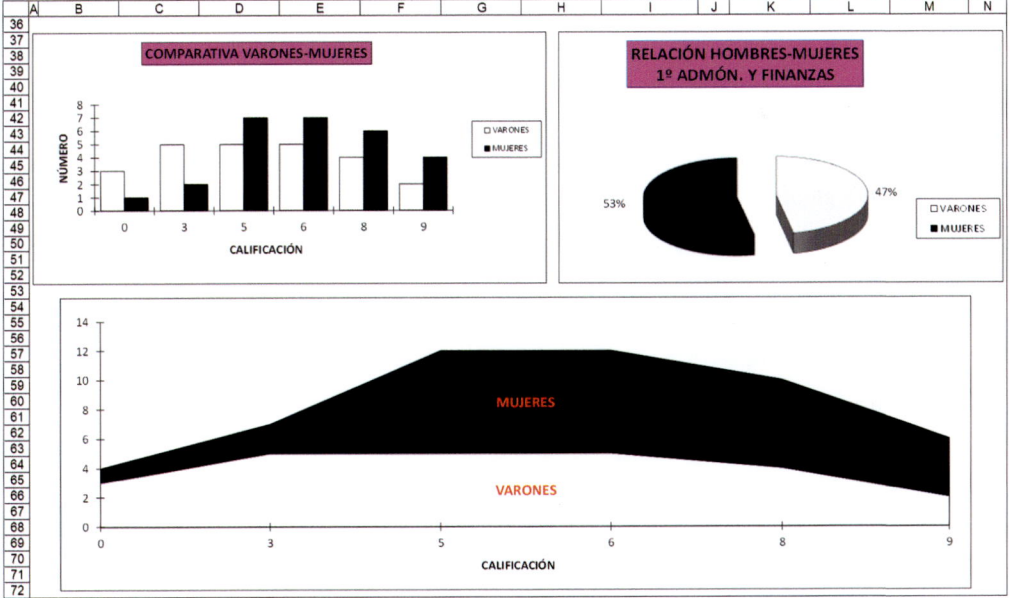

Pág. 2 de 2

1.3. En este ejercicio se van a desarrollar las siguientes opciones:

1. Formato de celdas: número, alineación, fuente y bordes.

2. Operaciones matemáticas simples: divisiones.

3. Funciones: PROMEDIO, MAX, MIN, CONTAR, CONTARA, CONTAR.SI y CONTAR.BLANCO.

4. Referencias absolutas, relativas o mixtas.

5. Ancho de columnas.

6. Márgenes.

7. Combinación de celdas.

8. Gráficos.

Realiza la siguiente hoja de cálculo teniendo en cuenta las consideraciones siguientes:

1. De B3 a F11 se escriben los datos manualmente.

2. La columna G (MEDIA) es la media aritmética de la Nota 1, Nota 2 y Nota 3.

3. La columna H (MAX) saca el valor máximo de la Nota 1, Nota 2 y Nota 3.

4. La columna I (MIN) saca el valor mínimo de la Nota 1, Nota 2 y Nota 3.

5. Las filas 14, 15, 16, 17 y 18 tienen que salir automáticamente, ya que tienen que CONTAR los valores de la tabla de la parte superior. Es decir, la fila 15 representa los ALUMNOS PRESENTADOS, así que tendrá que ir a la tabla superior en donde están las notas y tendrá que contar cuántos son los alumnos que tienen nota; y así sucesivamente con el TOTAL ALUMNOS, N. º APROBADOS, N. º SUSPENSOS y N. º NO PRESENTADOS.

6. Las filas 19, 20 y 21 salen automáticamente, ya que tienen fórmula. Representan el porcentaje de alumnado aprobados, alumnado suspendido y alumnado no presentado, con respecto al total.

7. Realiza, en una hoja nueva, un gráfico de pirámide parcial con la media de las tres evaluaciones de cada alumno.

8. Establece los rellenos de celda y bordes adecuados para que se parezca lo máximo posible a la muestra.

9. Llama a la hoja **EVALUACIONES**.

	ALUMNADO	1ª EVA	2ª EVA	3ª EVA	MEDIA	MAX	MIN
1	Alex Montalvo	7	5	8	7	8	5
2	Dolores Nori	10	5	5	7	10	5
3	Miguel Casas	10	2	6	6	10	2
4	Juan A. Pedrón	10		3	7	10	3
5	Inés Anadón	10	8	8	9	10	8
6	Felipe Fantova	10	2	5	6	10	2
7	Andrea Moreno	10	9	1	7	10	1
8	Zoe Giménez	10	4	7	7	10	4

	1ª EVA	2ª EVA	3ª EVA
ALUM. PRESENTADOS	8	7	8
TOTAL ALUMNADO	8	8	8
Nº APROBADOS	8	4	6
Nº SUSPENDOS	0	3	2
Nº NO PRESENTADOS	0	1	0
% APROBADOS	100,00%	50,00%	75,00%
% SUSPENSOS	0,00%	37,50%	25,00%
% NO PRESENTADOS	0,00%	12,50%	0,00%

EVALUACIONES   Gráfico1   +

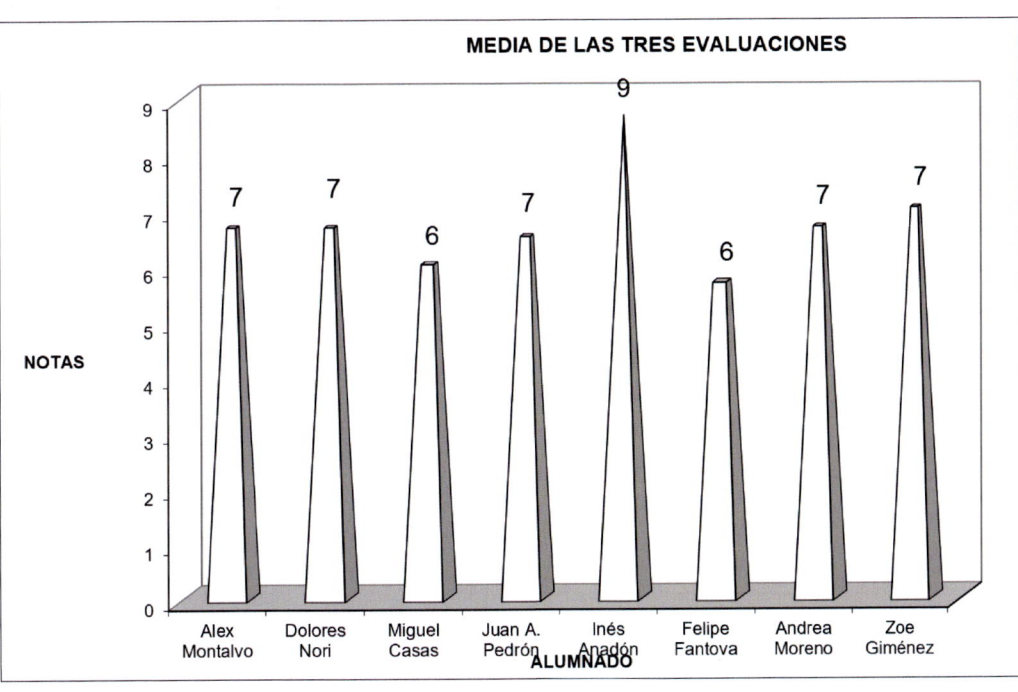

1.4. Realiza un nuevo libro de Microsoft Excel al que llamarás Evaluación Final.

En este ejercicio se van a desarrollar las siguientes opciones:

1. Formato de Celdas: Número, Alineación, Fuente, Bordes y Relleno.

2. Operaciones matemáticas simples: sumas, restas y divisiones.

3. Ancho de columnas.

4. Formato condicional.

Realiza la siguiente hoja de cálculo teniendo en cuenta las consideraciones siguientes:

1. Los datos de la fila 2 y de las columnas B, C y D se escriben manualmente.

2. La columna E es la media de las columnas C y D.

3. De la celda E5 a la celda E16 debes aplicar un formato condicional, de tal forma que:

   ■ Si tiene una nota igual o superior a un 7, el color de la fuente será azul oscuro y en negrita; el borde será de color rojo oscuro y el color de relleno será amarillo.

   ■ Si tiene una nota mayor o igual a 5 e inferior a 7, el color de la fuente será verde y en negrita.

   ■ Si tiene una nota inferior a 5, el color de la fuente será azul claro y en negrita; el borde será discontinuo y el color de relleno será naranja.

4. Aplica los rellenos y bordes que creas oportunos para dejarlo lo más parecido posible a la muestra.

5. Establece el ancho de las columnas similar al que te doy, teniendo en cuenta que tiene que caber todo en una sola página.

	A	B	C	D	E	F
1						
2		**NOTAS EVALUACIÓN FINAL 2º FP**				
3						
4		**ALUMNADO**	**1ª EVA**	**2ª EVA**	**MEDIA**	
5		ADRIÁN BELENGUER MARTÍN	8,2	9,3	8,75	
6		ANA MORENO MONTAÑÉZ	6	5,5	5,75	
7		JUAN VÁZQUEZ ANDRADE	3,25	3,3	3,28	
8		MIGUEL MORENO MIR	4,5	6,2	5,35	
9		RAMÓN ANDRADE ZAMORA	7	7,5	**7,25**	
10		LUCÍA ANTOÑANZAS VAL	8,5	3,6	6,05	
11		NIEVES ROMERO SOLER	4,9	4,9	4,90	
12		CARLOS FANLO FACI	4,5	7	5,75	
13		MARTA FERRANDIS BIRCA	8	9	**8,50**	
14		LUISA NAZARENO MINGOTE	5	6,5	5,75	
15		VICENTE LARRODERA ANTÚNEZ	7,75	3,75	5,75	
16		ALEJANDRO VINUESA MARTÍNEZ	2,25	1,25	1,75	
17						

1.5. Realiza un nuevo libro de Microsoft Excel al que llamarás Tributos Locales.

Los aspectos que se van a trabajar en este libro van a son:

1. Formato de celdas: número, alineación, fuente, bordes y rellenos.

2. Operaciones matemáticas simples: sumas, restas y divisiones.

3. Funciones: SI, BUSCARV y SUMA.

4. Trabajo con varias hojas.

5. Ancho de columnas.

6. Márgenes.

7. Orientación.

8. Combinación de celdas.

9. Gráficos.

Vamos ahora a diseñar un libro de trabajo que nos calcule los tributos locales que tienen que pagar los sujetos pasivos, en función del valor de su vivienda. A estos valores les hemos adjudicado un tipo para realizar más fácilmente los cálculos.

En la primera hoja del libro, que llamaremos **TABLA**, especificaremos los tipos de viviendas, junto con su valor, y el importe que se paga por los distintos conceptos, tal y como se muestra a continuación.

Hoja **TABLA**:

			Tributos Locales		
TIPO	**VALOR**	**AGUA**	**ECOCIUDAD**	**IBI**	
A	30.937,09 €	77,34 €	61,87 €	154,69 €	
B	37.124,51 €	92,82 €	74,25 €	185,62 €	
C	49.499,35 €	123,75 €	99,00 €	247,49 €	
D	61.874,21 €	154,69 €	123,75 €	309,36 €	
E	74.249,04 €	185,62 €	148,50 €	371,24 €	

A partir de esta información inicial, en una hoja que llamaremos **TRIBUTOS**, hemos de realizar los siguientes cálculos, utilizando funciones para la toma de decisiones:

1. Los datos que aparecen hasta la columna F se escriben manualmente.

2. Columna G (**AGUA**). Calcularemos el importe en función del tipo de vivienda, por ejemplo, "Si es de tipo A, pagaremos 77,34 €; si es de tipo B, 92,82 €; y así sucesivamente".

3. Columna H (**ECOCIUDAD**). Realizaremos la misma operación anterior pero con los importes de este tributo.

4. Columna I (**IBI**). Lo mismo que en los dos casos anteriores, pero con los importes del impuesto sobre bienes inmuebles (IBI).

5. Columna J (**TOTAL TRIBUTOS**). Realizaremos la suma de las tres anteriores.

6. Columna K (**DÍAS PLAZO**). Si la fecha de pago es anterior a la fecha del plazo máximo, nos pondrá un cero, y si no, que calcule los días que exceden de esta fecha.

7. Columna L (**INTERÉS**). Queremos que, si los días de plazo son iguales a cero, que no pague intereses (cero), y si no, que pague un 25 % del total de tasas.

8. Columna M (**TOTAL PAGOS**). Queremos calcular la suma del total de tasas más el Interés.

El resultado final debería quedar como el que se muestra en la siguiente imagen, teniendo en cuenta que se ha establecido como plazo máximo el 30/06/2025.

	SUJETO PASIVO	DOMICILIO	CP	TIPO VALOR	FECHA PAGO	AGUA	ECOCIUDAD	IBI	TOTAL TRIBUTOS	DÍAS PLAZO	INTERÉS	TOTAL PAGOS
PLAZO MÁXIMO	30/06/2025											
O. ROMERO	TOMÁS OSTÁRIZ, 13	50016	C	02/06/25	123,75 €	99,00 €	247,49 €	470,23 €	0	0,00 €	470,23 €
A. VISIEDO	TENOR FLETA, 89	50007	B	17/07/25	92,82 €	74,25 €	185,62 €	352,69 €	17	88,17 €	440,86 €
R. GONZÁLEZ	PZA. ROMA, 3	50010	A	18/08/25	77,34 €	61,87 €	154,69 €	293,90 €	49	73,48 €	367,38 €
N. YUSTE	COSO, 125	50001	D	20/06/25	154,69 €	123,75 €	309,36 €	587,80 €	0	0,00 €	587,80 €
T. GARCÍA	SAUCE, 58	50016	A	12/06/25	77,34 €	61,87 €	154,69 €	293,90 €	0	0,00 €	293,90 €
L. ESTELLA	LAUSANA, 15	50007	D	24/07/25	154,69 €	123,75 €	309,36 €	587,80 €	24	146,95 €	734,75 €
M. CASTILLO	ESCOSURA, 22	50010	E	26/07/25	185,62 €	148,50 €	371,24 €	705,35 €	26	176,34 €	881,69 €

Realiza, en una hoja aparte, un gráfico apilado donde se muestre lo que paga cada uno de los sujetos pasivos por los respectivos tributos.

Hoja **GRÁFICO**:

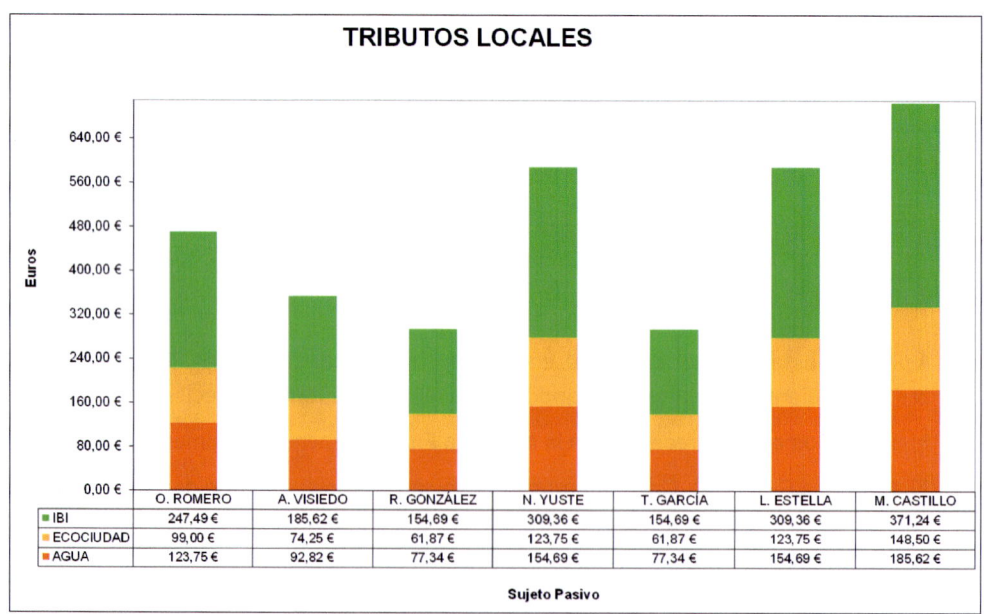

1.6. Realiza un nuevo libro al que llamarás Vendedores.

Los aspectos que se van a trabajar en este libro van a son:

1. Formato de celdas: número, alineación, fuente, bordes y rellenos.

2. Ancho de columnas.

3. Trabajo con varias hojas.

4. Márgenes.

5. Combinación de celdas.

6. Filtros.

7. Formato condicional.

8. Función CONTAR.SI.

Una empresa desea llevar el control de los vendedores que trabajan para ella, por lo que en una hoja llamada **Vendedores** introduce la información que se muestra a continuación:

Nombre	Apellidos	Teléfono	Dirección	Ciudad
Juan	López Robles	959118822	Pl. Niña, 24	Huelva
Antonio	Antúnez Cabral	952545689	Avda. Alemania, 56	Sevilla
Pedro	Álvarez Robledo	958457896	C/ Ruiz Alarcón, 48	Granada
Juan Carlos	Pérez Cáceres	954256297	C/ Bautista, 6	Sevilla
Luisa	Cristaldo Jiménez	917588965	Paseo Castellana, 85	Madrid
Asunción	García Pérez	912565589	Avda. Pío XII, 67 bis	Madrid
María	González Juan	959286556	Pl. Quintero Báez, 24	Huelva
Mercedes	Rodríguez García	959159635	Paseo de Santa Fe, 6	Huelva
Patricia	López Núñez	952458899	C/ Betis, 49	Sevilla
Josefa	Méndez Cano	958895698	C/ Béjar, 12	Granada
Miriam	Gómez Rodríguez	950497059	C/ Velázquez, 90	Almería
Alcides	López Gómez	958124568	C/ Reyes Católicos, 2	Granada
Fernando	López Gómez	952639878	Av. Andalucía, 3	Málaga
Eduardo	Ruiz Escobar	950368956	Pl. San Marcos, 22	Almería
Francisco	Romero Torres	959458923	Avda. Sundheim, 26	Huelva
Mariano	Hita Pérez	954689635	C/ San Fernando, 3	Sevilla
Milcíades	Valdepeñas Ruiz	953456989	P. º Marítimo, 2	Jaén
Ariana	Arce Mirelles	952457894	C/ Las Mercedes, 1	Málaga
Karina	Cascos Fernández	952226989	Pl. Reina Cristina, 65	Málaga

Se pide:

1. El listado llevará por título el nombre de la empresa y como subtítulo **Listado de Vendedores**. Utilizar tipo de letra Courier New de 16 ptos., en negrita, para el título, y tamaño de 14 ptos., en cursiva, para el subtítulo. Para el resto del texto, el tamaño será de 12 ptos.

2. Colocar los apellidos al principio de la tabla y ordenarla alfabéticamente de la A la Z, según los apellidos.

3. Aplicar formato condicional a la columna "Ciudad", de modo que cuando aparezca Almería tome la celda color rojo y cuando aparezca Madrid tome la celda color verde.

4. Con la opción de *Filtro*, seleccionar solo los vendedores de la provincia de Granada y copiar todos sus datos en la hoja 2, a la cual le pondremos el nombre de **Vendedores Granada**.

5. Realizar la misma operación anterior, pero esta vez para los vendedores de Sevilla y lo copiamos en la hoja 3, a la cual llamaremos **Vendedores Sevilla**.

6. Desactivar el *Autofiltro*.

7. Utilizando la función estadística CONTAR.SI, contar cuántos vendedores tiene la empresa en cada una de las provincias que aparecen en el listado. Colocar los resultados debajo del listado de la hoja **Vendedores**.

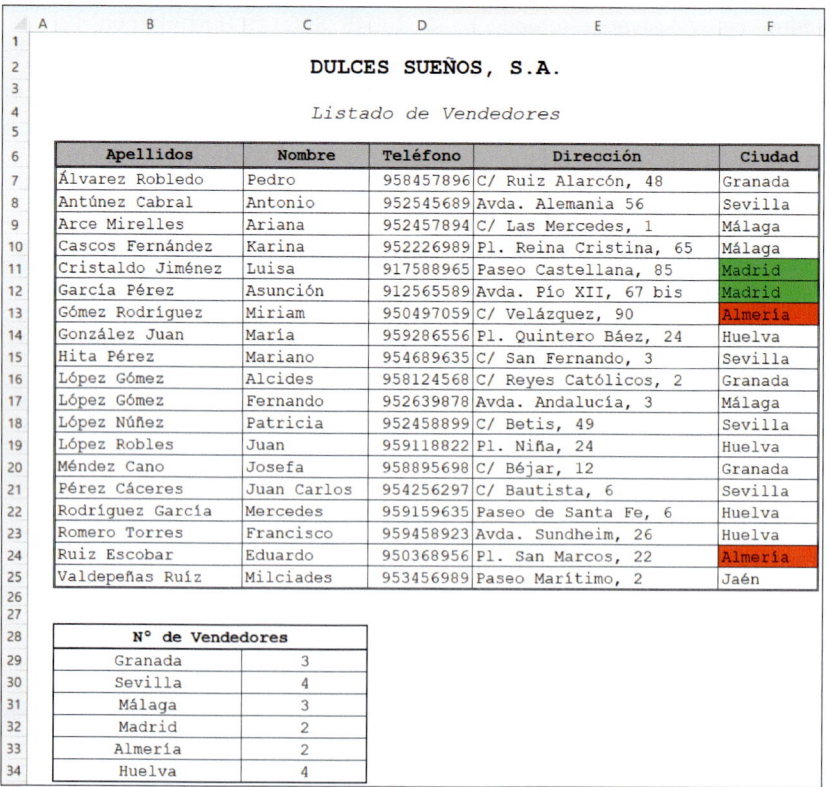

Apellidos	Nombre	Teléfono	Dirección	Ciudad
			DULCES SUEÑOS, S.A.	
			Listado de Vendedores	
Álvarez Robledo	Pedro	958457896	C/ Ruiz Alarcón, 48	Granada
Antúnez Cabral	Antonio	952545689	Avda. Alemania 56	Sevilla
Arce Mirelles	Ariana	952457894	C/ Las Mercedes, 1	Málaga
Cascos Fernández	Karina	952226989	Pl. Reina Cristina, 65	Málaga
Cristaldo Jiménez	Luisa	917588965	Paseo Castellana, 85	Madrid
García Pérez	Asunción	912565589	Avda. Pío XII, 67 bis	Madrid
Gómez Rodríguez	Miriam	950497059	C/ Velázquez, 90	Almería
González Juan	María	959286556	Pl. Quintero Báez, 24	Huelva
Hita Pérez	Mariano	954689635	C/ San Fernando, 3	Sevilla
López Gómez	Alcides	958124568	C/ Reyes Católicos, 2	Granada
López Gómez	Fernando	952639878	Avda. Andalucía, 3	Málaga
López Núñez	Patricia	952458899	C/ Betis, 49	Sevilla
López Robles	Juan	959118822	Pl. Niña, 24	Huelva
Méndez Cano	Josefa	958895698	C/ Béjar, 12	Granada
Pérez Cáceres	Juan Carlos	954256297	C/ Bautista, 6	Sevilla
Rodríguez García	Mercedes	959159635	Paseo de Santa Fe, 6	Huelva
Romero Torres	Francisco	959458923	Avda. Sundheim, 26	Huelva
Ruiz Escobar	Eduardo	950368956	Pl. San Marcos, 22	Almería
Valdepeñas Ruiz	Milciades	953456989	Paseo Marítimo, 2	Jaén

Nº de Vendedores	
Granada	3
Sevilla	4
Málaga	3
Madrid	2
Almería	2
Huelva	4

1.7. Realiza un nuevo libro al que llamarás Facturas y Presupuestos.

Los aspectos que se van a trabajar en este libro son:

1. Formato de celdas: número, alineación, fuente, bordes y rellenos.

2. Operaciones matemáticas simples: sumas, restas, multiplicaciones y divisiones.

3. Función BUSCARV.

4. Ancho de columnas.

5. Márgenes.

6. Combinación de celdas.

7. Imagen de celda.

8. Área de impresión.

9. Encabezado de página.

Realiza la siguiente hoja de cálculo teniendo en cuenta las consideraciones:

1. La columna "Distritos" tiene que salir automáticamente, una vez introducido el valor de la columna C. Utilizar para ello la función BUSCARV.

2. La columna "Euros Buzón" tiene que salir automáticamente, una vez introducido el valor de la columna C. Utilizar para ello la función BUSCARV.

3. La columna "Total" es el resultado de multiplicar la columna B por la columna E.

4. El total bruto es la suma de la columna "Total".

5. El porcentaje (%) de descuento: E30 manual; F30 es el resultado de aplicar el porcentaje (%) de descuento introducido manualmente por el total bruto.

6. La base imponible IVA es el resultado de restar el total bruto menos el descuento.

7. El IVA %: E34 manual; F34 es el resultado de aplicar el porcentaje (%) de IVA introducido manualmente por la base imponible IVA.

8. El total factura es el resultado de sumar la base imponible IVA más el IVA.

9. Crea una imagen del total factura, y colócala entre las celdas E,F-8,9,10.

10. Establece el ancho de las columnas similar al que te doy.

11. Establece un área de impresión para que solo se imprima la factura.

12. Si no existe alguno de los tipos de letra que se dan, utiliza el que desees (que no sea Calibri).

13. Establece en la parte central del encabezado la expresión: "FACTURA A MIS CLIENTES".

FACTURA A MIS CLIENTES

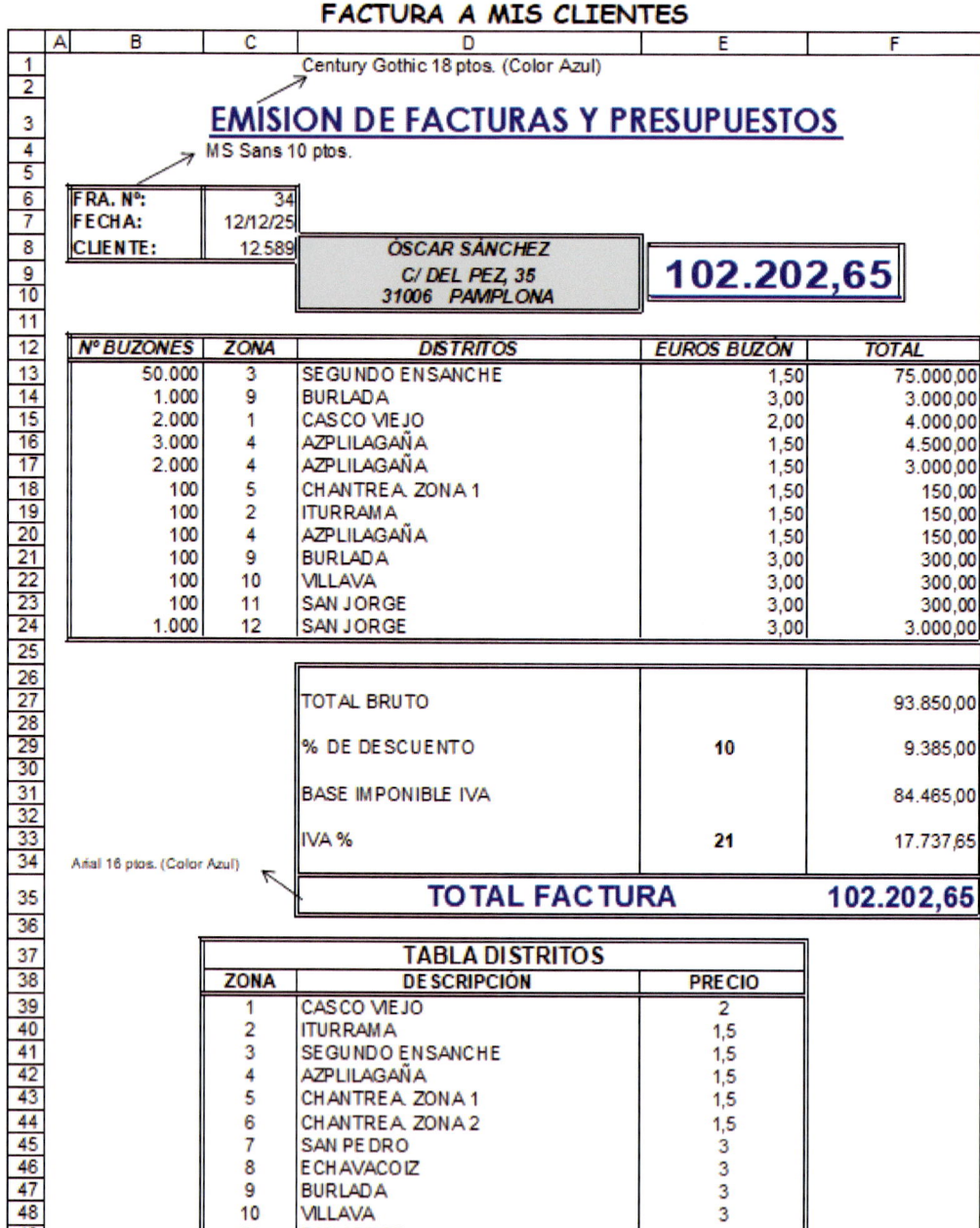

	A	B	C	D	E	F
1				Century Gothic 18 ptos. (Color Azul)		
2						
3				**EMISIÓN DE FACTURAS Y PRESUPUESTOS**		
4				MS Sans 10 ptos.		
5						
6		FRA. Nº:	34			
7		FECHA:	12/12/25			
8		CLIENTE:	12.589	ÓSCAR SÁNCHEZ		
9				C/ DEL PEZ, 35	102.202,65	
10				31006 PAMPLONA		
11						
12		Nº BUZONES	ZONA	DISTRITOS	EUROS BUZÓN	TOTAL
13		50.000	3	SEGUNDO ENSANCHE	1,50	75.000,00
14		1.000	9	BURLADA	3,00	3.000,00
15		2.000	1	CASCO VIEJO	2,00	4.000,00
16		3.000	4	AZPLILAGAÑA	1,50	4.500,00
17		2.000	4	AZPLILAGAÑA	1,50	3.000,00
18		100	5	CHANTREA ZONA 1	1,50	150,00
19		100	2	ITURRAMA	1,50	150,00
20		100	4	AZPLILAGAÑA	1,50	150,00
21		100	9	BURLADA	3,00	300,00
22		100	10	VILLAVA	3,00	300,00
23		100	11	SAN JORGE	3,00	300,00
24		1.000	12	SAN JORGE	3,00	3.000,00
25						
26						
27				TOTAL BRUTO		93.850,00
28						
29				% DE DESCUENTO	10	9.385,00
30						
31				BASE IMPONIBLE IVA		84.465,00
32						
33				IVA %	21	17.737,65
34		Arial 16 ptos. (Color Azul)				
35				**TOTAL FACTURA**		102.202,65
36						
37				**TABLA DISTRITOS**		
38			ZONA	DESCRIPCIÓN	PRECIO	
39			1	CASCO VIEJO	2	
40			2	ITURRAMA	1,5	
41			3	SEGUNDO ENSANCHE	1,5	
42			4	AZPLILAGAÑA	1,5	
43			5	CHANTREA ZONA 1	1,5	
44			6	CHANTREA ZONA 2	1,5	
45			7	SAN PEDRO	3	
46			8	ECHAVACOIZ	3	
47			9	BURLADA	3	
48			10	VILLAVA	3	
49			11	SAN JORGE	3	

1.8. Realiza un nuevo libro de Microsoft Excel al que llamarás Ventas Muebles.

En este ejercicio se van a desarrollar las siguientes opciones:

1. Formato de celdas: número, alineación, fuente, bordes y rellenos.

2. Función SUMA.

3. Ancho de columnas, márgenes y combinación de celdas.

4. Ordenación de listas.

5. Filtros.

6. Formato condicional.

7. Subtotales.

8. Esquemas.

La empresa Muebles El Barato desea crear un libro de trabajo para hacer frente a una serie de situaciones con las ventas que ha habido a lo largo de los últimos cinco años. Para ello, dispone de una hoja, llamada **MUEBLES** con la siguiente información:

MUEBLES "EL BARATO"

Delegación	Línea Producto	2021	2022	2023	2024	2025	Total Ventas por Líneas de producto
HUESCA	MESAS	187	200	210	180	199	976
HUESCA	SILLAS	200	199	220	200	190	1.009
HUESCA	ARMARIOS	300	250	200	240	288	1.278
HUESCA	MESILLAS	250	230	200	234	250	1.164
HUESCA	ESTANTERÍAS	200	290	200	210	190	1.090
TERUEL	MESAS	200	270	287	290	300	1.347
TERUEL	SILLAS	210	280	290	310	300	1.390
TERUEL	ARMARIOS	300	288	270	210	245	1.313
TERUEL	MESILLAS	200	210	109	180	190	889
TERUEL	ESTANTERÍAS	130	166	210	200	240	946
MÁLAGA	MESAS	200	289	190	230	289	1.198
MÁLAGA	SILLAS	199	298	320	260	290	1.367
MÁLAGA	ARMARIOS	230	267	300	310	199	1.306
MÁLAGA	MESILLAS	320	199	240	378	200	1.337
MÁLAGA	ESTANTERÍAS	300	320	300	289	230	1.439
VIGO	MESAS	200	186	210	220	290	1.106
VIGO	SILLAS	290	280	300	320	340	1.530
VIGO	ARMARIOS	310	226	260	270	300	1.366
VIGO	MESILLAS	210	220	230	260	280	1.200
VIGO	ESTANTERÍAS	200	222	210	220	250	1.102
ZARAGOZA	MESAS	130	150	160	180	200	820
ZARAGOZA	SILLAS	190	212	240	220	240	1.102
ZARAGOZA	ARMARIOS	222	220	250	250	300	1.242
ZARAGOZA	MESILLAS	210	240	200	180	150	980
ZARAGOZA	ESTANTERÍAS	132	140	130	140	150	692

Esta hoja deberás copiarla cada vez que vayas a realizar una de las actividades propuestas, ya que para las siguientes se necesitarán de nuevo los datos originales. Nombra las hojas con algo que indique el planteamiento que has resuelto.

Los planteamientos son:

1. **Ordena** de mayor a menor el total de ventas por cada delegación.

2. Aplica un **Filtro** donde solo se vean las filas cuyas ventas en el año 2025 sean superiores a 220 y en el año 2022 sean inferiores a 180.

3. Utilizando la opción adecuada, se desea ver en color rojo las ventas inferiores a 180, y en color verde y subrayado doble, las ventas superiores a 220.

4. Obtener por cada delegación un **Subtotal** (usando la función Suma) para cada año y para el total general.

5. Copia la hoja obtenida con los subtotales y muéstrala al nivel 2 de **Esquema**.

1.9. Realiza un nuevo libro de Microsoft Excel al que llamarás Recaudación.

Aspectos que vas a trabajar:

1. Formato de celdas: número, alineación, bordes y rellenos.

2. Operaciones matemáticas simples: sumas y multiplicaciones.

3. Funciones SUMA, PROMEDIO, SI, BUSCARV y BUSCARH.

4. Ancho de columnas.

5. Márgenes.

6. Combinación de celdas.

7. Referencias absolutas, relativas o mixtas.

8. Gráficos.

Un empresario dueño de cuatro atracciones de la Feria de Zaragoza quiere hacer un estudio sobre la recaudación obtenida a lo largo de una semana. Para ello, confecciona en Excel un libro cuya hoja 1 presenta la siguiente estructura y datos:

	N.º us. noria	Recaud.	N.º us. tren fantasma	Recaud.	N.º us. pulpo	Recaud.	N.º us. autos choque	Recaud.	Recaud. diaria
Lunes	600		470		550		890		
Martes	500		420		500		840		
Miércoles	800		700		780		1120		
Jueves	700		580		660		1000		
Viernes	1500		1375		1455		1795		
Sábado	2000		1990		2070		2410		
Recaud. total									
Promedio usuarios									

Además, en la última hoja, que se llamará **Tablas**, tendremos que escribir lo siguiente:

		Noria	Tren fantasma	Pulpo	Autos choque	
Precio		3 €	1,8 €	3 €	1,5 €	
Tiempo (en minutos)		5	7	4	3	

Se desean calcular los conceptos indicados en la tabla, teniendo en cuenta que la recaudación de cada una de las atracciones se calculará con la función BUSCARV.

Asimismo, el empresario desea que en el libro se muestren gráficamente:

1. La evolución del número de usuarios de las diferentes atracciones a lo largo de la semana (gráfico de líneas, en una hoja aparte).

2. Una comparación del número de usuarios de las diferentes atracciones a lo largo de la semana (gráfico de columnas, en una hoja aparte).

3. La distribución de clientes entre las diferentes atracciones en los dos últimos días de la semana (dos gráficos circulares, insertados en la misma hoja).

Para completar su estudio, el empresario ha distribuido entre los usuarios de sus atracciones un impreso en el que figuran las cuatro atracciones y se les solicita que pongan una cruz al lado de cada una cada vez que la utilicen y que, antes de abandonar el recinto ferial, depositen el impreso en un buzón habilitado al efecto frente a la taquilla de la noria. Al acabar la semana, abre el buzón y encuentra cinco impresos rellenados. A fin de introducir los datos, en la hoja 2 elabora una tabla con la siguiente estructura:

	Impreso	N.º atracción	Nombre atracción	N.º de usos	Gasto	Tiempo	SUBIR PRECIO
1							
2		1		3			
3	1	2		0			
4		3		2			
5		4		6			
6		1		1			
7	2	2		2			
8		3		0			
9		4		4			
10		1		5			
11	3	2		1			
12		3		0			
13		4		3			
14		1		2			
15	4	2		3			
16		3		2			
17		4		1			
18		1		0			
19	5	2		4			
20		3		1			
21		4		7			
22							

Esta tabla deberá funcionar del siguiente modo:

1. El nombre de la atracción debe aparecer al teclear su número correspondiente, utilizando la función SI, teniendo en cuenta que son: 1→Noria; 2→Tren fantasma; 3→Pulpo; 4→Autos choque.

2. Al introducir el número de usos, deben calcularse automáticamente tanto el "Gasto" como el "Tiempo" invertido en la atracción. Se trata de utilizar la función BUSCARH para buscar el precio o la duración de la atracción y, luego, multiplicar el resultado por el número de usos.

3. En la columna "SUBIR PRECIO" debe aparecer "SÍ" en caso de que el número de usos haya sido igual o superior a cinco, y nada en otro caso, utilizando la función SI.

Hoja 1:

	A	B	C	D	E	F	G	H	I	J	K
1											
2			Nº us. noria	Recaud.	Nº us. tren fantasma	Recaud.	Nº us. pulpo	Recaud.	Nº us. autos choque	Recaud.	Recaud. diaria
3		Lunes	600	1.800,0 €	470	846,0 €	550	1.650,0 €	890	1.335,0 €	5.631,0 €
4		Martes	500	1.500,0 €	420	756,0 €	500	1.500,0 €	840	1.260,0 €	5.016,0 €
5		Miércoles	800	2.400,0 €	700	1.260,0 €	780	2.340,0 €	1120	1.680,0 €	7.680,0 €
6		Jueves	700	2.100,0 €	580	1.044,0 €	660	1.980,0 €	1000	1.500,0 €	6.624,0 €
7		Viernes	1500	4.500,0 €	1375	2.475,0 €	1455	4.365,0 €	1795	2.692,5 €	14.032,5 €
8		Sábado	2000	6.000,0 €	1990	3.582,0 €	2070	6.210,0 €	2410	3.615,0 €	19.407,0 €
9		Recaud. Total		18.300,0 €		9.963,0 €		18.045,0 €		12.082,5 €	58.390,5 €
10											
11		Promedio usuarios	1017		923		1003		1343		
12											

VIERNES

Nº us. autos choque; 1795
Nº us. noria; 1500
Nº us. tren fantasma; 1375
Nº us. pulpo; 1455

SÁBADO

28% 24%
24% 24%

☐ Nº us. noria
☐ Nº us. tren fantasma
☐ Nº us. pulpo
☐ Nº us. autos choque

Hoja 2:

Impreso	Nº atracción	Nombre atracción	Nº de usos	Gasto	Tiempo	Subir precio
1	1	Noria	3	9,00 €	15	
	2	Tren fantasma	0	0,00 €	0	
	3	Pulpo	2	6,00 €	8	
	4	Autos choque	6	9,00 €	18	SÍ
2	1	Noria	1	3,00 €	5	
	2	Tren fantasma	2	3,60 €	14	
	3	Pulpo	0	0,00 €	0	
	4	Autos choque	4	6,00 €	12	
3	1	Noria	5	15,00 €	25	SÍ
	2	Tren fantasma	1	1,80 €	7	
	3	Pulpo	0	0,00 €	0	
	4	Autos choque	3	4,50 €	9	
4	1	Noria	2	6,00 €	10	
	2	Tren fantasma	3	5,40 €	21	
	3	Pulpo	2	6,00 €	8	
	4	Autos choque	1	1,50 €	3	
5	1	Noria	0	0,00 €	0	
	2	Tren fantasma	4	7,20 €	28	
	3	Pulpo	1	3,00 €	4	
	4	Autos choque	7	10,50 €	21	SÍ

Gráfico 1:

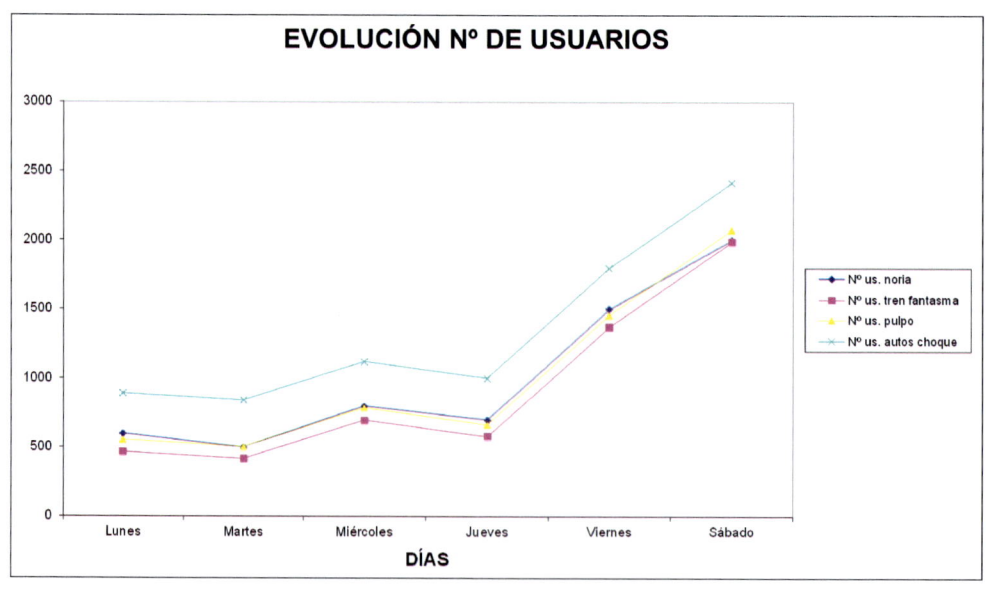

Gráfico 2:

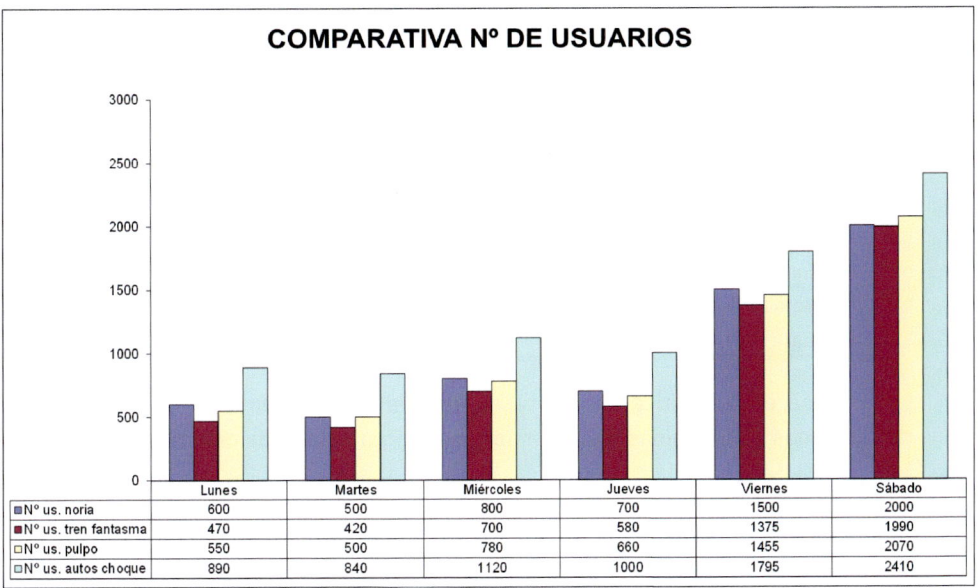

COMPARATIVA Nº DE USUARIOS

	Lunes	Martes	Miércoles	Jueves	Viernes	Sábado
■Nº us. noria	600	500	800	700	1500	2000
■Nº us. tren fantasma	470	420	700	580	1375	1990
▫Nº us. pulpo	550	500	780	660	1455	2070
▫Nº us. autos choque	890	840	1120	1000	1795	2410

1.10. Realiza un nuevo libro de Microsoft Excel al que llamarás Comisiones.

Aspectos a trabajar:

1. Formato de celdas: número, alineación, fuente y bordes.

2. Operaciones matemáticas simples: sumas, restas y multiplicaciones.

3. Funciones: BUSCARV, SI, SUMA, O e Y.

4. Referencias absolutas, relativas o mixtas.

5. Operaciones con varias hojas.

6. Proteger hoja.

7. Formato condicional de celdas.

8. Ancho de columnas y márgenes.

9. Combinación de celdas.

La empresa Estoy GUAPA se dedica a la distribución de cuatro productos de belleza: CremaGUAPA, PintaGUAPA, HueleGUAPA y PonteGUAPA. Para realizar la distribución, tiene contratados a cinco vendedores a los que se les realiza una liquidación semanal para el cálculo de sus remuneraciones.

Se contemplan dos categorías de vendedores: 1 y 2. Cada vendedor ha negociado con la empresa sus propias comisiones por cada producto. La tabla siguiente muestra la citada información.

Hoja **COMISIONES**:

	A	B	C	D	E	F	G
1							
2					COMISIONES DE VENTAS		
3		Nombre	Cat.	A. CremaGUAPA	B. PintaGUAPA	C. HueleGUAPA	D. PonteGUAPA
4		Ariadna Gil	1	5%	10%	3%	15%
5		Merche Moreno	2	4%	10%	5%	10%
6		Pepa Porte	2	10%	5%	7%	5%
7		Lucía Bergua	1	15%	6%	2%	13%
8		Alex Guara	1	6%	15%	10%	7%

La empresa, en su política retributiva, contempla ciertos premios y sanciones en función de las ventas conseguidas. Esta política es distinta para cada categoría y se resume en:

1. Categoría 1:

- Si las ventas semanales del producto B. PintaGUAPA superan los 3005,06 €, se obtiene un premio de 300,51 €.

- Si las ventas del producto A. CremaGUAPA o C. HueleGUAPA son inferiores a 601,01 €, se les aplica una sanción de 150,25 €.

- La remuneración bruta (que incluye la remuneración por ventas, los premios y las sanciones) no puede ser, en ningún caso, inferior a 120,20 € semanales.

2. Categoría 2:

- Si las ventas totales (suma de las conseguidas en los cuatros artículos) superan los 30 050,61 €, se obtiene un premio de 1502,53 €.

- Si las ventas de cada uno de los cuatro productos superan 6010,12 €, el premio es de 1202,02 €, no siendo este premio incompatible con el anterior.

- No existen sanciones.

- La remuneración bruta mínima semanal es de 240,40 €.

En la siguiente tabla se muestra un esquema de lo anterior.

Hoja **CONDICIONES**:

	A	B	C	D	E	F
1						
2		CATEGORÍA 1			CATEGORÍA 2	
3		Bruto Mínimo	120,20 €		Bruto Mínimo	240,40 €
4		Vtas. Mínimas A. o C.	601,01 €		Vtas. Totales mayores de	30.050,61 €
5		Sanción	150,25 €		Premio	1.502,53 €
6		Vtas. B. mayores de	3.005,06 €		Vtas. A., B., C. o D. mayores de	6.010,12 €
7		Premio	300,51 €		Premio	1.202,02 €

Mecanizar la liquidación semanal de cada vendedor mediante una hoja de cálculo como la que se presenta a continuación:

Hoja **LIQUIDACIÓN**:

	A	B	C	D	E
1					
2		**LIQUIDACIÓN DE VENTAS SEMANALES**			
3					
4	**Nombre:**				
5	**Categoría:**				
6					
7			**Ventas**	**Comisión (%)**	**Comisión (€)**
8		A. CremaGUAPA			
9		B. PintaGUAPA			
10		C. HueleGUAPA			
11		D. PonteGUAPA			
12		TOTAL		SUMA	
13				Sanción	
14				Premio	
15					
16		**Bruto a Percibir**		Retención	
17		**Retención IRPF**		10%	
18		**Líquido a Percibir**			

Esta hoja tiene las siguientes características:

1. La categoría saldrá automáticamente una vez introducido el nombre del vendedor.

2. Las ventas se introducirán manualmente.

3. La comisión (%) aparecerá automáticamente, una vez introducido el nombre del vendedor.

4. La comisión (€) es el resultado de aplicar el porcentaje de comisión a las ventas.

5. En la fila 12 se totalizan las columnas respectivas.

6. En la celda E13 se establecerá la sanción en función de lo que se ha explicado anteriormente, y que aparece en la hoja **Condiciones**.

   Cuando haya que aplicarle una sanción al vendedor, el importe de esta aparecerá en color rojo, aplicando para ello un formato condicional.

7. En la celda E14 se establecerá el premio en función de lo que se ha explicado anteriormente, y que aparece en la hoja **Condiciones**.

8. El bruto a percibir es la suma de las comisiones más el premio menos la sanción. Hay que tener en cuenta el bruto mínimo a cobrar de cada una de las categorías, según se ha indicado en las **Condiciones.**

9. La retención es el resultado de aplicar al bruto el porcentaje de retención establecido en la celda D17.

10. El líquido será el resultado de restar al bruto la retención.

Protege esta última hoja para que solamente estén habilitadas para el usuario aquellas celdas que sean susceptibles de modificación, es decir, el nombre del vendedor, las ventas y el porcentaje de retención.

A continuación se muestran dos ejemplos con los resultados de las fórmulas:

	A	B	C	D	E
1					
2		LIQUIDACIÓN DE VENTAS SEMANALES			
3					
4		**Nombre:**	**ARIADNA GIL**		
5		**Categoría:**	**1**		
6					
7			**Ventas**	**Comisión (%)**	**Comisión (€)**
8		A. CremaGUAPA	601,01 €	5%	30,05 €
9		B. PintaGUAPA	3.606,07 €	10%	360,61 €
10		C. HueleGUAPA	120,20 €	3%	3,61 €
11		D. PonteGUAPA	30,05 €	15%	4,51 €
12		TOTAL	4.357,33 €	SUMA	398,77 €
13				Sanción	150,25 €
14				Premio	300,51 €
15					
16		**Bruto a Percibir**	549,03 €	Retención	
17		**Retención IRPF**	54,90 €	10%	
18		**Líquido a Percibir**	494,13 €		

	A	B	C	D	E
1					
2		**LIQUIDACIÓN DE VENTAS SEMANALES**			
3					
4		**Nombre:**	**MERCHE MORENO**		
5		**Categoría:**	**2**		
6					
7			**Ventas**	**Comisión (%)**	**Comisión (€)**
8		A. CremaGUAPA	6.601,01 €	4%	264,04 €
9		B. PintaGUAPA	7.606,07 €	10%	760,61 €
10		C. HueleGUAPA	9.120,20 €	5%	456,01 €
11		D. PonteGUAPA	10.130,05 €	10%	1.013,01 €
12		TOTAL	33.457,33 €	SUMA	2.493,66 €
13				Sanción	0,00 €
14				Premio	2.704,55 €
15					
16		**Bruto a Percibir**	5.198,21 €	Retención	
17		**Retención IRPF**	519,82 €	10%	
18		**Líquido a Percibir**	4.678,39 €		

1.11. En este ejercicio se van a desarrollar las siguientes opciones:

1. Formato de celdas: número, alineación, fuente, bordes y rellenos.

2. Funciones: HOY, SI, BUSCARV y SUMA.

3. Ancho de columnas y márgenes.

4. Validación de datos.

Una empresa distribuidora de monitores de ordenador quiere realizar un libro de trabajo en Excel para hacer las facturas de las ventas que realiza. Para ello, te encarga a ti, como experto que eres, su elaboración.

Abre el archivo Actividad 1.11 (Alumno) en el que ya tienes la hoja **ARTÍCULOS** y la hoja **CLIENTES** con datos, solamente tendrás que configurar la hoja **FACTURA** tal y como se muestra en la siguiente imagen.

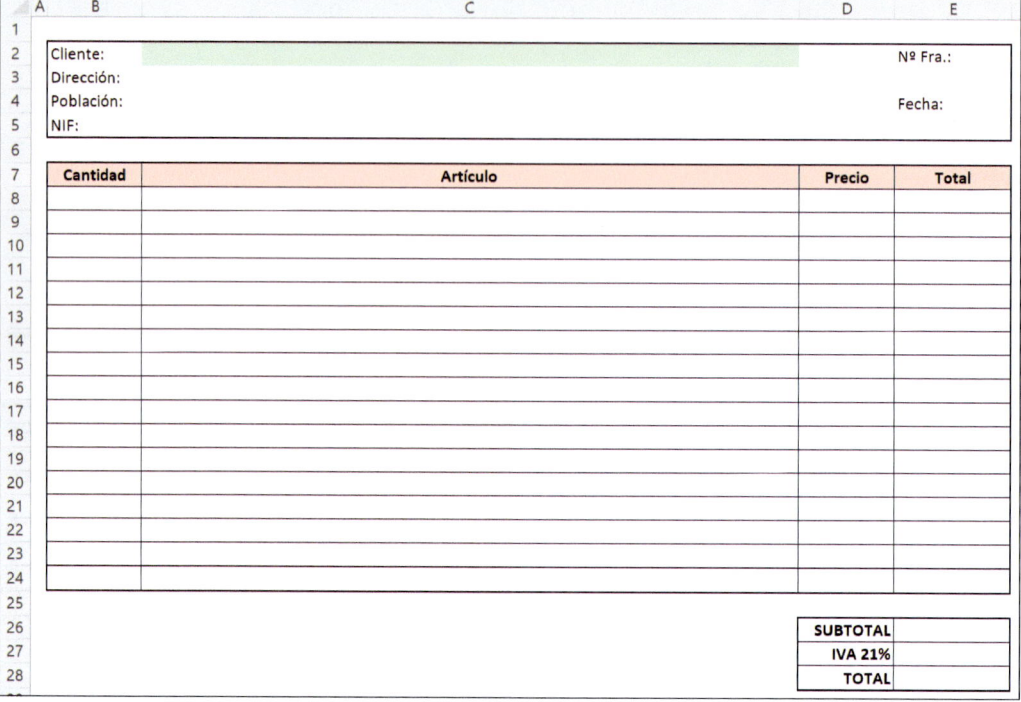

Antes de configurar esta hoja, realiza lo siguiente:

- Pon nombre al rango que contiene los datos de los artículos (B3:B20). Por ejemplo, llámalo MIS_ARTICULOS.

- Pon nombre al rango que contiene el nombre de los clientes (B3:B21). Por ejemplo, llámalo MIS_CLIENTES.

Ahora configura la hoja FACTURA teniendo en cuenta lo siguiente:

1. La celda C2 contendrá una regla de validación para que solamente podamos seleccionar uno de los clientes que tengo.

2. La dirección, población y el NIF aparecerán automáticamente una vez que se haya seleccionado al cliente.

3. En la celda E3 habrá que escribir manualmente el número de factura.

4. La fecha (celda E5) será la del día en el que te encuentres. Hasta que no se ponga el número de factura no aparecerá la fecha, por lo que tendrás que utilizar la función SI.

5. En la columna "Cantidad" se establecerá el número de unidades solicitadas por el cliente. Como es lógico, solamente podremos escribir en estas celdas número y no podrá contener números negativos ni el valor cero, por lo que habrá que establecer una validación de datos para impedir que esto pueda suceder.

6. En la columna "Artículo" se establecerá una regla de validación para que solamente podamos seleccionar uno de los artículos que vendo.

7. El precio aparecerá automáticamente una vez seleccionado el artículo, y tendrá formato moneda.

8. El total será la multiplicación de la cantidad por el precio. Esta columna tendrá formato moneda.

9. El subtotal (celda E26) es la suma de la columna total.

10. El IVA (celda E27) es la multiplicación del subtotal por el 21 %.

11. El total (celda E28) es la suma del subtotal y del IVA.

12. Protege las celdas de tal forma que solamente se puedan introducir datos en el nombre del cliente (celda C2), en el n.º fra. (celda E3), la cantidad (columna B) y el artículo (columna C).

13. Una vez finalizado el diseño de esta hoja, realiza una copia de ella y cumpliméntala para comprobar que todo lo que has hecho es correcto.

1.12. En este ejercicio se van a desarrollar las siguientes opciones:

1. Formato de celdas: número, alineación, fuente, bordes y rellenos.

2. Operaciones matemáticas simples: sumas.

3. Función SUMA.

4. Ancho de columnas.

5. Márgenes.

6. Combinación de celdas.

7. Agrupamientos (esquema).

Realiza la siguiente hoja de cálculo teniendo en cuenta las consideraciones siguientes:

1. Las filas 10, 15, 20 y 22 al igual que la columna H ("Total Año") es con fórmula, siendo la suma de las cantidades correspondientes.

2. Agrupa las columnas D, E, F y G. De la misma forma agrupa las filas 7, 8, 9; las filas 12, 13, 14 y las filas 17, 18, 19.

3. Establece el ancho de las columnas similar al que te doy, teniendo en cuenta que tiene que caber todo en una sola página.

4. Llama a la hoja **VENTAS**.

	TRIMESTRE 1	TRIMESTRE 2	TRIMESTRE 3	TRIMESTRE 4	TOTAL AÑO
VENTAS DE TECNOLOGÍA (trimestrales) Año 20XX					
Ordenadores					
España	5.306,87 €	6.882,51 €	7.803,19 €	9.076,42 €	29.068,99 €
Italia	3.680,77 €	4.508,62 €	4.524,34 €	7.011,55 €	19.725,27 €
Alemania	11.202,48 €	14.797,05 €	14.797,05 €	19.875,06 €	60.671,65 €
Total	20.190,12 €	26.188,18 €	27.124,58 €	35.963,03 €	109.465,91 €
Tablets					
España	12.265,38 €	8.786,14 €	9.853,84 €	16.694,42 €	47.599,79 €
Italia	8.500,17 €	6.307,99 €	6.307,99 €	11.708,55 €	32.824,69 €
Alemania	26.272,86 €	19.660,19 €	19.660,19 €	35.533,70 €	101.126,93 €
Total	47.038,41 €	34.754,31 €	35.822,02 €	63.936,67 €	181.551,40 €
Móviles					
España	21.111,09 €	19.998,04 €	22.855,45 €	23.398,95 €	87.363,52 €
Italia	15.076,48 €	14.277,31 €	14.277,31 €	18.300,75 €	61.931,84 €
Alemania	43.639,25 €	46.096,86 €	46.096,86 €	49.170,05 €	185.003,01 €
Total	79.826,82 €	80.372,20 €	83.229,61 €	90.869,74 €	334.298,37 €
Total	147.055,34 €	141.314,69 €	146.176,20 €	190.769,44 €	625.315,68 €

1.13. En este ejercicio se van a desarrollar las siguientes opciones:

1. Formato de celdas: número, alineación, fuente y bordes.

2. Operaciones matemáticas simples: restas, multiplicaciones y divisiones.

3. Función SUMA.

4. Ancho de columnas.

5. Márgenes y orientación.

6. Combinación de celdas.

7. Referencias absolutas o mixtas.

8. Dibujos.

9. Gráficos.

10. Agrupamientos (Esquema).

Realiza la siguiente hoja de cálculo teniendo en cuenta las consideraciones que se dan a continuación:

1. Los valores de las filas 5, 6, 10, 16 y 17 se introducen manualmente, a excepción de la columna G ("Total") que se calcula con una fórmula.

2. El ingreso de ventas es la multiplicación de las unidades vendidas por el precio del producto.

3. El coste de ventas es la multiplicación de las unidades vendidas por el coste del producto.

4. Los gastos generales son el 15 % del ingreso por ventas correspondiente.

5. Los gastos totales son la suma de todos los gastos.

6. La ganancia neta es la resta de la ganancia bruta y los gastos totales.

7. Las filas 23 y 24 representan el porcentaje que supone la ganancia neta con respecto a los ingresos de ventas (fila 11).

8. Agrupar los trimestres.

9. Agrupar los resultados brutos, los gastos y los resultados netos.

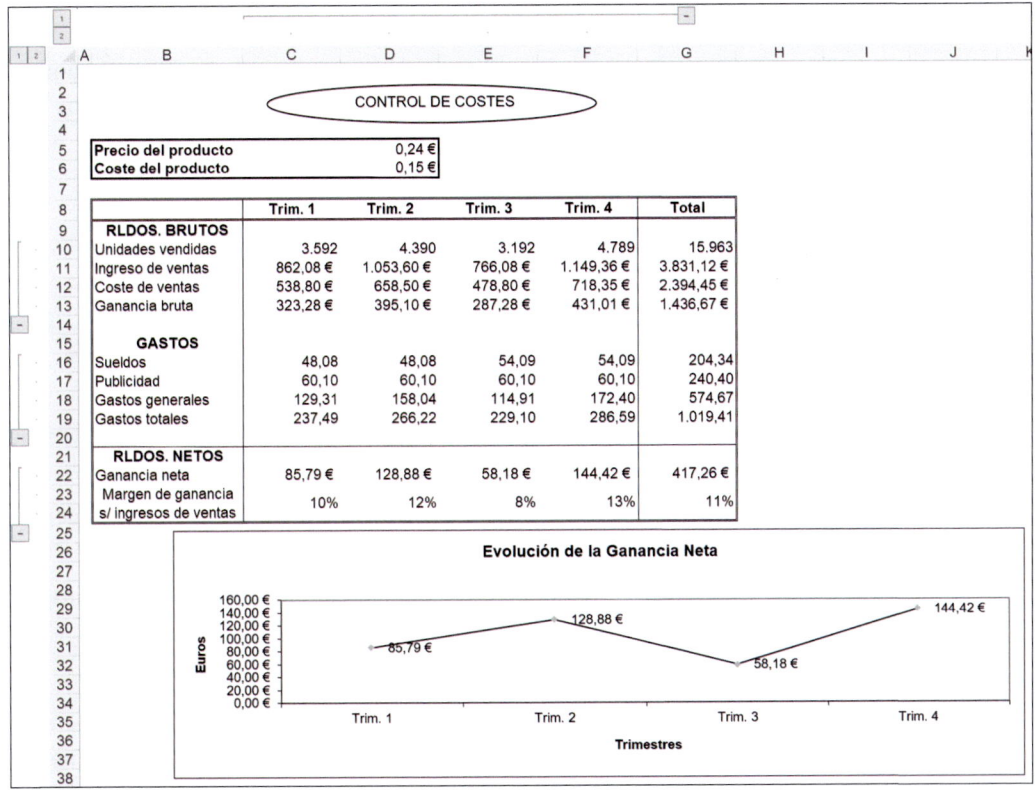

1.14. En este ejercicio se van a desarrollar las siguientes opciones:

1. Formato de celdas: número, alineación, fuente y bordes.

2. Operaciones matemáticas simples: restas, multiplicaciones y divisiones.

3. Funciones: SUMA y SUMAPRODUCTO.

4. Ancho de columnas.

5. Márgenes.

6. Combinación de celdas.

7. Solver.

Una comunidad autónoma está formada por tres provincias: Provincia 1, Provincia 2 y Provincia 3. El Gobierno ha decidido darle una ayuda de 500 millones de euros, provenientes de la Unión Europea, pero se tienen que aplicar a los Departamentos de Hacienda, Justicia y Universidades.

El Gobierno de la Comunidad Autónoma ha decidido repartir los 500 millones de la siguiente forma:

- Dpto. Hacienda: 37 %

- Dpto. Justicia: 33 %

- Dpto. Universidades: 30 %

Para saber cuánto se da a cada provincia, se ha preguntado al ciudadano de cada una de ellas qué porcentaje de esta ayuda destinaría a cada departamento, y los resultados han sido los siguientes:

	Provincia 1	Provincia 2	Provincia 3
Dpto. Hacienda	50%	30%	20%
Dpto. Justicia	15%	35%	50%
Dpto. Universidades	35%	35%	30%

Además, el Gobierno de la Comunidad ha establecido las siguientes restricciones:

- En todas las provincias, el número de millones que se va a repartir, en cualquiera de los tres departamentos, ha de ser mayor o igual a 20 y menor o igual a 140.

- En cada provincia, el número total de millones que se va a repartir, entre los tres departamentos, ha de ser mayor o igual a 90.

- Se ha de repartir toda la ayuda disponible por cada departamento, distribuida entre las tres provincias.

- Los millones a repartir por provincia y departamento siempre serán un número entero.

Se quiere utilizar Solver para calcular la ayuda que hay que repartir por departamento y provincia, y así obtener una satisfacción mayor de los ciudadanos, es decir, que teniendo en cuenta lo que han opinado los ciudadanos de cada provincia, se consiga maximizar la satisfacción de estos.

Para ello, se ha diseñado una hoja de cálculo que tiene el siguiente formato:

	A	B	C	D	E	F	G	H
1								
2			Millones por Departamento	Provincia 1	Provincia 2	Provincia 3	Millones por Dpto.	
3		Dpto. Hacienda	185				0	
4		Dpto. Justicia	165				0	
5		Dpto. Universidades	150				0	
6		Total millones por provincia		0	0	0		
7								
8		Restricciones						
9				Provincia 1	Provincia 2	Provincia 3		
10		Nº mínimo de millones por provincia		90	90	90		
11		Nº máximo de millones por Dpto. y provincia		140	140	140		
12		Nº mínimo de millones por Dpto. y provincia		20	20	20		
13								
14		Opinión del ciudadano por Departamento y provincia						
15				Provincia 1	Provincia 2	Provincia 3		
16		Dpto. Hacienda		50%	30%	20%		
17		Dpto. Justicia		15%	35%	50%		
18		Dpto. Universidades		35%	35%	30%		
19		Satisfacción por provincia		0	0	0		
20								
21		**Satisfacción Total**	**0**					

Los aspectos a tener en cuenta son:

- Las celdas G3:G5 serán la suma de los millones destinados a cada departamento en cada provincia que, lógicamente, coincidirá con lo establecido en las columna C.

- La fila 6 es el total de ayuda que recibe cada provincia.

- La fila 19 es la satisfacción de cada una de las provincias, por lo que es el resultado de multiplicar la ayuda que se ha dado a cada departamento por el porcentaje de opinión del ciudadano.

- La celda C21, que será la que hay que maximizar, es la suma del rango C19:E19.

1.15. En este ejercicio se van a desarrollar las siguientes opciones:

1. Formato de celdas: número, alineación, fuente, bordes y rellenos.

2. Funciones: SI y BUSCARV.

3. Trabajo con varias hojas.

4. Ancho de columnas y márgenes.

5. Combinación de celdas.

6. Formato condicional.

7. Subtotales.

8. Encabezado de página.

9. Proteger hoja.

Realiza un libro de trabajo, que llamarás **Mis Clientes**, teniendo en cuenta las siguientes consideraciones:

Hoja **TABLAS**:

1. Los datos de las tablas se escriben manualmente.

2. Asigna nombre a las tres tablas.

	LISTA DE CLIENTES				MODALIDADES DE PAGO	
CLAVE	NOMBRE	DIRECCIÓN	MOD. PAGO		PAGO	DESCRIPCIÓN
AGR	AGROMAN	Ctra. El Juncal, s/n	3		1	Contado
AGU	AGUAS DE BARCELONA	C/ Rosaleda, 14	1		2	60 días
CEM	CEMENTOS PORTLAND	Pza. Ayuntamiento, 45	3		3	90 días
FEC	FECSA	C/ Palomar, 17	4		4	120 días
HUA	HUARTE	C/ Toledana, 33	2		5	Giro
IBE	IBERDROLA, SA	C/ La Picaña, 56	2			
REP	REPSOL, SA	C/ Bonete, 6	2			
SEV	SEVILLANA	C/ Fuente Vieja, 55	3		LISTA VENDEDORES	
UNI	UNIPAPEL	C/ Sta. Agueda, 23	3		CLAVE	VENDEDOR
UNO	UNOSA	Pza. El Cedro	5		11	Juan Tamarite
URA	URALITA	C/ República, 17	3		12	Pedro Bonaire
VAC	VALENCIANA DE CEMENTOS	Pza. José Mª Orense	4		13	Enrique Alameda
VAL	VALDERRIVAS	Pza. Mestre Ripoll	5			

Hoja **BASE-DATOS**:

1. Las columnas B (FECHA), C (CLAVE V.), E (CLAVE Cl.) y G (IMPORTE VENTA) las tienes que introducir manualmente.

2. El resto de columnas saldrán automáticamente una vez introducida la fórmula adecuada.

3. Prepara la hoja de cálculo para poder introducir un máximo de veinte registros.

4. El relleno de la columna G irá cambiando de color en función del importe de venta que se haya realizado. De tal forma que: si la venta es menor de 100 000 €, la celda no tendrá color; si la venta está comprendida entre 100 000 y 200 000 €, el color será verde; si la venta es superior a 200 000 €, el color será amarillo.

5. Protege la hoja, de tal forma que en aquellas celdas donde haya una fórmula no sea posible modificarla.

FECHA	CLAVE V.	VENDEDOR	CLAVE CL.	NOMBRE CLIENTE	IMPORTE VENTA	MOD. PAGO	DESCRIP. PAGO
01-may	12	Pedro Bonaire	SEV	SEVILLANA	141.657,80 €	3	90 días
02-may	11	Juan Tamarite	VAL	VALDERRIVAS	393.536,27 €	5	Giro
03-may	12	Pedro Bonaire	AGR	AGROMAN	195.857,31 €	3	90 días
04-may	11	Juan Tamarite	IBE	IBERDROLA, SA	156.187,49 €	2	60 días
06-may	13	Enrique Alameda	FEC	FECSA	155.538,66 €	4	120 días
10-may	11	Juan Tamarite	UNI	UNIPAPEL	155.491,23 €	3	90 días
12-may	11	Juan Tamarite	AGR	AGROMAN	32.273,59 €	3	90 días
13-may	12	Pedro Bonaire	VAC	VALENCIANA DE CEMENTOS	21.989,77 €	4	120 días
15-may	12	Pedro Bonaire	VAL	VALDERRIVAS	14.219,17 €	5	Giro
30-may	13	Enrique Alameda	CEM	CEMENTOS PORTLAND	1.544,52 €	3	90 días
01-jun	11	Juan Tamarite	AGU	AGUAS DE BARCELONA	3.298,31 €	1	Contado
02-jun	13	Enrique Alameda	URA	URALITA	15.550,67 €	3	90 días
07-jun	12	Pedro Bonaire	UNO	UNOSA	134.195,88 €	5	Giro
08-jun	13	Enrique Alameda	HUA	HUARTE	39.349,65 €	2	60 días
10-jun	12	Pedro Bonaire	REP	REPSOL, SA	39.353,62 €	2	60 días
11-jun	13	Enrique Alameda	VAC	VALENCIANA DE CEMENTOS	257.890,44 €	4	120 días

Hoja **SUBTOTAL-VENDEDOR**:

1. Copia la hoja **BASE-DATOS** en una nueva hoja y llámala **SUBTOTAL VENDEDOR**.

2. Realiza subtotales para saber lo que ha vendido cada vendedor, totalizando por clientes.

3. Ordena esta hoja nueva por la clave del vendedor.

FECHA	CLAVE V.	VENDEDOR	CLAVE CL.	NOMBRE CLIENTE	IMPORTE VENTA	MOD. PAGO	DESCRIP. PAGO
12-may	11	Juan Tamarite	AGR	AGROMAN	32.273,59 €	3	90 días
01-jun	11	Juan Tamarite	AGU	AGUAS DE BARCELONA	3.298,31 €	1	Contado
04-may	11	Juan Tamarite	IBE	IBERDROLA, SA	156.187,49 €	2	60 días
10-may	11	Juan Tamarite	UNI	UNIPAPEL	155.491,23 €	3	90 días
02-may	11	Juan Tamarite	VAL	VALDERRIVAS	393.536,27 €	5	Giro
		Total Juan Tamarite			**740.786,89 €**		
03-may	12	Pedro Bonaire	AGR	AGROMAN	195.857,31 €	3	90 días
10-jun	12	Pedro Bonaire	REP	REPSOL, SA	39.353,62 €	2	60 días
01-may	12	Pedro Bonaire	SEV	SEVILLANA	141.657,80 €	3	90 días
07-jun	12	Pedro Bonaire	UNO	UNOSA	134.195,88 €	5	Giro
13-may	12	Pedro Bonaire	VAC	VALENCIANA DE CEMENTOS	21.989,77 €	4	120 días
15-may	12	Pedro Bonaire	VAL	VALDERRIVAS	14.219,17 €	5	Giro
		Total Pedro Bonaire			**547.273,55 €**		
30-may	13	Enrique Alameda	CEM	CEMENTOS PORTLAND	1.544,52 €	3	90 días
06-may	13	Enrique Alameda	FEC	FECSA	155.538,66 €	4	120 días
08-jun	13	Enrique Alameda	HUA	HUARTE	39.349,65 €	2	60 días
02-jun	13	Enrique Alameda	URA	URALITA	15.550,67 €	3	90 días
11-jun	13	Enrique Alameda	VAC	VALENCIANA DE CEMENTOS	257.890,44 €	4	120 días
		Total Enrique Alameda			**469.873,94 €**		
		Total general			**1.757.934,38 €**		

1.16. En este ejercicio se van a desarrollar las siguientes opciones:

1. Formato de celdas: número, alineación, fuente y bordes.

2. Operaciones matemáticas simples: restas.

3. Ancho de columnas.

4. Márgenes.

5. Combinación de celdas.

6. Gráficos.

Tres amigos están pensando en crear una empresa y, tras un análisis de viabilidad, han obtenido los siguientes resultados en el primer año de su negocio:

		Ingresos	Gastos	Resultado
	RESULTADOS			
Enero		13.697,40 €	17.353,16 €	
Febrero		13.935,40 €	15.532,53 €	
Marzo		14.887,40 €	15.948,39 €	
Abril		6.907,90 €	12.427,56 €	
Mayo		8.461,40 €	13.141,34 €	
Junio		13.167,27 €	19.666,67 €	
Julio		20.007,90 €	18.141,07 €	
Agosto		29.250,90 €	21.601,39 €	
Septiembre		13.909,40 €	15.380,49 €	
Octubre		23.341,40 €	14.180,99 €	
Noviembre		4.415,40 €	11.373,94 €	
Diciembre		20.869,65 €	17.795,11 €	

Crea la tabla anterior en un nuevo libro, que llamarás **Resultados**, que contendrá una única hoja (que llevará el mismo nombre), teniendo en cuenta que la columna E es la diferencia de las dos columnas anteriores (Ingresos-Gastos).

A continuación, dentro de la misma hoja, realiza un gráfico que represente los ingresos, los gastos y los resultados, teniendo en cuenta que este último aparecerá en el eje secundario.

Los tipos de gráficos a utilizar para cada serie es el siguiente:

■ Ingresos: áreas apiladas.

■ Gastos: áreas apiladas.

■ Resultado: línea con marcadores.

Una vez realizado, pon un título al gráfico y establece el Estilo 6 de diseño.

1.17. En este ejercicio se van a desarrollar las siguientes opciones:

1. Tablas dinámicas.

   Abre el archivo Actividad 1.17 (Alumno) y realiza en hojas diferentes las siguientes tablas dinámicas:

   ■ Suma de ventas por país.

   ■ Número de ventas realizadas por cada comercial.

   ■ Ventas mayores y menores por cada comercial.

   ■ Importe de las ventas realizadas en el 2023 y 2024 de cada comercial.

1.18. En este ejercicio se van a desarrollar las siguientes opciones:

1. Funciones: SI y SUBTOTALES.

2. Tablas dinámicas.

Abre el archivo Actividad 1.18 (Alumno) y realiza lo siguiente:

1. La única hoja de cálculo, que la llamarás **VENTAS**, se utiliza para llevar el control sobre las comisiones que una empresa paga a sus vendedores cada medio año, es decir, el 30 de junio y el 31 de diciembre.

2. Realizar los siguientes cálculos en estas dos columnas:

   ■ Comisión: si el importe de las ventas es mayor o igual a 20 000 €, los comerciales perciben el 4,5 % del valor de las ventas; en caso contrario, solo el 2,5 %.

   ■ Pagar?: como la empresa ya ha pagado las comisiones correspondientes al primer semestre del año, si las ventas son anteriores al mes de julio (7) debe aparecer el literal "No"; en caso contrario, aparecerá el importe de la comisión.

3. Utilizar la función SUBTOTALES para calcular, en las celdas del rango B2:C5, la suma, media aritmética, valor máximo y mínimo de las ventas y de la comisión.

4. Organizar la lista en orden ascendente por vendedor, producto y mes.

5. Realiza una tabla dinámica de las ventas realizadas por los vendedores (columnas) en cada uno de los meses (filas).

Módulo 2: Herramientas y funciones avanzadas

En el módulo anterior te hemos explicado diversas opciones de Excel y, aunque algunas de ellas no se utilizan en un uso continuo, sí que son muy útiles en determinados cálculos y operaciones.

Tener un conocimiento avanzado significa ser capaz de usar con eficiencia libros de trabajo, hojas de cálculo, gráficos…, teniendo siempre en cuenta las necesidades de la organización, y esto es lo que vas a aprender a lo largo de este módulo.

2.1. Creación y modificación de tablas dinámicas

En el módulo 1 te hemos explicado los aspectos más habituales de las tablas dinámicas. En este apartado vamos a explicarte dos opciones que, aunque son un poco más complejas, son de extremada utilidad. Nos referimos a la **segmentación de datos** y a la **escala de tiempo**.

2.1.1. Segmentación de datos

La segmentación de datos en tablas dinámicas es una característica que apareció en la versión 2010 de Excel. Permite hacer un filtrado de los datos dentro de una tabla dinámica; de esta manera, se puede filtrar fácilmente la información por más de una columna.

La segmentación de datos se utiliza con las tablas dinámicas para controlar un filtro de una o varias tablas dinámicas. Además del filtrado rápido, las segmentaciones de información también indican el estado de filtrado actual, lo que hace que sea más fácil comprender qué se muestra exactamente.

La segmentación de datos se puede activar de dos formas diferentes:

- Estando activa alguna celda de la tabla dinámica, en la ficha *Analizar tabla dinámica*, a través del icono *Insertar Segmentación de datos* del grupo *Filtrar*.

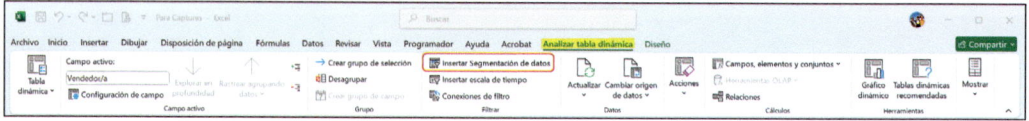

- Estando también activa alguna celda de la tabla dinámica, en la ficha *Insertar*, a través del icono *Segmentación de datos* del grupo *Filtros*.

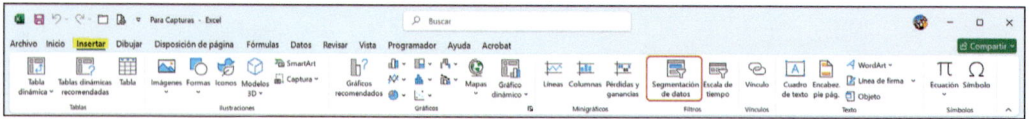

En cualquiera de los dos casos nos aparece el mismo cuadro de diálogo, *Insertar segmentación de datos*, en el que nos aparece un listado de todos los campos disponibles en la tabla.

En este cuadro de diálogo se deberán seleccionar los campos que se desean utilizar como filtros en la tabla dinámica, y Excel colocará un filtro por cada campo seleccionado. En la imagen inferior se ha realizado una segmentación de datos por los campos Vendedor/a, Artículo y Zona. Como se puede observar, también aparece una nueva ficha llamada *Segmentación*.

Insertar segmentación de datos	? ×
☐ Fecha	
☐ Mes	
☐ Vendedor/a	
☐ Artículo	
☐ Zona	
☐ Ventas	
☐ Comisión	
☐ Meses	
	Aceptar Cancelar

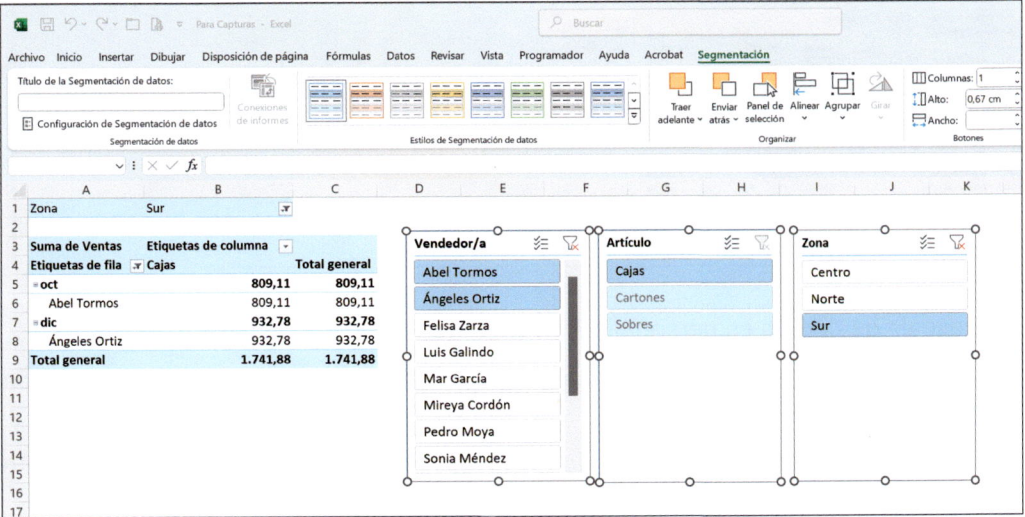

Cada uno de estos cuadros se puede mover por la ventana para facilitar la lectura de la información.

Para filtrar la información de la tabla dinámica, es suficiente con hacer clic sobre cualquiera de las opciones del filtro, ajustando Excel la información de la tabla dinámica de acuerdo con las opciones seleccionadas. Si se desea seleccionar varias opciones, basta con pulsarlas junto con la tecla *Ctrl*.

Para mostrar de nuevo toda la información, puedes hacer clic en el botón *Borrar filtro* que se encuentra en la esquina superior derecha de cada panel.

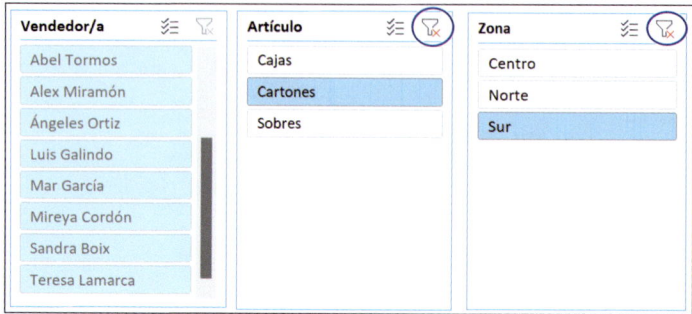

Si lo que se desea es borrar alguna de las tablas, o todas, basta con seleccionarla y pulsar la tecla *Supr*.

2.1.2. Escala de tiempo

En lugar de ajustar los filtros para mostrar las fechas, se puede usar una *Escala de tiempo* de tablas dinámicas, una opción de filtro dinámico que permite filtrar fácilmente por fechas (años, trimestres, meses o días), y acercar el periodo deseado con un control deslizante, tal y como puede verse en la siguiente imagen.

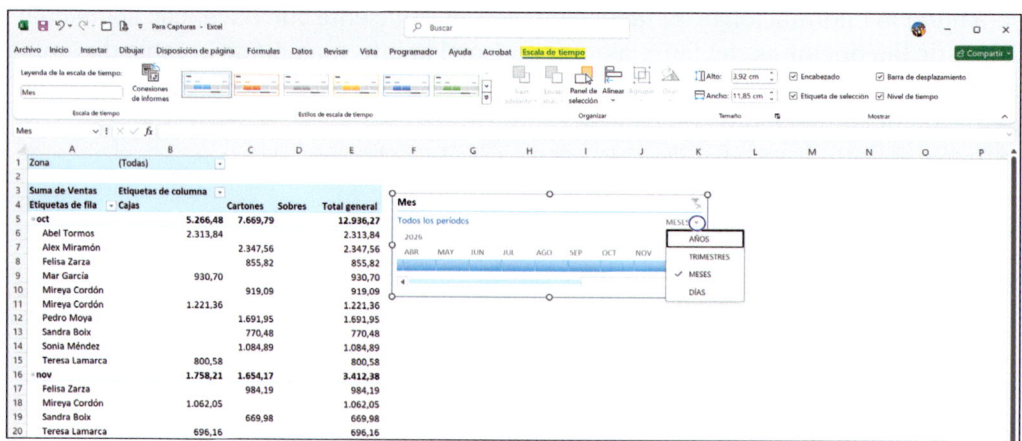

Esta escala de tiempo es personalizable, de tal forma que podemos:

■ Moverla al sitio que deseemos, simplemente pinchando en ella y arrastrándola con el ratón.

■ Cambiar el tamaño, seleccionándola y arrastrando los controladores de tamaño hasta el tamaño deseado.

- Modificar el estilo gracias al grupo *Estilos de escala de tiempo* de la ficha *Escala de tiempo*.

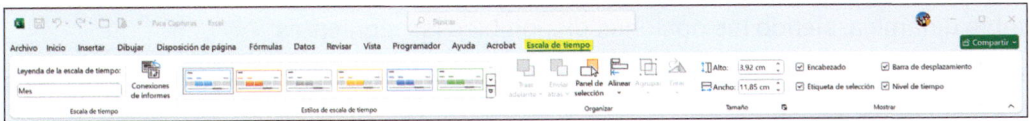

De la misma forma, es posible usar una escala de tiempo para filtrar varias tablas dinámicas si usan el mismo origen de datos. Para ello, es preciso seleccionar la escala de tiempo y, en la ficha nueva que aparece llamada *Escala de tiempo*, seleccionar el icono *Conexiones de informes*, seleccionando en el cuadro de diálogo que aparece las tablas dinámicas que se desea incluir.

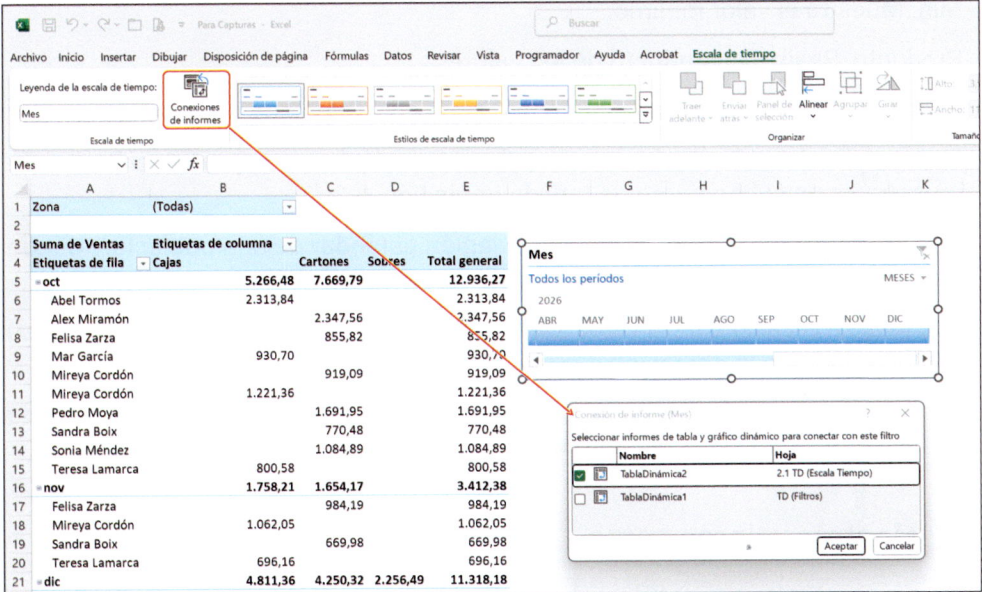

2.2. Configuración de los campos de valor

Tal y como hemos explicado en el módulo 1, es posible configurar los campos de valor de una tabla dinámica. Basta con pulsar el botón derecho del ratón encima de un campo de valor y seleccionar esta opción, apareciéndonos el cuadro de diálogo que puedes ver en la imagen de la derecha.

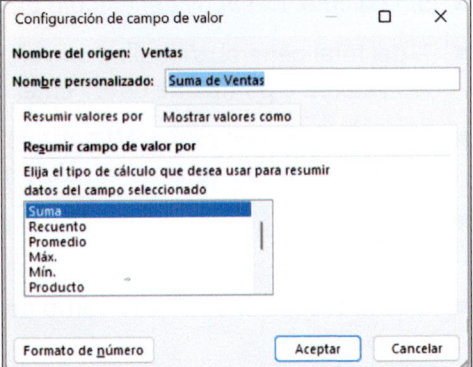

2.2.1. Resumir valores por

Desde esta opción podremos indicarle qué función de resumen queremos utilizar en la tabla dinámica, siendo las opciones disponibles las siguientes:

- Suma. Realiza la suma de los valores. Esta es la función predeterminada para datos numéricos.

- Recuento. Cuenta el número de valores. Es la función predeterminada para datos que no sean numéricos.

- Promedio. Realiza el promedio de los valores.

- Máx. Muestra el valor máximo.

- Mín. Muestra el valor mínimo.

- Producto. Realiza el producto de los valores.

- Contar números. Cuenta el número de valores de datos que son números.

- Desvest. Realiza el cálculo de la desviación estándar de una población, donde la muestra es un subconjunto de toda la población.

- Desvestp. Realiza el cálculo de la desviación estándar de una población, donde la población son todos los datos que van a resumirse.

- Var. Realiza el cálculo de la varianza de una población, donde la muestra es un subconjunto de toda la población.

- Varp. Realiza el cálculo de la varianza de una población, donde la población son todos los datos que van a resumirse.

2.2.2. Mostrar valores como

Permite presentar los valores de distintas formas, siendo las opciones disponibles las siguientes:

- Sin cálculo. Desactiva el cálculo personalizado.

- % del total general. Visualiza un valor como un porcentaje del total general de todos los valores o puntos de datos en el informe.

- % del total de columnas. Muestra todos los valores de cada columna o serie como un porcentaje del total de la columna o serie.

- % del total de filas. Muestra el valor de cada fila o categoría como un porcentaje del total de la fila o categoría.

- % de. Muestra los valores como un porcentaje del valor del elemento base en el campo base.

- % del total de filas principales. Valores como:

    (valor del elemento) / (valor del elemento principal en las filas)

- % del total de columnas principales. Valores como:

    (valor del elemento) / (valor del elemento principal en las columnas)

- % del total principal. Valores como:

    (valor del elemento) / (valor del elemento principal del campo base seleccionado)

- Diferencia de. Muestra los valores como la diferencia del valor del elemento base en el campo base.

- % de la diferencia de. Muestra los valores como la diferencia de porcentaje del valor del elemento base en el campo base.

- Total acumulado. Muestra el valor de elementos sucesivos en el campo base como un total acumulado.

- % del total en. Muestra el valor como un porcentaje de elementos sucesivos en el campo base como un total acumulado.

- Clasificar de menor a mayor. Visualiza la jerarquía de los valores seleccionados en un campo específico, enumerando el elemento más pequeño en el campo como 1, y cada valor mayor tendrá un valor de jerarquía más alto.

- Clasificar de mayor a menor. Realiza lo mismo que el anterior pero del elemento más grande al más pequeño.

- Índice. Calcula un valor como se indica a continuación:

    ((valor en celda) × (total general de totales generales)) /
    ((suma total de filas) × (suma total de columnas))

2.3. Gestión de datos en tablas dinámicas

En el módulo 1 te hemos explicado los filtros que se pueden realizar sobre una tabla dinámica y, de esta forma, gestionar qué datos visualizo en la tabla dinámica.

Otra herramienta muy útil en las tablas dinámicas es el poder añadir un **campo calculado**. Los campos calculados son columnas que obtienen su valor de la operación realizada entre algunas de las otras columnas existentes en la tabla dinámica. Esta herramienta está disponible dentro de la ficha *Analizar tabla dinámica*, tal y como se muestra en la siguiente imagen:

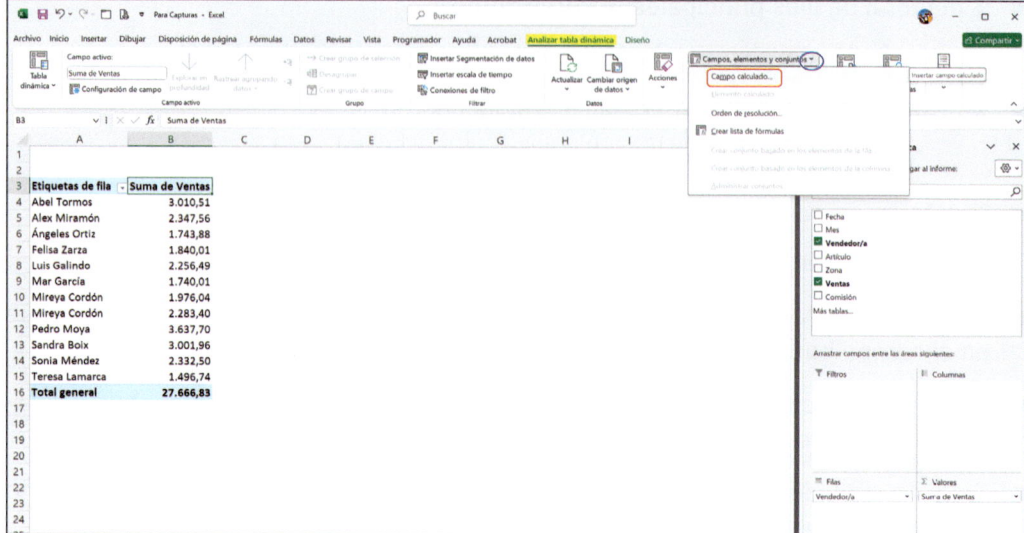

Vamos a suponer que el importe de las ventas es sin IVA, y se quiere añadir un campo que refleje el importe de las ventas incluyendo el IVA. Al pulsar sobre esta opción, deberíamos cumplimentar el cuadro de diálogo de la siguiente forma:

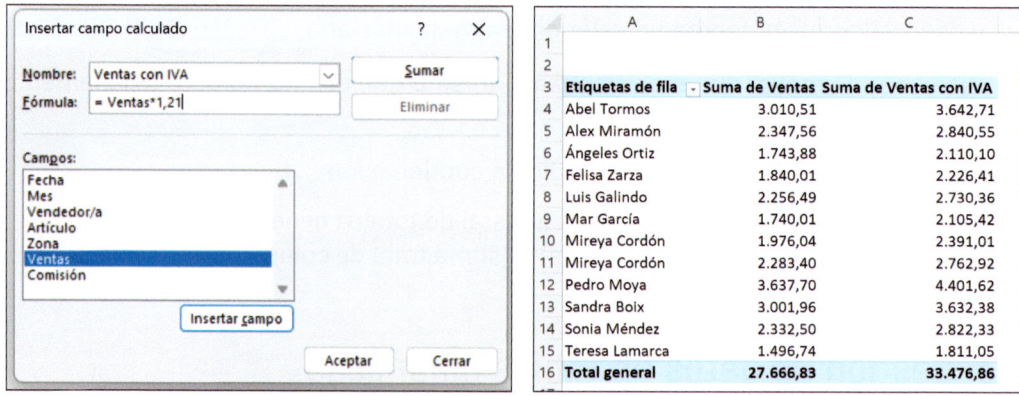

Al pulsar sobre el botón *Aceptar,* nos aparecerá un nuevo campo con el cálculo establecido, tal y como puedes apreciar en la imagen anterior.

2.4. Listados dinámicos

Vamos a ver algunas utilidades de los listados dinámicos a través de ejemplos. Disponemos de un listado con las ventas realizadas por los diferentes vendedores de la empresa en fechas diversas, y realizamos una tabla dinámica tal y como puedes ver en la siguiente imagen:

	A	B	C	D	E
1	Zona	(Todas)			
2					
3	Suma de Ventas	Etiquetas de columna			
4		⊞ oct	⊞ nov	⊞ dic	Total general
5	Etiquetas de fila				
6	Cajas	5.266,48 €	1.758,21 €	4.811,36 €	11.836,05 €
7	Cartones	7.669,79 €	1.654,17 €	4.250,32 €	13.574,28 €
8	Sobres			2.256,49 €	2.256,49 €
9	Total general	12.936,27 €	3.412,38 €	11.318,18 €	27.666,83 €

Como puedes comprobar, estaba tabla nos muestra las ventas realizadas de los artículos que vende nuestra empresa (cajas, cartones y sobres), a lo largo del tiempo (octubre, noviembre y diciembre), pudiendo realizar un filtro por zonas.

Imagina que, fuera de la tabla dinámica, quieres poner en la celda H3 las ventas realizadas de cajas en el mes de diciembre, tal y como puedes ver en la siguiente imagen:

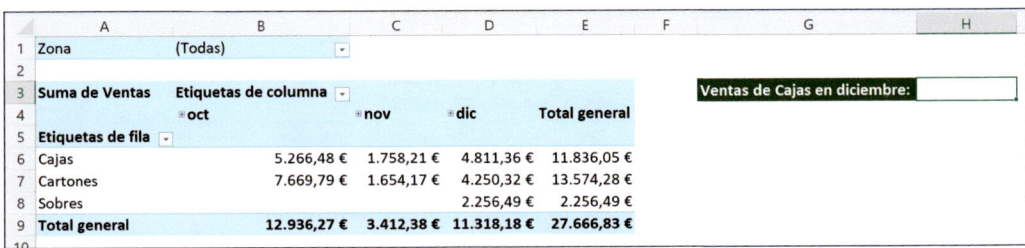

En dicha celda, escribimos el signo = y, a continuación, pinchamos en la celda a la que queremos hacer referencia (en nuestro caso, la celda D6) y pulsamos la tecla *Entrar*. ¡¡Fíjate en la fórmula que ha establecido Excel!!

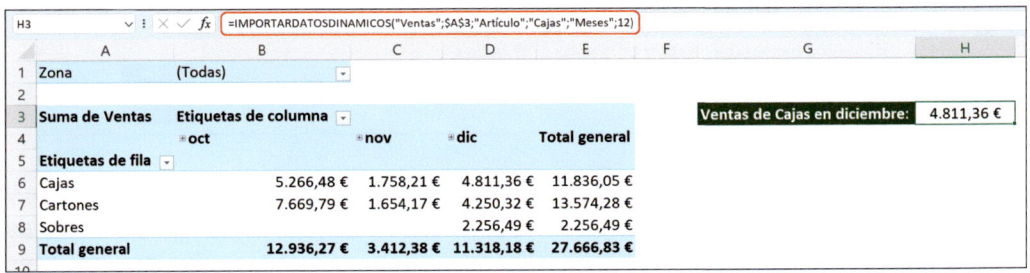

Como puedes comprobar, Excel ha utilizado una función nueva llamada IMPORTARDATOSDINAMICOS, que lo que hace es buscar en la tabla dinámica "Ventas" el artículo llamado "Cajas" en el mes "12" (diciembre).

Si, por ejemplo, se modificara la estructura de la tabla dinámica, incluyendo los vendedores en las filas, no variaría el resultado, porque siempre se está haciendo referencia a un dato concreto, tal y como se muestra en la siguiente imagen:

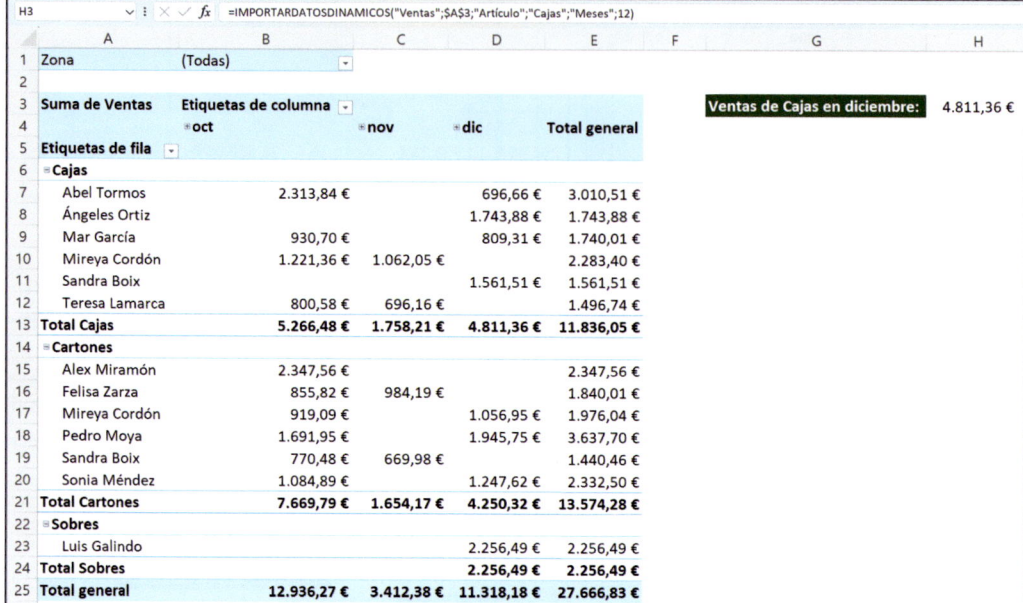

Sin embargo, no queda aquí todo lo que podemos hacer con esta función. Imagina que tenemos una estructura como la que ves en la siguiente imagen:

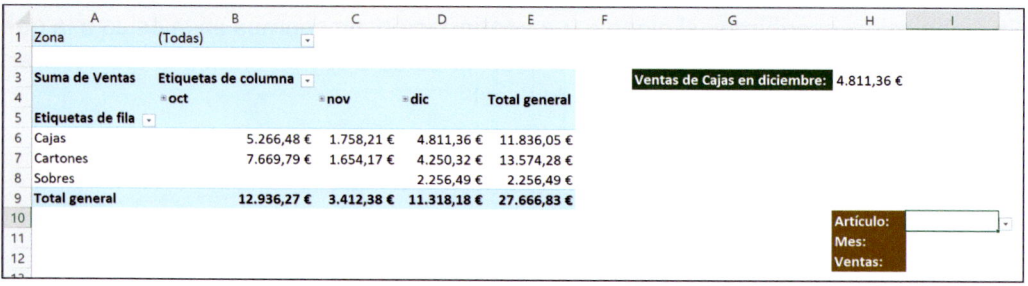

En las celdas I10 e I11 disponemos de unas listas de verificación con los artículos y los meses, respectivamente. De esta forma, podremos seleccionar estas dos variables y en la celda I12 mostraría las ventas realizadas. Lo único que tenemos que hacer es seleccionar la celda I12 y utilizar la función IMPORTARDATOSDINAMICOS, tal y como hemos hecho anteriormente, pero en esta ocasión, en lugar de que en la fórmula figuren "Cajas", habría que hacer referencia a la celda del artículo (I10) y lo mismo en el caso del mes (I11).

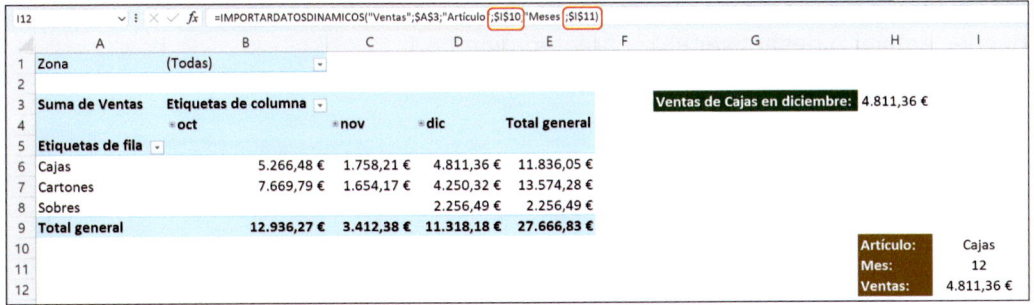

No obstante, debes tener en cuenta que si al escribir el signo = en una celda y pinchar en una celda de la tabla dinámica no te aparece la función IMPORTARDATOSDINAMICOS es porque está desactivada esta opción.

Disponemos de dos opciones para poder activarla o desactivarla. La primera es seleccionar una celda de la tabla dinámica y, en la ficha *Analizar tabla dinámica*, seleccionar el icono *Tabla dinámica* y desplegamos *Opciones*. Desde allí dispones de la opción *Generar ImportarDatosDinámicos* que, si está marcada, tendrás un funcionamiento como hemos explicado en los ejemplos anteriores y, al desmarcarla, conseguirás el funcionamiento habitual de Excel.

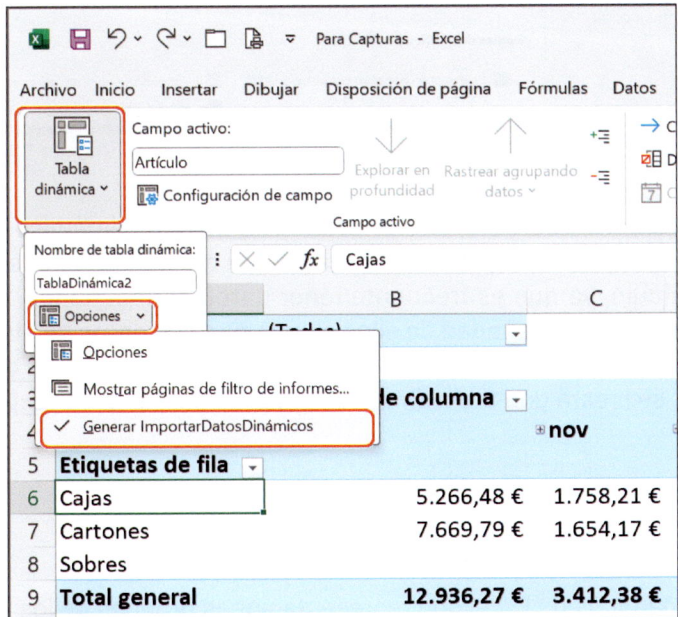

La opción explicada anteriormente solamente va a afectar a la tabla dinámica seleccionada. Si lo que quieres es que sirva para todas las que realices, debes acceder a las *Opciones de Excel* disponibles desde la ficha *Archivo*. Desde la opción *Fórmulas* puedes activar o desactivar esta característica.

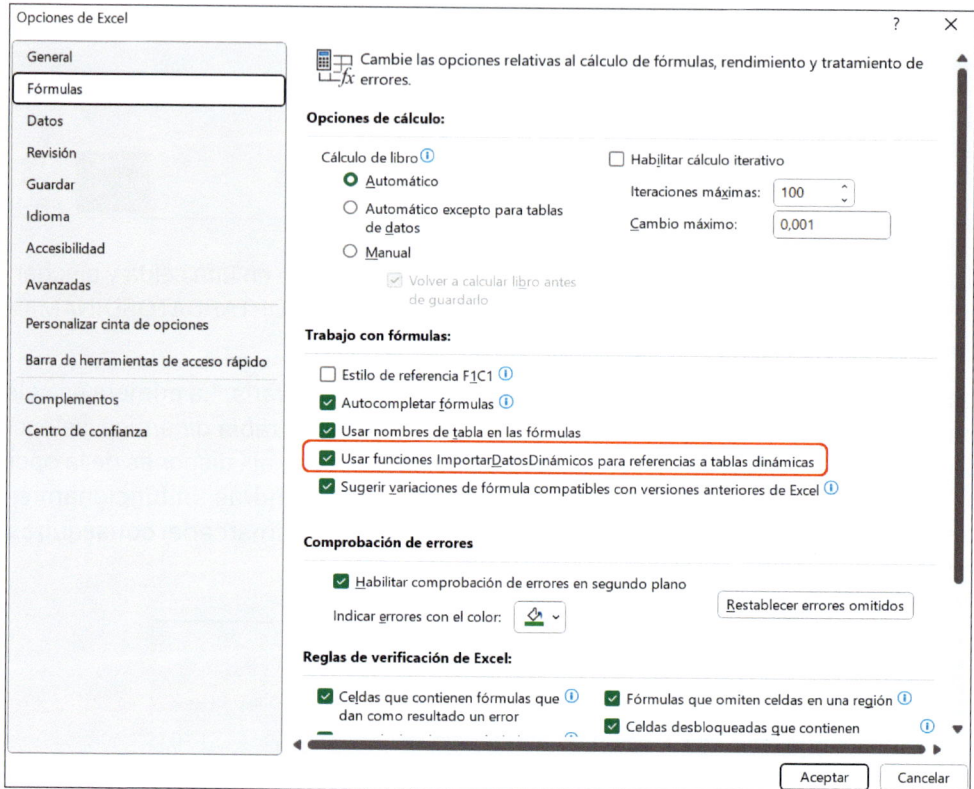

Debes tener en cuenta que las opciones de realizar listados dinámicos son múltiples y variadas y no es necesario que la información que quieras obtener se encuentre en una hoja de cálculo, ya que es frecuente tener datos almacenados, especialmente cuando se tiene una gran cantidad de ellos en una base de datos de Microsoft Access o Microsoft SQL Server. En este caso, conectaremos con el origen de datos externo y, a continuación, se creará una tabla dinámica para resumir, analizar, explorar y presentar esos datos.

2.5. Gráficos dinámicos

Los gráficos dinámicos de Excel son representaciones gráficas de los datos de un informe de tabla dinámica, aunque también se pueden crear a partir de datos de una hoja de cálculo.

Un gráfico dinámico es interactivo, de modo que los datos se pueden ordenar y filtrar para mostrar subconjuntos de información.

Tal y como se ha indicado al comienzo de este apartado, no es imprescindible que exista una tabla dinámica para crear un gráfico dinámico. Excel permite realizar el gráfico desde la tabla de datos, aunque se creará automáticamente una tabla dinámica, llamada de acoplamiento.

Los pasos para realizar el gráfico son:

- Una vez que tenemos la tabla de datos, en la ficha *Insertar*, se pulsa sobre el icono *Gráfico dinámico*.

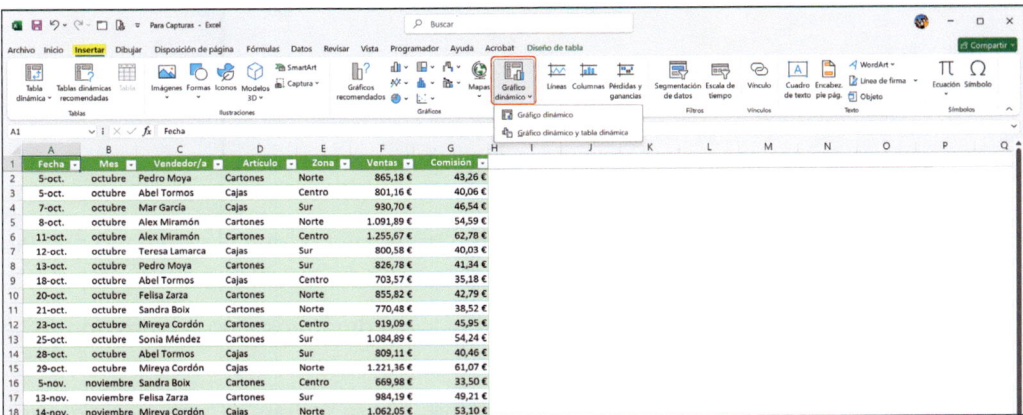

- Nos aparecerán dos opciones: *Gráfico dinámico* y *Gráfico dinámico y tabla dinámica*. Al elegir alguna de las dos opciones, aparecerá el cuadro de diálogo *Crear gráfico dinámico* o *Crear tabla dinámica*, respectivamente.

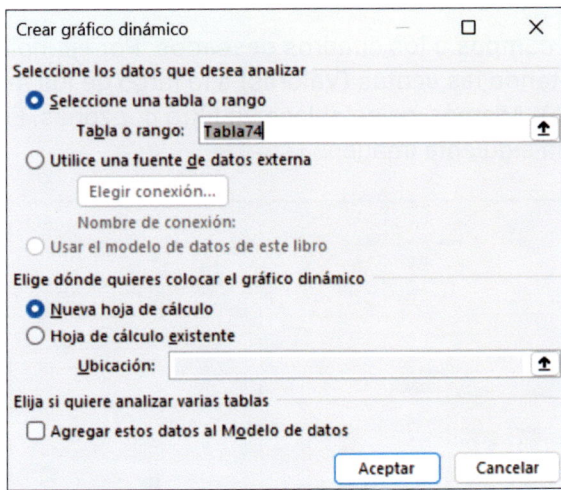

Como se puede comprobar, este cuadro es el mismo que el que aparecía cuando se insertaba una tabla dinámica.

- Una vez que se la da la información solicitada y se pulsa sobre el botón *Aceptar*, nos aparece lo siguiente:

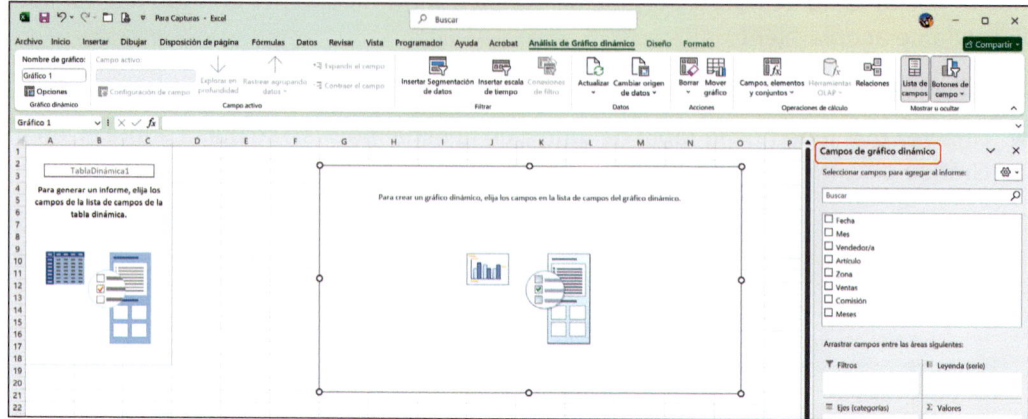

¡¡A que te suena el contenido!! Es prácticamente el mismo que el explicado con las tablas dinámicas, con unos pequeños cambios que se resumen en:

— Nos aparece un cuadro donde se creará la tabla dinámica y un cuadro donde se creará el gráfico dinámico.

— Cambia el nombre del cuadro de la derecha. Ahora se llama *Campos de gráfico dinámico* en lugar de *Campos de tabla dinámica*.

— Se modifica el nombre al cuadro *Columnas*, pasando a llamarse ahora *Leyenda (serie)*.

— Lo mismo sucede con el cuadro *Filas*, que ahora se llama *Ejes (categorías)*.

- Arrastramos los campos a los cuadros deseados. Por ejemplo, vamos a crear un gráfico representando las ventas (Valores) a lo largo de los meses (Ejes) de cada artículo (Leyenda). Además, se establece un filtro por zonas. El resultado es el que se puede ver en la siguiente imagen:

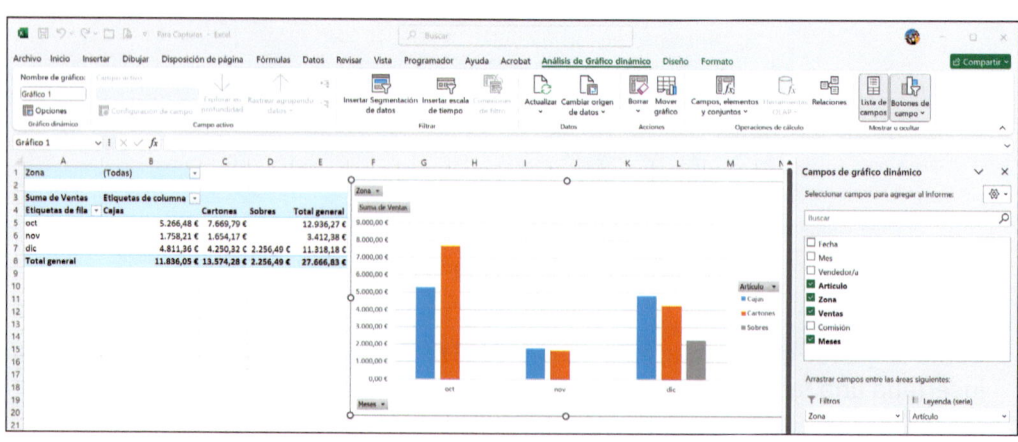

- Como se puede comprobar, en el gráfico, aparecen unos botones interactivos, con opciones de ordenamiento y de filtrado, al igual que se puede hacer con la tabla dinámica.

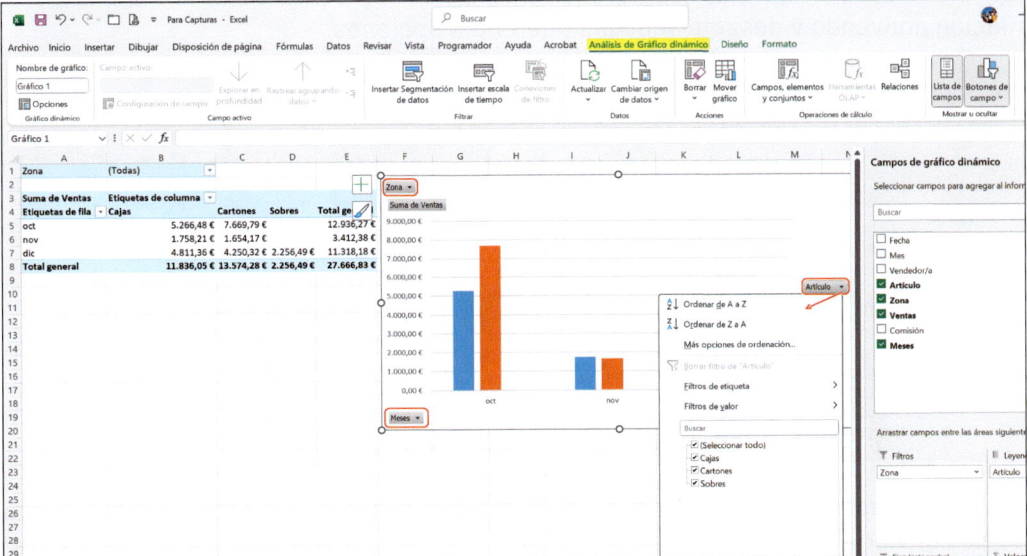

- Cualquier modificación que se realice sobre el gráfico, automáticamente se ve reflejado en la tabla dinámica, y viceversa.

Llegados a este punto, nos podríamos preguntar: ¿qué es mejor un gráfico clásico o un gráfico dinámico? Pues bien, la gran diferencia entre estos tipos de gráficos es su "fuente de alimentación". Los gráficos normales se alimentan de tablas o rangos de datos y, en consecuencia, toman cada celda como un elemento individual o punto en el gráfico; por otro lado, los gráficos dinámicos no toman los datos como elementos separados, sino que se alimentan de toda la tabla dinámica como fuente de datos. Por eso, al modificar la estructura de la tabla dinámica, los cambios se verán reflejados automáticamente en el gráfico.

Debido a que los gráficos dinámicos son alimentados de esta particular forma, permiten añadir, eliminar, filtrar y actualizar los campos del gráfico al igual que una tabla dinámica, lo que resulta una característica muy importante para hacer análisis de datos e informes más dinámicos e interactivos.

2.6. Impresión y visualización de contenidos dinámicos

Una vez que ya tenemos realizada la tabla dinámica, todavía podemos efectuar sobre ella algunas personalizaciones de visualización y así poder imprimir los datos de la forma deseada.

Ya sabes que si seleccionas una celda de la tabla dinámica se activan dos fichas nuevas. Dentro de la ficha *Diseño* disponemos del grupo *Diseño* con cuatro opciones. Imagina que una inmobiliaria dispone de una tabla dinámica que recoge la información de las ventas y alquileres que ejecutan, vamos a ver con ejemplos cómo se vería la información activando y desactivando las diferentes opciones.

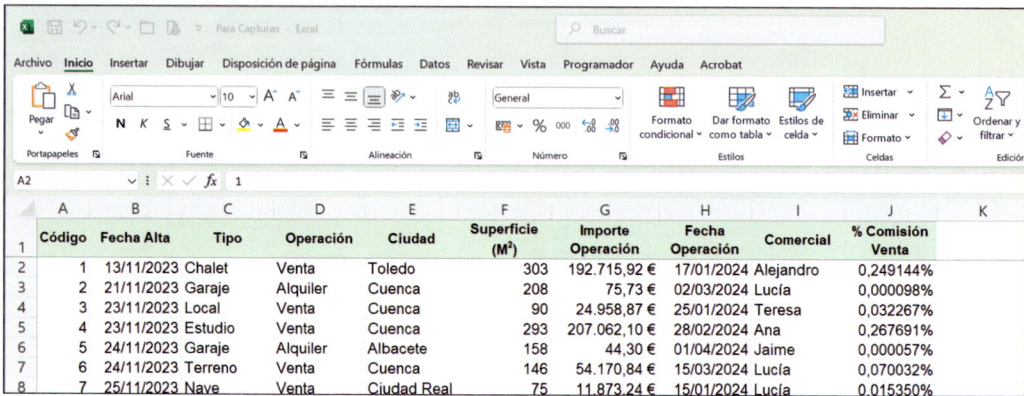

- *Subtotales*. Cuando tenemos varios campos en las filas, nuestra tabla dinámica se convierte en un esquema jerarquizado. Con esta opción podemos hacer que en cada campo de jerarquía (los que encabezan y resumen los detalles) aparezca el subtotal en la parte superior, en la parte inferior o que no aparezca.

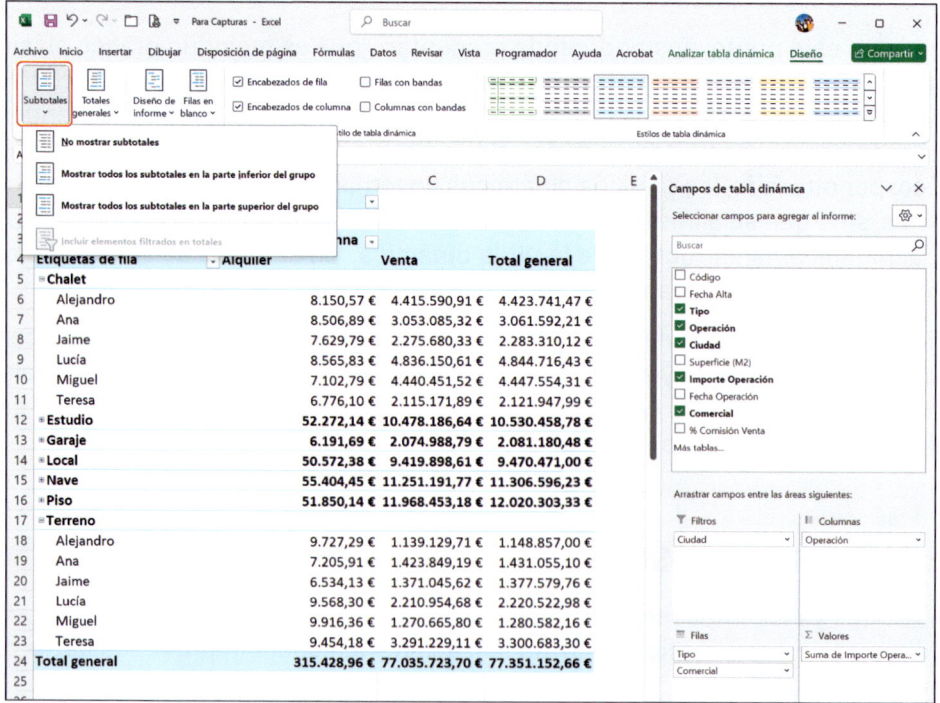

En las siguientes imágenes puedes ver que en la de la izquierda figuran los subtotales en la parte superior, y en la de la derecha, en la parte inferior.

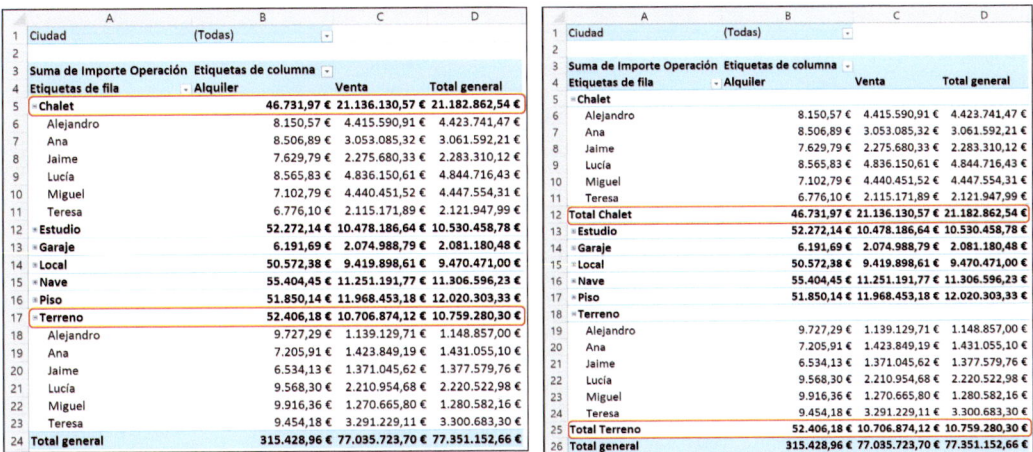

- *Totales generales*. Dependiendo de lo que se quiera presentar, podemos omitir o no los totales generales de las filas y las columnas, escogiendo en la lista desplegable la opción que necesitemos.

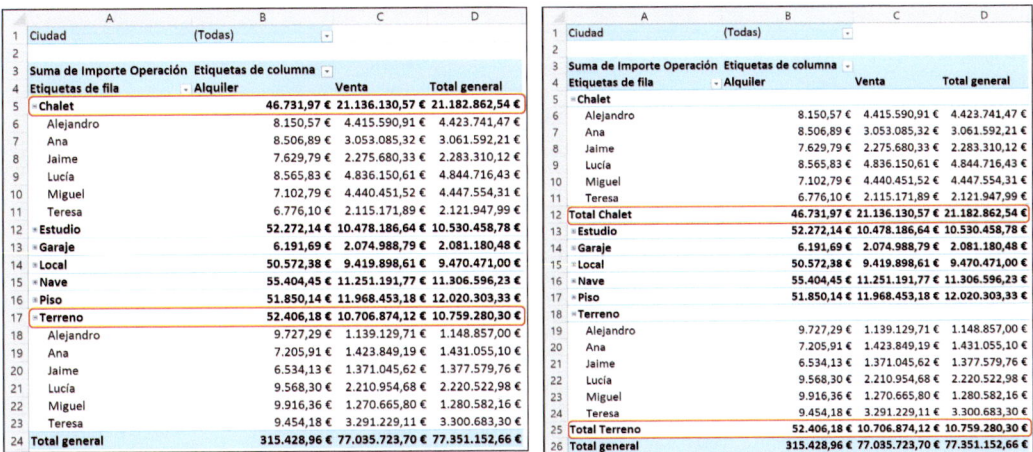

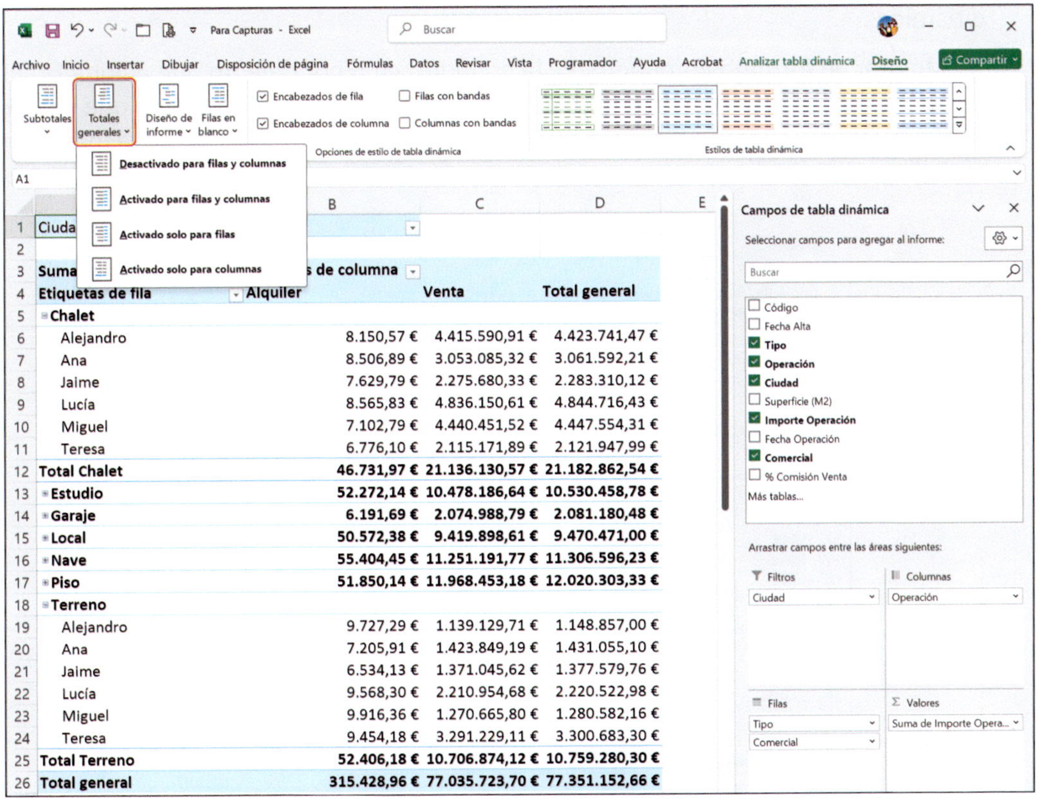

En el ejemplo de la inmobiliaria, en la columna de la izquierda puedes ver cómo queda la tabla dinámica con totales generales, tanto de filas como de columnas, y en la columna de la derecha sin ellas.

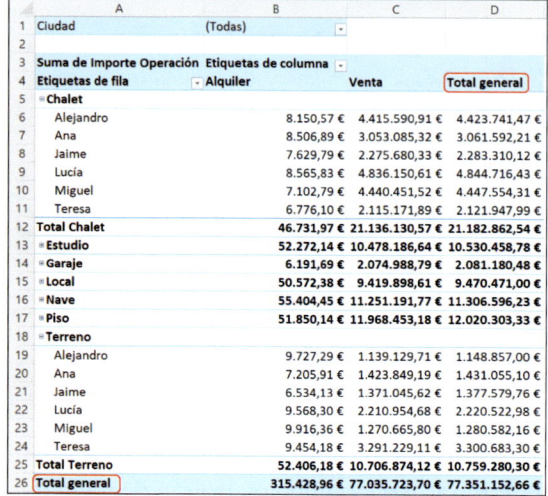

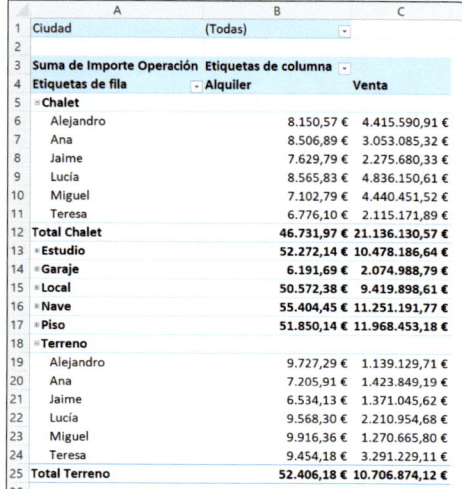

- *Diseño de informe.* Existen varias opciones para cambiar la estructura de la tabla dinámica:

  - Mostrar en formato compacto. Es la configuración por defecto que asigna Excel cuando se crea una tabla dinámica, agrupando todos los elementos que se encuentran en el campo fila. Esta opción es recomendada para ahorrar espacio en la hoja de cálculo.

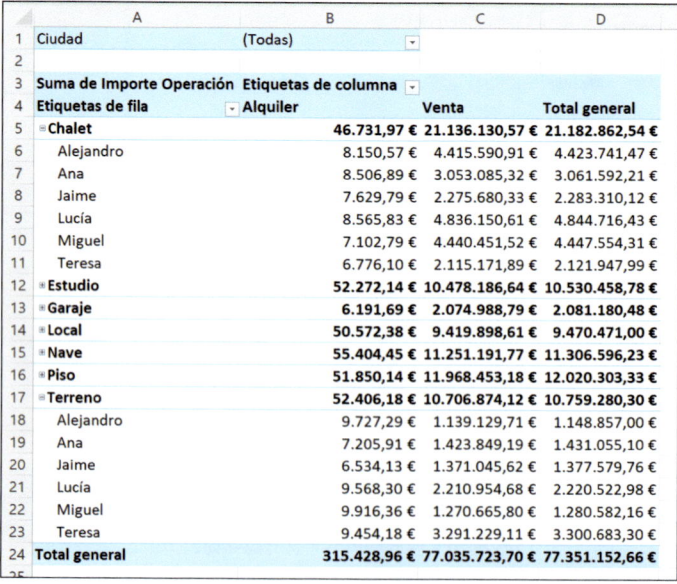

— Mostrar en formato de esquema. Selecciona cada campo del área de filas y lo agrega a una columna individual:

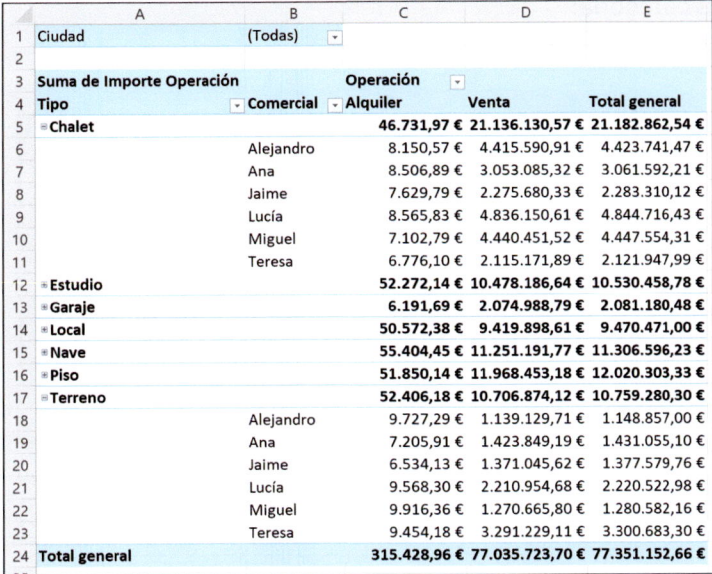

	A	B	C	D	E
1	Ciudad	(Todas)			
2					
3	Suma de Importe Operación		Operación		
4	Tipo	Comercial	Alquiler	Venta	Total general
5	⊟Chalet		46.731,97 €	21.136.130,57 €	21.182.862,54 €
6		Alejandro	8.150,57 €	4.415.590,91 €	4.423.741,47 €
7		Ana	8.506,89 €	3.053.085,32 €	3.061.592,21 €
8		Jaime	7.629,79 €	2.275.680,33 €	2.283.310,12 €
9		Lucía	8.565,83 €	4.836.150,61 €	4.844.716,43 €
10		Miguel	7.102,79 €	4.440.451,52 €	4.447.554,31 €
11		Teresa	6.776,10 €	2.115.171,89 €	2.121.947,99 €
12	⊟Estudio		52.272,14 €	10.478.186,64 €	10.530.458,78 €
13	⊟Garaje		6.191,69 €	2.074.988,79 €	2.081.180,48 €
14	⊟Local		50.572,38 €	9.419.898,61 €	9.470.471,00 €
15	⊟Nave		55.404,45 €	11.251.191,77 €	11.306.596,23 €
16	⊟Piso		51.850,14 €	11.968.453,18 €	12.020.303,33 €
17	⊟Terreno		52.406,18 €	10.706.874,12 €	10.759.280,30 €
18		Alejandro	9.727,29 €	1.139.129,71 €	1.148.857,00 €
19		Ana	7.205,91 €	1.423.849,19 €	1.431.055,10 €
20		Jaime	6.534,13 €	1.371.045,62 €	1.377.579,76 €
21		Lucía	9.568,30 €	2.210.954,68 €	2.220.522,98 €
22		Miguel	9.916,36 €	1.270.665,80 €	1.280.582,16 €
23		Teresa	9.454,18 €	3.291.229,11 €	3.300.683,30 €
24	Total general		315.428,96 €	77.035.723,70 €	77.351.152,66 €

Ahora bien, si quieres una tabla para hacer un análisis de datos más profundo, puedes presionar la opción *Repetir todas las etiquetas de elementos* que se encuentra en esta misma opción, y observa qué ocurre:

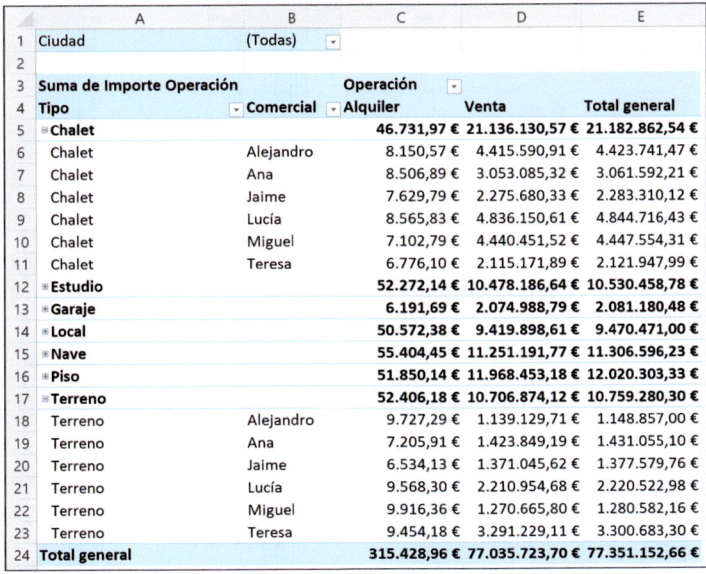

	A	B	C	D	E
1	Ciudad	(Todas)			
2					
3	Suma de Importe Operación		Operación		
4	Tipo	Comercial	Alquiler	Venta	Total general
5	⊟Chalet		46.731,97 €	21.136.130,57 €	21.182.862,54 €
6	Chalet	Alejandro	8.150,57 €	4.415.590,91 €	4.423.741,47 €
7	Chalet	Ana	8.506,89 €	3.053.085,32 €	3.061.592,21 €
8	Chalet	Jaime	7.629,79 €	2.275.680,33 €	2.283.310,12 €
9	Chalet	Lucía	8.565,83 €	4.836.150,61 €	4.844.716,43 €
10	Chalet	Miguel	7.102,79 €	4.440.451,52 €	4.447.554,31 €
11	Chalet	Teresa	6.776,10 €	2.115.171,89 €	2.121.947,99 €
12	⊟Estudio		52.272,14 €	10.478.186,64 €	10.530.458,78 €
13	⊟Garaje		6.191,69 €	2.074.988,79 €	2.081.180,48 €
14	⊟Local		50.572,38 €	9.419.898,61 €	9.470.471,00 €
15	⊟Nave		55.404,45 €	11.251.191,77 €	11.306.596,23 €
16	⊟Piso		51.850,14 €	11.968.453,18 €	12.020.303,33 €
17	⊟Terreno		52.406,18 €	10.706.874,12 €	10.759.280,30 €
18	Terreno	Alejandro	9.727,29 €	1.139.129,71 €	1.148.857,00 €
19	Terreno	Ana	7.205,91 €	1.423.849,19 €	1.431.055,10 €
20	Terreno	Jaime	6.534,13 €	1.371.045,62 €	1.377.579,76 €
21	Terreno	Lucía	9.568,30 €	2.210.954,68 €	2.220.522,98 €
22	Terreno	Miguel	9.916,36 €	1.270.665,80 €	1.280.582,16 €
23	Terreno	Teresa	9.454,18 €	3.291.229,11 €	3.300.683,30 €
24	Total general		315.428,96 €	77.035.723,70 €	77.351.152,66 €

Rellena con el nombre los campos correspondientes. Esto permitirá manipular con mayor facilidad los datos para posibles análisis posteriores.

- Mostrar en formato tabular. Al igual que el formato de esquema, divide los campos de fila en diferentes columnas y además siempre muestra los subtotales de cada categoría:

	A	B	C	D	E
1	Ciudad	(Todas)			
2					
3	Suma de Importe Operación		Operación		
4	Tipo	Comercial	Alquiler	Venta	Total general
5	Chalet	Alejandro	8.150,57 €	4.415.590,91 €	4.423.741,47 €
6		Ana	8.506,89 €	3.053.085,32 €	3.061.592,21 €
7		Jaime	7.629,79 €	2.275.680,33 €	2.283.310,12 €
8		Lucía	8.565,83 €	4.836.150,61 €	4.844.716,43 €
9		Miguel	7.102,79 €	4.440.451,52 €	4.447.554,31 €
10		Teresa	6.776,10 €	2.115.171,89 €	2.121.947,99 €
11	Total Chalet		46.731,97 €	21.136.130,57 €	21.182.862,54 €
12	Estudio		52.272,14 €	10.478.186,64 €	10.530.458,78 €
13	Garaje		6.191,69 €	2.074.988,79 €	2.081.180,48 €
14	Local		50.572,38 €	9.419.898,61 €	9.470.471,00 €
15	Nave		55.404,45 €	11.251.191,77 €	11.306.596,23 €
16	Piso		51.850,14 €	11.968.453,18 €	12.020.303,33 €
17	Terreno	Alejandro	9.727,29 €	1.139.129,71 €	1.148.857,00 €
18		Ana	7.205,91 €	1.423.849,19 €	1.431.055,10 €
19		Jaime	6.534,13 €	1.371.045,62 €	1.377.579,76 €
20		Lucía	9.568,30 €	2.210.954,68 €	2.220.522,98 €
21		Miguel	9.916,36 €	1.270.665,80 €	1.280.582,16 €
22		Teresa	9.454,18 €	3.291.229,11 €	3.300.683,30 €
23	Total Terreno		52.406,18 €	10.706.874,12 €	10.759.280,30 €
24	Total general		315.428,96 €	77.035.723,70 €	77.351.152,66 €

- *Filas en blanco*. Con esta opción podemos hacer que nuestra tabla dinámica tenga un aspecto más claro, ya que separamos mediante una fila en blanco los detalles de un campo de jerarquía y otro.

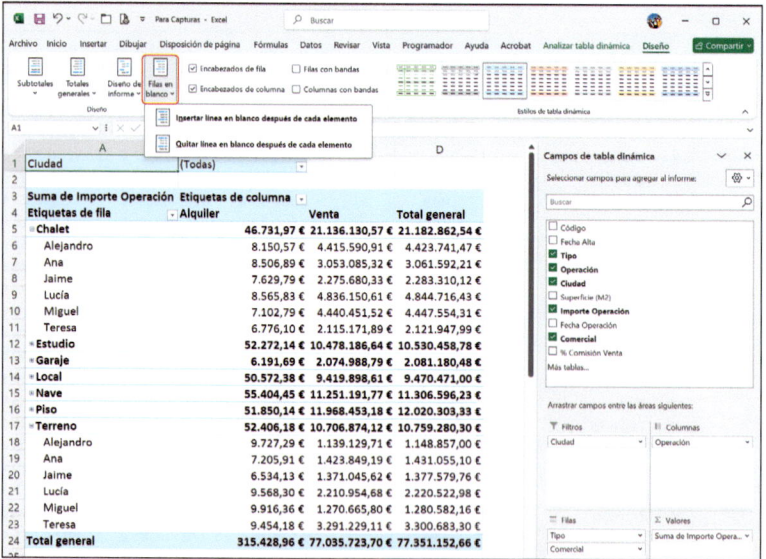

En las siguientes imágenes puedes ver que, en la de la izquierda las distintas jerarquías figuran una detrás de otra y, en la de la derecha, puedes ver una fila en blanco que separa cada una de ellas.

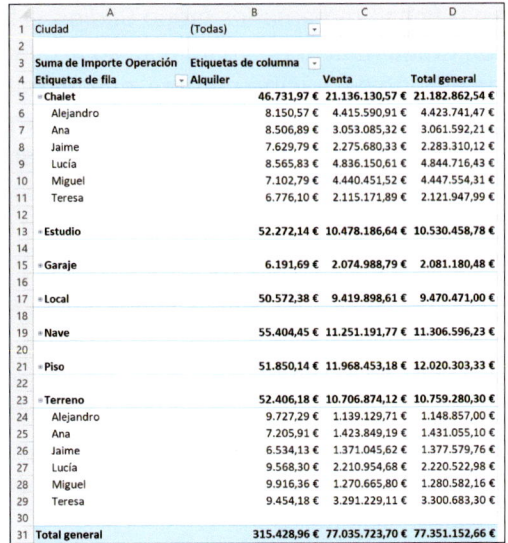

2.7. Macros en Microsoft Excel

En Excel, es posible automatizar algunos procesos gracias a las **macros**.

Para acceder a las opciones de grabación y ejecución de macros es preciso acudir a la ficha *Programador*. Si esta no está disponible, debemos activarla pulsando en la ficha *Archivo*, *Opciones de Excel*, *Personalizar cinta de opciones* y marcar la pestaña *Programador*.

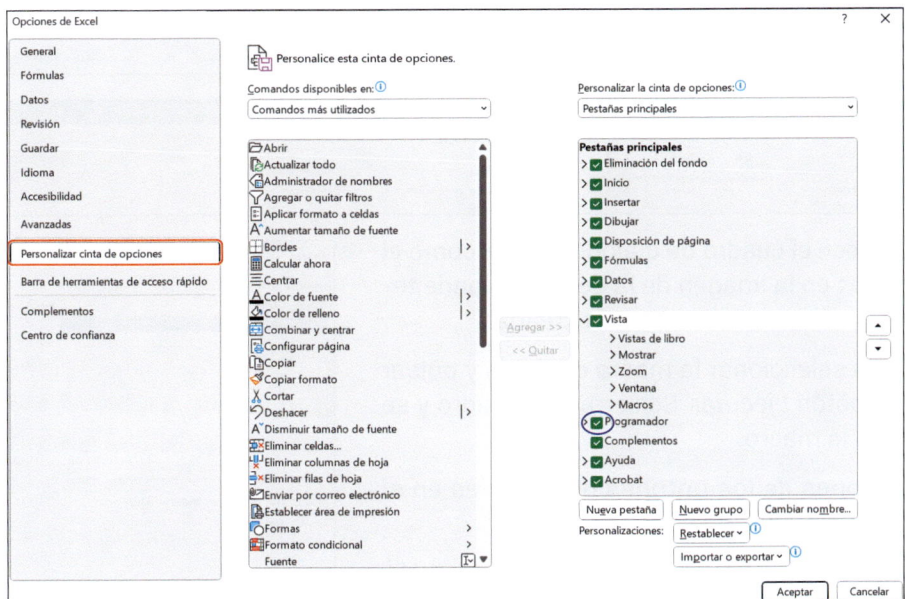

En la ficha *Programador*, grupo *Código*, el botón *Grabar macro* nos dará acceso al cuadro de diálogo del mismo nombre, que permitirá asignarle nombre y acceso de teclado a la macro y seleccionar si la queremos guardar en el documento o en otro libro. El botón *Macros* permite visualizar, modificar, renombrar y eliminar las macros existentes.

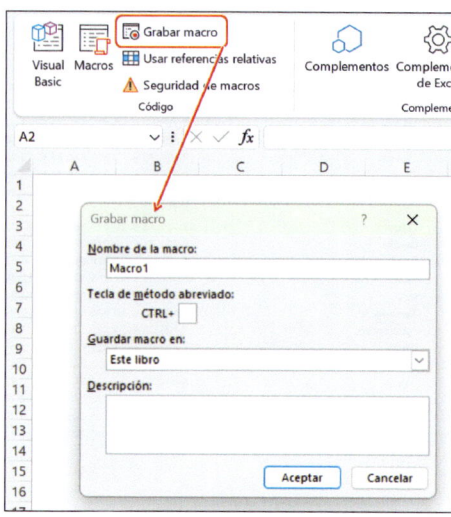

Una vez creada una macro, la podremos ejecutar las veces que queramos. Antes de dar la orden de ejecución de la macro, dependiendo del tipo de macro que sea, será necesario seleccionar las celdas que queramos que queden afectadas por las acciones de la macro.

Por ejemplo, si hemos creado una macro que automáticamente da formato a las celdas, tendremos que seleccionar las celdas previamente antes de ejecutar la macro.

Para ejecutar la macro debemos acceder a la opción *Ver macros*, que se encuentra en el botón *Macros* de la ficha *Vista*, grupo *Macros*. Al mismo cuadro de diálogo se puede acceder desde el botón *Macros* de la ficha *Programador* (grupo *Código*).

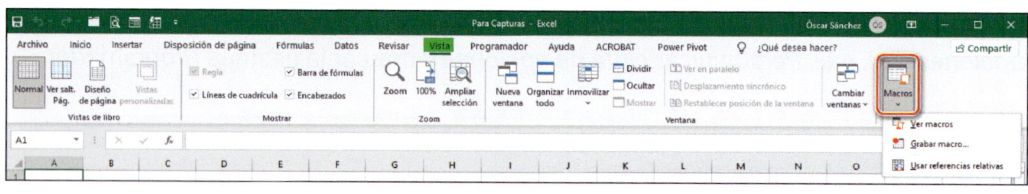

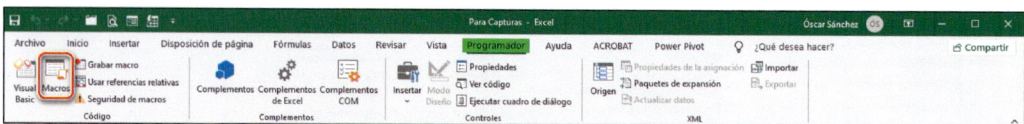

Nos aparece el cuadro de diálogo *Macro*, como el que vemos en la imagen de la derecha, donde tenemos una lista con las macros creadas.

Debemos seleccionar la macro deseada y pulsar sobre el botón *Ejecutar.* Se cerrará el cuadro y se ejecutará la macro.

Las acciones de los botones disponibles en el cuadro de diálogo son:

- *Cancelar*. Cierra el cuadro de diálogo sin realizar ninguna acción.

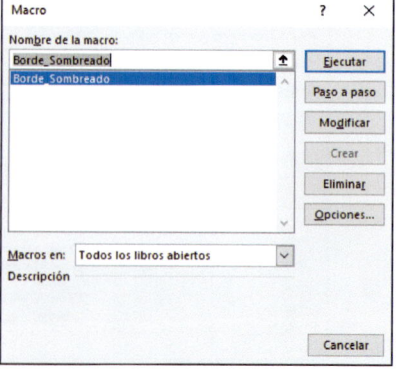

- *Paso a paso*. Ejecuta la macro instrucción por instrucción abriendo el editor de programación de Visual Basic.

- *Modificar*. Abre el editor de programación de Visual Basic para modificar el código de la macro. Estos dos últimos botones son para los que sepan programar.

- *Eliminar*. Borra la macro.

- *Opciones*. Abre otro cuadro de diálogo donde podemos modificar la tecla de método abreviado (combinación de teclas que provoca la ejecución de la macro sin necesidad de utilizar el menú) y la descripción de la macro.

Algunos de los aspectos que debes tener en cuenta a la hora de grabar una macro son:

1. Es importante tener en cuenta las referencias absolutas y relativas a la hora de grabar macros. El resultado obtenido al ejecutar macros, si la referencia es absoluta, tiene en cuenta la celda en la que teníamos ubicado el cursor al momento de iniciar la grabación de la macro.

2. Poner siempre nombres descriptivos y descripciones detalladas en la creación de macros para poder identificarlas posteriormente con facilidad.

3. Utilizar los atajos de teclado o métodos abreviados cuando trabajemos con macros para poder utilizar esa combinación de teclas y realizar nuestro trabajo más rápido.

4. Configurar correctamente la seguridad de las macros en Excel. A través de las macros, nuestro ordenador se puede infectar por cargar macros externas que contengan código malicioso. Debemos tener cuidado si abrimos ficheros de Excel que no hemos creado nosotros. En el siguiente apartado te explicamos cómo se configura la seguridad de las macros.

5. Todo lo que realicemos con macros no puede deshacerse con *Ctrl + Z*. De esta manera, debemos tomar precauciones y siempre que trabajemos con macros sobre algún archivo, es recomendable crear una copia de seguridad, y así evitaremos sorpresas desagradables durante las pruebas que realicemos.

Es importante que tengas en cuenta que cuando abres un libro de trabajo que tenga macros, en función del nivel de seguridad que hayas establecido (que en el siguiente apartado te explicamos cómo puedes configurarlo), visualizarás una **ADVERTENCIA DE SEGURIDAD**, tal y como puedes ver en la siguiente imagen.

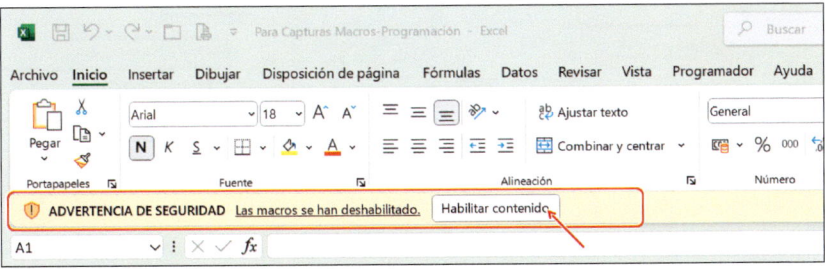

Si confías en las macros, basta con que pulses el botón *Habilitar contenido*.

2.8. Herramientas avanzadas de macros

En el apartado anterior te hemos explicado cómo crear macros sencillas. No obstante, a la hora de crear una macro debes tener siempre en cuenta tres pasos esenciales:

1. Analizar.

2. Ensayar.

3. Grabar.

Cualquier acción equivocada que se realice a partir del momento en que pulsamos el botón *Grabar*, quedará registrada como parte de nuestra macro. De ahí que un correcto ensayo antes de grabar la macro sea interesante y fundamental. Esto nos evitará abortar el proceso de grabación deteniéndola y teniendo que volver a comenzar la grabación desde el comienzo.

2.8.1. La seguridad de las macros

La seguridad de las macros en Excel es un aspecto muy importante, ya que las macros pueden contener código que ejecuta acciones automatizadas en una hoja de cálculo y, si no se gestionan adecuadamente, pueden ser utilizadas para fines maliciosos. Es por ello que Excel incluye medidas de seguridad para proteger a los usuarios contra macros potencialmente peligrosas.

La configuración de las macros se realiza desde las *Opciones de Excel*, dentro de la opción *Centro de confianza*, pulsando el botón *Configuración del Centro de confianza...*, tal y como puedes ver en la siguiente imagen.

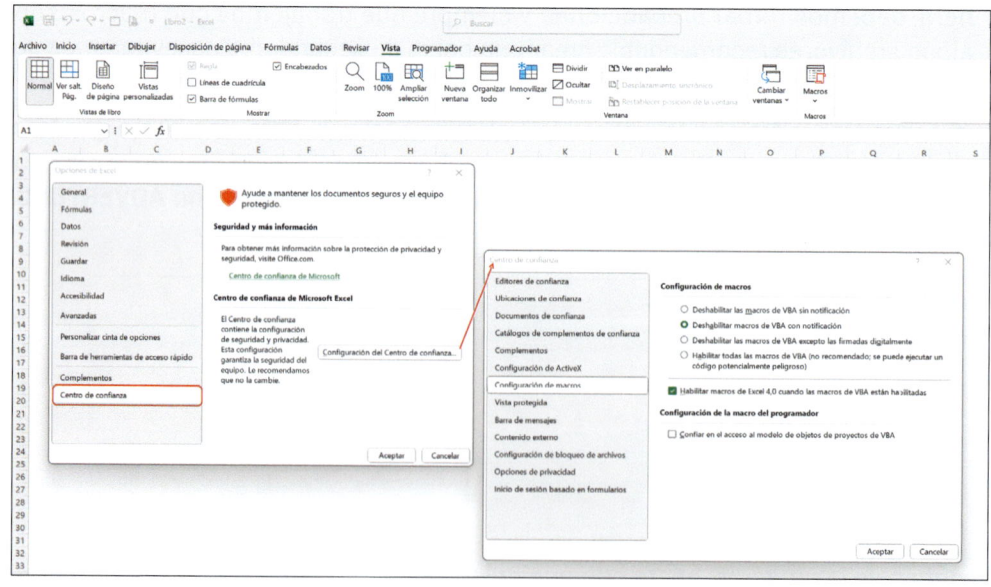

Tal y como puedes comprobar, se puede establecer el nivel de seguridad de macros según tus necesidades, incluyendo las siguientes opciones:

- *Deshabilitar las macros de VBA sin notificación.* Selecciona esta opción si no confías en las macros.

- *Deshabilitar macros VBA con notificación.* Esta es la opción predeterminada. De esta forma, podrás elegir cuándo quieres habilitar esas macros caso por caso.

- *Deshabilitar las macros VBA excepto las firmadas digitalmente.* Esta configuración es similar a la anterior, con la excepción de que si la macro cuenta con una firma digital emitida por un editor de confianza, la macro se puede ejecutar. Si no ha confiado el editor, se notificará.

- *Habilitar todas las macros de VBA (no recomendado; se puede ejecutar un código potencialmente peligroso).* Al seleccionar esta opción se permite que todas las macros se ejecuten. De esta forma, el equipo es vulnerable a posibles códigos dañinos, por lo que esta configuración no es recomendable.

Aunque puedes configurar el nivel de seguridad de las macros, también puedes añadir ubicaciones de confianza donde las macros se ejecutarán sin restricciones. Esto es especialmente útil si confías en ciertas carpetas o ubicaciones de red y deseas permitir la ejecución de macros sin que Excel las bloquee. La configuración de estas ubicaciones se realiza también en el *Centro de confianza*, dentro de la opción *Ubicaciones de confianza*.

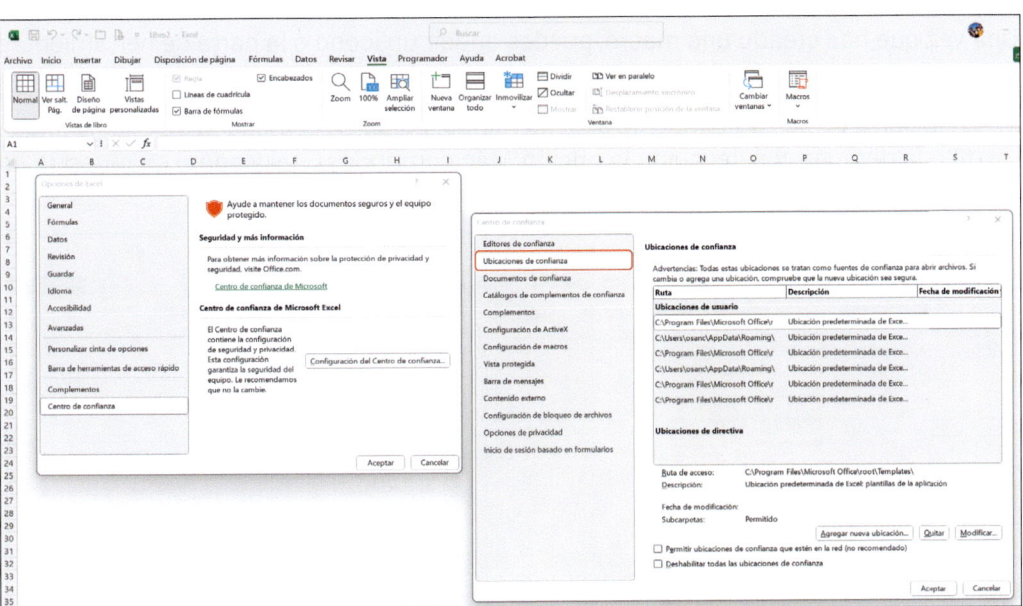

Asimismo, Excel permite establecer documentos específicos como de confianza, siendo de utilidad si tienes un archivo concreto que contiene macros que deseas permitir sin importar la configuración de seguridad global.

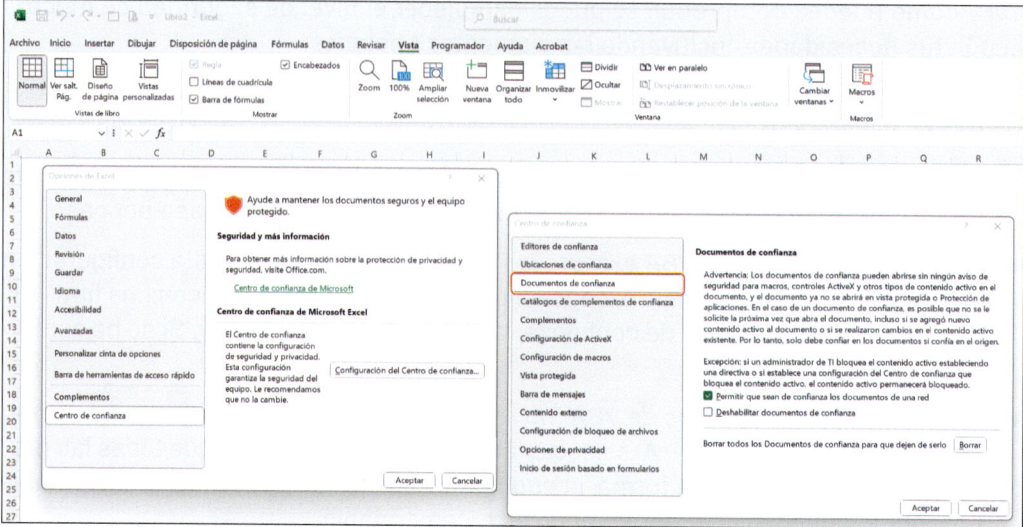

Por último, antes de habilitar una macro, puedes inspeccionar su código para verificar su contenido y asegurarte de que no contenga código malicioso. Eso sí, debes tener en cuenta que debes conocer VBA.

2.8.2. Asignar una macro a la barra de acceso rápido

Una vez que has creado una macro, puedes añadir un icono a la barra de herramientas de acceso rápido. Para ello:

1. En la barra de herramientas de acceso rápido, pulsa en el menú desplegable situado a la derecha, y selecciona la opción *Más comandos...* tal y como se muestra en la siguiente imagen.

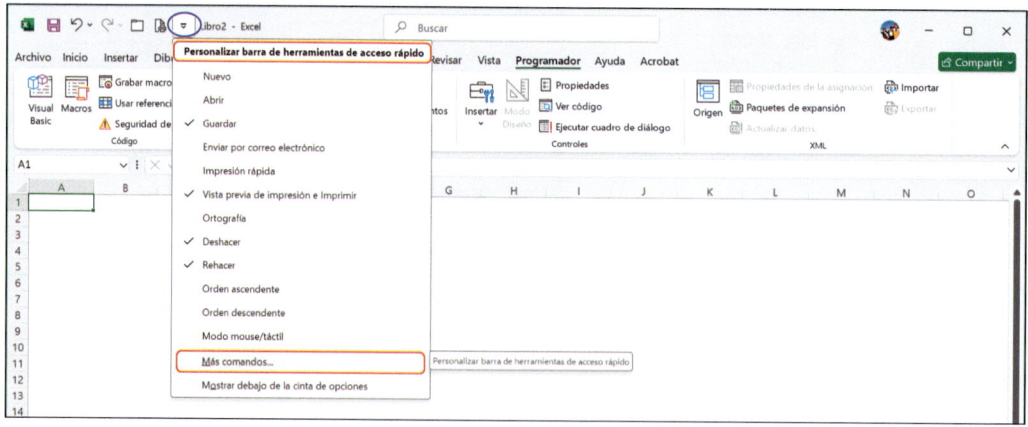

2. En el cuadro de diálogo que aparece, despliega el cuadro *Comandos disponibles en:* y selecciona la opción *Macros*.

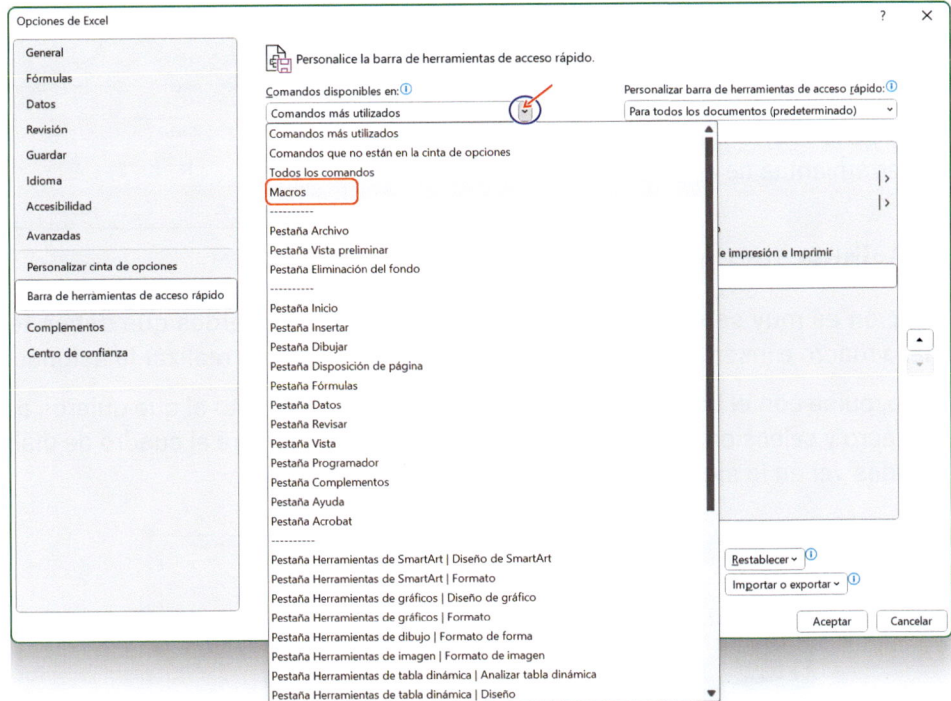

3. En el cuadro de la izquierda elige la macro y pulsa el botón *Agregar >>* y verás que el icono aparece en el cuadro de la derecha.

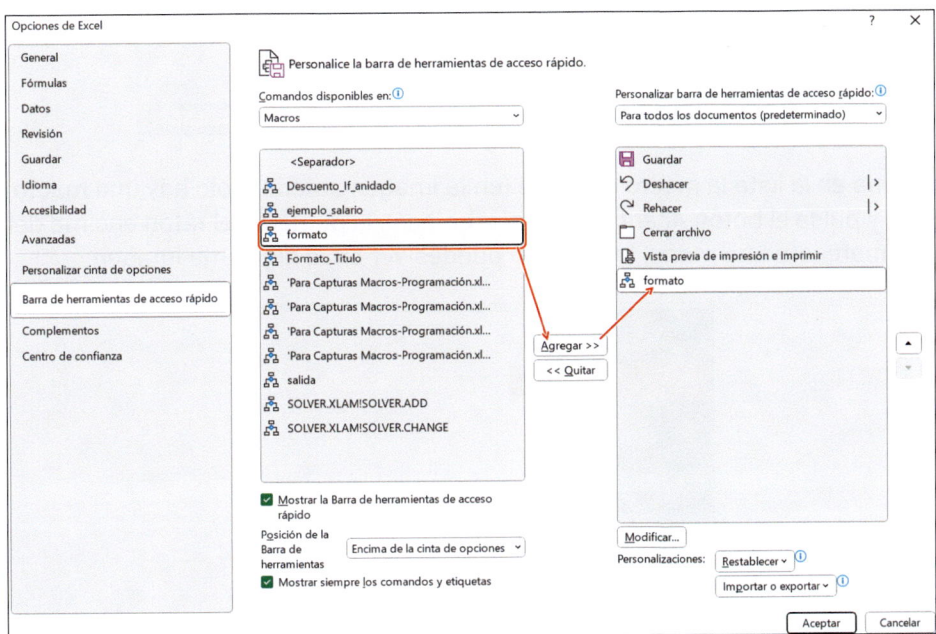

4. Al pulsar el botón *Aceptar* tendrás agregada la macro en la barra de herramientas de acceso rápido.

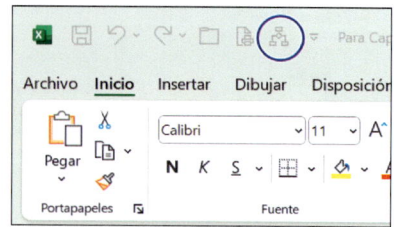

Ahora ya puedes ejecutar esta macro desde la barra de herramientas de acceso rápido.

2.8.3. Asignar una macro a un objeto

Esta acción es muy sencilla, aunque es importante que recuerdes que debes tener creada la macro e insertado el objeto en la hoja de cálculo para realizar la asignación.

Para ello, pulsa con el botón derecho del ratón encima del objeto al que quieres asignar la macro y selecciona la opción *Asignar macro...*, te aparecerá el cuadro de diálogo que puedes ver en la siguiente imagen.

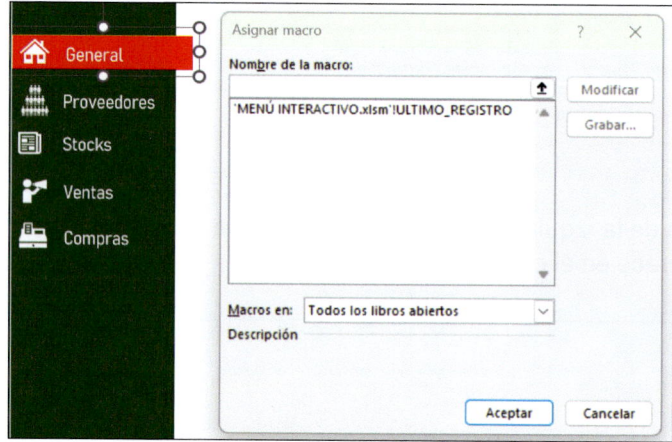

Selecciona en la lista la macro deseada (en la imagen anterior solo hay una macro disponible) y pulsa el botón *Aceptar*. Ahora, si colocas el puntero del ratón encima del objeto, te aparecerá una mano, tal y como puedes ver en la siguiente imagen:

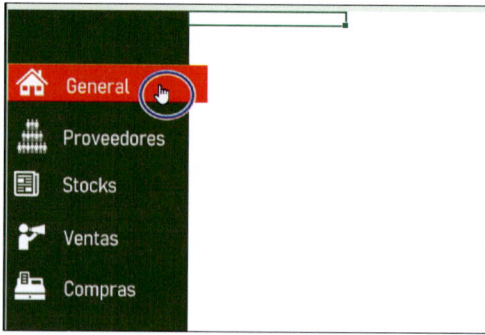

Hasta aquí la explicación de las herramientas avanzadas de macros. No obstante, debes tener en cuenta que también se pueden crear macros de forma manual, pero es necesario tener conocimientos de programación en general y de Visual Basic en particular, ya que es el lenguaje de programación en el que se basa el VBA de Excel. En los dos últimos apartados te explicaremos cómo programar en Excel.

2.9. Funciones financieras

Ya sabes que las funciones son fórmulas prefinidas en Excel que ejecutan cálculos utilizando valores específicos, denominados argumentos, en un orden determinado o estructura. Estas funciones pueden utilizarse para ejecutar operaciones simples o complejas.

En el apartado 12 del módulo 1 te explicamos las funciones financieras más utilizadas, que están disponibles desde la ficha *Fórmulas*, grupo *Biblioteca de funciones*. Las funciones financieras disponibles en Excel son:

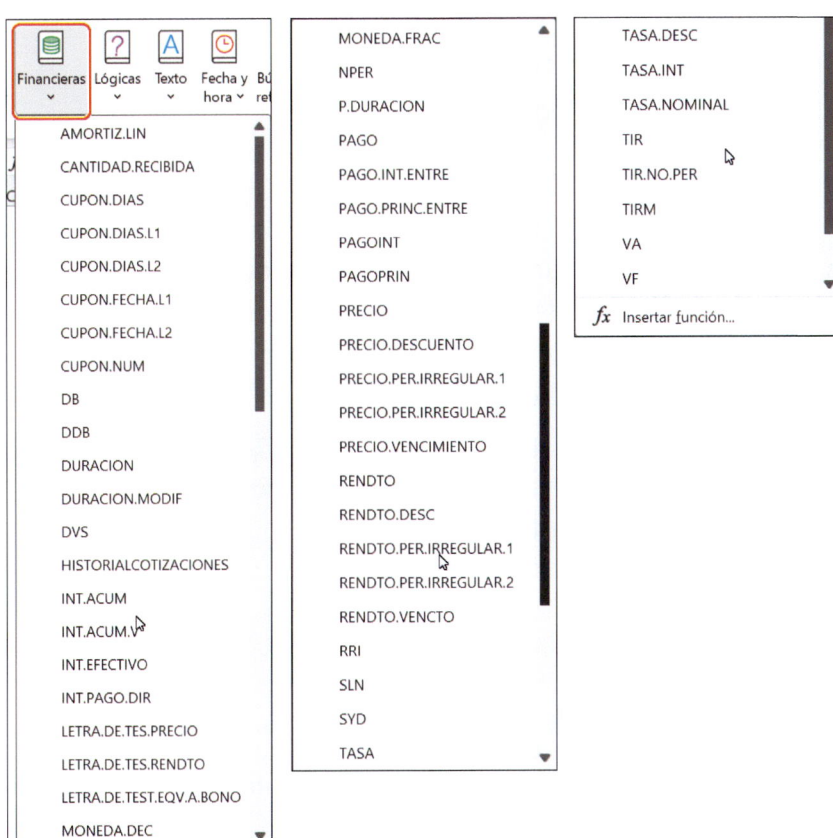

A través de pequeños ejemplos vamos a ir viendo las más utilizadas.

2.9.1. Valor final o valor futuro (VF)

Devuelve el valor futuro (VF) de una inversión, equivalente a los pagos periódicos constantes a una tasa de interés también constante.

El resultado proporcionado por esta función lo obtenemos también con la siguiente fórmula:

$$VF = a \times \frac{(1 + i)^n - 1}{i}$$

Donde:

- a: importe constante de la operación.

- n: tiempo que dura la operación.

- i: tipo de interés aplicado a la operación.

También nos permite averiguar el valor de un determinado capital en un momento futuro con respecto al momento actual. Respondería a la siguiente fórmula:

$$VF = VA \times (1 + i)^n$$

Donde VA es el valor actual del capital correspondiente.

La sintaxis de la función es la siguiente:

$$=VF(tasa;nper;pago;va;tipo)$$

Ejemplo:

Inviertes 500 € mensuales en una entidad financiera que paga el 0,15 % de interés mensual. ¿Cuánto dinero tendrás ahorrado al cabo de cinco años?

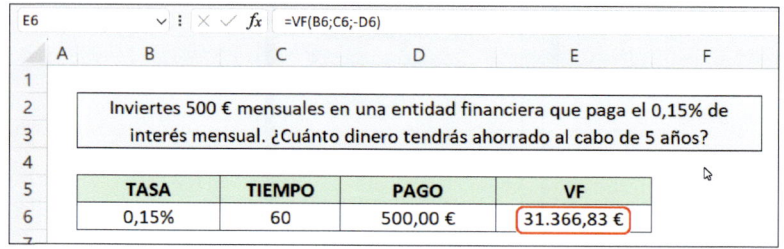

2.9.2. Valor actual (VA)

Devuelve el valor actual (VA) de un flujo de capitales futuro que se percibirán en varios periodos. En el cálculo realizado no se tiene en cuenta la inflación, incertidumbre...

El resultado proporcionado por esta función lo obtenemos también con la siguiente fórmula:

$$VA = a \times \frac{1 - (1 + i)^{-n}}{i}$$

© Ediciones Paraninfo

También nos permite averiguar el valor que hace equivalente en el momento actual a otro capital en el futuro. Respondería a la siguiente fórmula:

$$VA = VF \times (1 + i)^{-n}$$

La sintaxis de la función es la siguiente:

=VA(tasa;nper;pago;vf;tipo)

Ejemplo:

Inviertes 500 € mensuales durante cinco años en una entidad financiera que paga el 0,15 % de interés mensual. ¿Cuánto representan estas mensualidades a día de hoy?

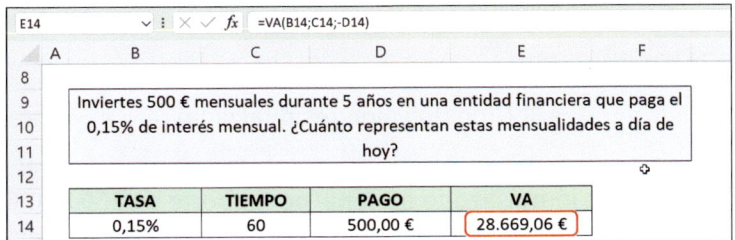

2.9.3. Pago (PAGO)

Es una de las funciones más utilizadas en el ámbito financiero, ya que permite calcular la cuota de un préstamo bajo el sistema francés o de cuota constante.

El resultado proporcionado por esta función lo obtenemos también con la siguiente fórmula:

$$Cuota = VA \times \frac{i \times (1 + i)^n}{(1 + i)^n - 1}$$

La sintaxis es la siguiente:

=PAGO(tasa;nper;va;vf;tipo)

Ejemplo:

Quieres solicitar un préstamo a una entidad bancaria por un importe de 175 000 € para la compra de una vivienda. El tipo de interés anual fijo que establece la entidad es del 3 %, a pagar con cuotas anuales durante treinta años. ¿Cuál sería la cuota anual del préstamo?

E22		f_x =PAGO(B22;C22;-D22)			
	A	B	C	D	E	F

Quieres solicitar un préstamo a una entidad bancaria por un importe de 175.000 € para la compra de una vivienda. El tipo de interés anual fijo que establece la entidad es del 3%, a pagar con cuotas anuales durante 30 años. ¿Cuál sería la cuota anual del préstamo?

TASA	TIEMPO	VA	PAGO
3,00%	30	175.000,00 €	8.928,37 €

Como sabes, los préstamos no se suelen pagar con anualidades, sino que se pagan con mensualidades, por lo que sería preciso establecer la tasa y el tiempo en meses para poder calcular una cuota mensual.

2.9.4. Depreciación (SLN)

Calcula la depreciación de un bien, a través del método directo, en un tiempo determinado.

El resultado proporcionado por esta función lo obtenemos también con la siguiente fórmula:

$$Depreciación = \frac{Valor\ Bien - Valor\ Residual}{Vida\ útil}$$

La sintaxis es la siguiente:

$$=SLN(costo;valor\_residual;vida)$$

Ejemplo:

Una empresa compra un inmovilizado material por importe de 250 000 €, el cual será depreciado por el método directo en diez años. Se estima que el valor residual del bien al final de su vida útil será de 20 000 €. ¿Qué importe se depreciará anualmente?

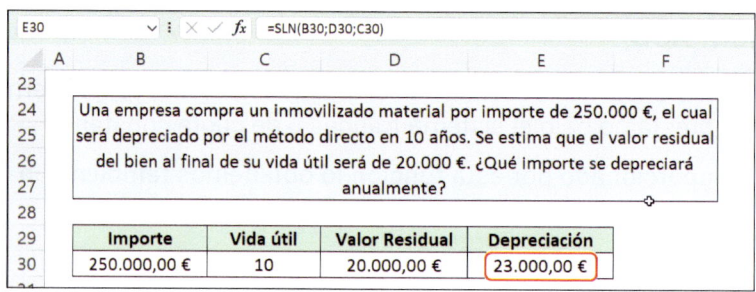

2.9.5. Interés efectivo (INT.EFECTIVO)

Calcula el interés anual efectivo equivalente a un interés nominal dado. También se le llama TAE.

La expresión matemática que nos permite calcular esto es:

$$i = (1 + i_k)^k - 1 = \left(1 + \frac{J_k}{k}\right)^k - 1$$

Donde:

- i: interés anual efectivo.

- k: periodicidad dentro del año (mensual=12; bimestral=2; trimestral=3...).

- i_k: interés periodal (i_{12}=interés mensual; i_4=interés trimestral...).

- J_k: interés nominal anual.

La sintaxis es la siguiente:

=INT.EFECTIVO(tasa_nominal;núm_per_año)

Ejemplo:

Una entidad financiera nos aplica en un préstamo un interés nominal anual del 4 %. Sabiendo que la periodicidad de las cuotas es mensual, ¿cuál sería el interés efectivo anual correspondiente?

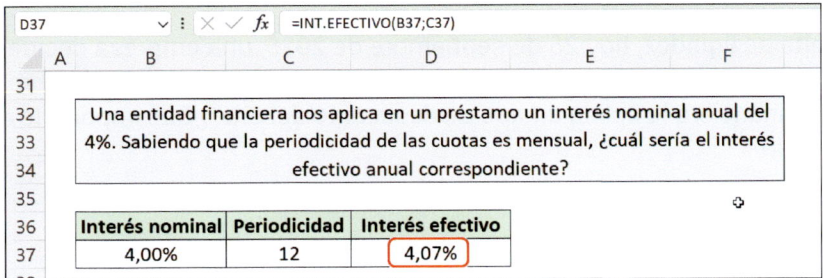

2.9.6. Efectivo (PRECIO.DESCUENTO)

Calcula el efectivo recibido de un capital llevado al descuento.

La expresión matemática que nos permite calcular esto es:

$$E = N - Dc = N - (N \times d \times n) = N \times (1 - d \times n)$$

Donde:

- N: nominal del capital que vence en el momento n.

- D_c: descuento comercial.

- d: tanto unitario simple anual que nos exige la entidad financiera por adelantar el dinero.

- n: tiempo en año que media entre la fecha de negociación y la fecha de vencimiento.

La sintaxis es la siguiente:

=PRECIO.DESCUENTO(liquidación;vencimiento;descuento;amortización;base)

En el campo *base* se indica el sistema que se va a emplear: año comercial 360 o natural 365, si se cuentan días reales o días con meses de 30. Las opciones son las siguientes:

Base	Base para contar días
0 u omitido	US (NASD) 30/360
1	Real/real
2	Real/360
3	Real/365
4	Europea 30/360

Ejemplo:

Ante la falta de liquidez, hoy 25 de septiembre de 2025, una empresa decide descontar en su entidad financiera una letra de 1000 €, que vence el 25 de noviembre de 2025. La entidad financiera le aplica un tipo de descuento del 8 %. ¿Qué importe le abonarán en su cuenta?

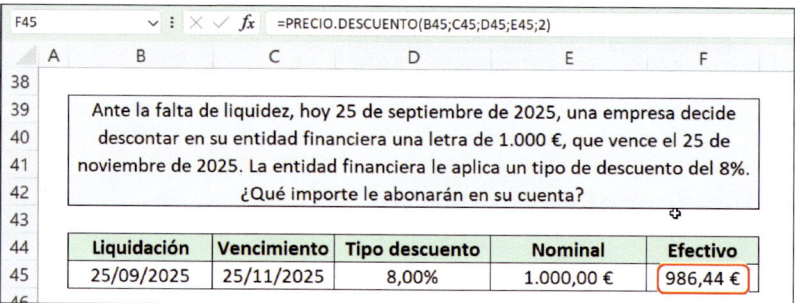

2.10. Funciones matemáticas y en cadenas

En el módulo 1 te hemos explicado algunas de las funciones matemáticas, estadísticas, lógicas y de búsqueda. A continuación, y sin ánimo de ser exhaustivos, porque tal y como te explicamos las funciones disponibles en Excel son muchas, te vamos a explicar otras funciones que, aunque algunas de ellas no son estrictamente de contenido matemático, son de gran utilidad en el trabajo con hojas de cálculo.

Además, te explicaremos cómo establecer varias funciones en una misma fórmula, es decir, **concatenación de funciones** o **funciones en cadenas**.

2.10.1. Funciones

Aunque ya conoces varias funciones que son de gran ayuda en el trabajo con Excel, ahora te explicaremos otras que también pueden serlo.

■ **SI.CONJUNTO**. A partir de la versión 2019 de Excel apareció esta función, que realiza lo mismo que la anidación de varias funciones SI, pero se simplifica la fórmula, por lo que es mucho más sencillo aplicarla. Los argumentos de esta función son los siguientes:

=SI.CONJUNTO(prueba_lógica1;valor_si_verdadero1;prueba_lógica2;valor_si_verdadero2;prueba_lógica3;valor_si_verdadero3...)

Ejemplo:

=SI.CONJUNTO(R9>=9;"SB";R9>=7;"NT";R9>=6;"BI";R9>=5;"SU";VERDADERO;"IN")
→ La función va comprobando el valor de la celda R9, devolviendo: "SB" si es mayor o igual que 9; "NT" si es mayor o igual que 7; "BI" si es mayor o igual que 6; "SU" si es mayor o igual que 5 e "IN" cuando no se cumpla ninguna de las condiciones anteriores.

Debes tener en cuenta que esta función permite establecer hasta **127 condiciones diferentes**.

Cuando se anidan varias funciones SI, o se utiliza la función SI.CONJUNTO, las condiciones deben especificarse en el orden correcto y, en ocasiones, pueden ser difíciles de generar, probar y actualizar.

■ **SUMAR.SI.CONJUNTO**. Esta función es similar a SUMAR SI, pero permite incluir diferentes condiciones para obtener un solo resultado al realizar la suma correspondiente. Los argumentos de esta función son:

=SUMAR.SI.CONJUNTO(rango_suma;rango_criterios1;criterio1;rango_criterios2;criterio2;...)

Ejemplo:

=SUMAR.SI.CONJUNTO(B2:B9;C2:C9;"=A*";D2:D9;"Ana"))→ Suma (columna B) lo que en la columna C comience por la letra "A" y en la columna D figure "Ana".

■ **CONTAR.SI.CONJUNTO**. Aplica criterios a las celdas de varios rangos y cuenta el número de veces que se cumplen todos los criterios. Los argumentos de esta función son:

=CONTAR.SI.CONJUNTO(rango_criterios1;criterio1;rango_criterios2;criterio2;...)

Ejemplo:

=CONTAR.SI.CONJUNTO(B2:B7;"<5";C2:C7;"<15/10/2024")→ Cuenta cuántas filas tienen números menores que 5 en las celdas de la B2 a la B7 y, además, cuántas filas tienen fechas anteriores al 15/10/2024 en las celdas de la C2 a la C7.

■ **PROMEDIO.SI.CONJUNTO**. Nos muestra el promedio de todas las celdas que cumplen múltiples criterios. Los argumentos de esta función son:

=PROMEDIO.SI.CONJUNTO(rango_promedio;rango_criterios1;criterio1;rango_criterios2;criterio2;...)

- **REDONDEAR**. Esta función redondea un número a un número de decimales especificado. Los argumentos de esta función son:

=REDONDEAR(número;núm_decimales)

Ejemplo:

=REDONDEAR(B5;3)→ Redondea el número establecido en la celda B5 a tres decimales.

2.10.2. Funciones en cadenas

En algunos casos es necesario que se deba usar una función como uno de los argumentos de otra función. A esto se le llama funciones en cadena o **funciones anidadas**.

Por ejemplo, fíjate en la siguiente fórmula:

=SI(PROMEDIO(B2:B10)>100;SUMA(D2:D10);0)

La función PROMEDIO y la función SUMA están anidadas dentro de la función SI (la primera evalúa el valor verdadero y la segunda evalúa el valor falso).

La sintaxis para las funciones en cadenas variará considerablemente, ya que las combinaciones para unir funciones son casi ilimitadas. Sin embargo, debes tener en cuenta que Excel no permite anidar más de 64 funciones.

Es preciso que tengas en cuenta que las funciones anidadas no empiezan siempre por la función SI. Observa la siguiente fórmula:

=BUSCARV(BUSCARV(A2;EMPLEADOS;2);SUBIDA;2)

En este caso anidamos una función de búsqueda como argumento de otra función de búsqueda.

Como puedes comprobar, las opciones son múltiples y muy variadas.

2.11. Bases de datos y formularios

Seguramente has cumplimentado un formulario en papel a través de una web o un formulario de Acrobat (PDF), así que sabes a qué nos estamos refiriendo cuando hablamos de formularios. Estos formularios contienen instrucciones precisas de lo que se debe escribir y, además, suelen contener los recuadros necesarios para introducir los datos.

Los formularios en Excel no son tan diferentes del resto de formularios, ya que, de igual manera, disponen de los espacios necesarios para introducir los datos. Además, habitualmente, estos formularios utilizan objetos especiales, conocidos como controles de formulario, que son precisamente los que permiten agregar campos de texto, listas, botones de opción, etcétera.

Existen tres tipos de formularios en Excel:

- **Formulario de datos**. A través de él se puede mostrar al usuario la información de una sola fila de una tabla. En este formulario se puede hacer la edición de la información y, además, crear un nuevo registro en la tabla de datos o base de datos.

- **Hojas de cálculo con controles de formulario o controles ActiveX**. Ya que las celdas de una hoja de cálculo sirven para introducir información, se puede pensar en una hoja como un gran formulario. De esta manera, si se agregan controles de formulario a la hoja de cálculo, se podrán crear formularios de entrada de datos muy útiles.

- **Formularios de usuario en VBA**. Estos formularios también conocidos como *User-Form*, y son cuadros de diálogo que hacen uso de controles de formulario para solicitar información al usuario. Estos formularios son creados desde el editor de Visual Basic y administrados desde código VBA.

A lo largo de este apartado aprenderemos los dos primeros formularios.

2.11.1. Formulario de datos

Crear un formulario en Excel para añadir datos facilita muchísimo la tarea de mostrar o escribir filas enteras de información. Básicamente se encarga de mostrar la totalidad de las columnas para permitir que, los datos de una fila, se vean al mismo tiempo y de la misma manera.

Por defecto, Excel no visualiza el icono que se utiliza para crear un formulario de datos. Con la explicación que te vamos a dar a continuación lo añadiremos en la barra de herramientas de acceso rápido. Para ello:

1. Abre un nuevo libro de trabajo de Excel.

2. En la barra de herramientas de acceso rápido, pulsa en el menú desplegable situado a la derecha, y selecciona la opción *Más comandos...* tal y como se muestra en la siguiente imagen:

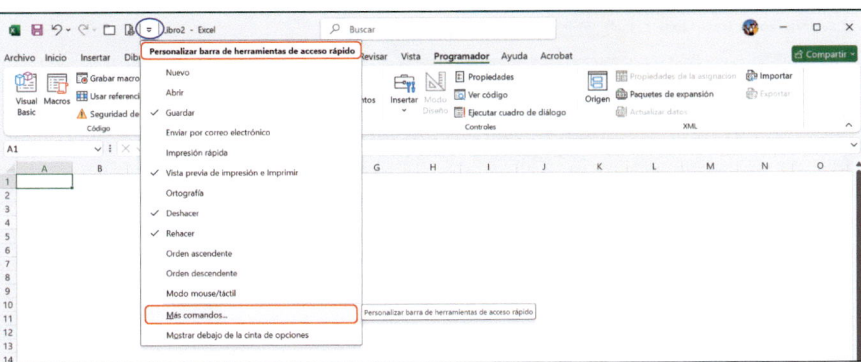

3. En el cuadro de diálogo que aparece, despliega el cuadro *Comandos disponibles en:* y selecciona la opción *Todos los comandos*.

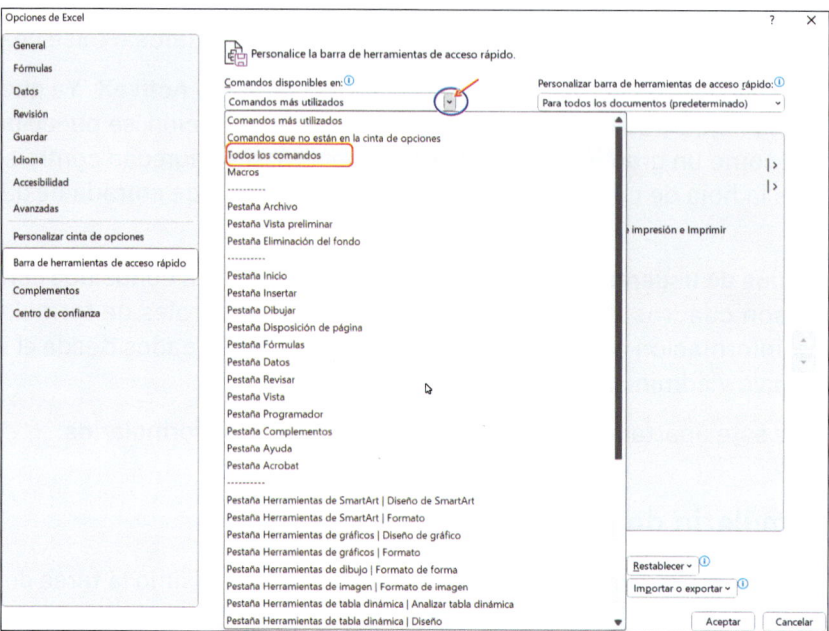

4. Desplázate por el cuadro de la izquierda hasta encontrar la opción *Formulario...* (las opciones están ordenadas alfabéticamente). Una vez que lo hayas encontrado, pulsa el botón *Agregar >>* y verás que el icono aparece en el cuadro de la derecha.

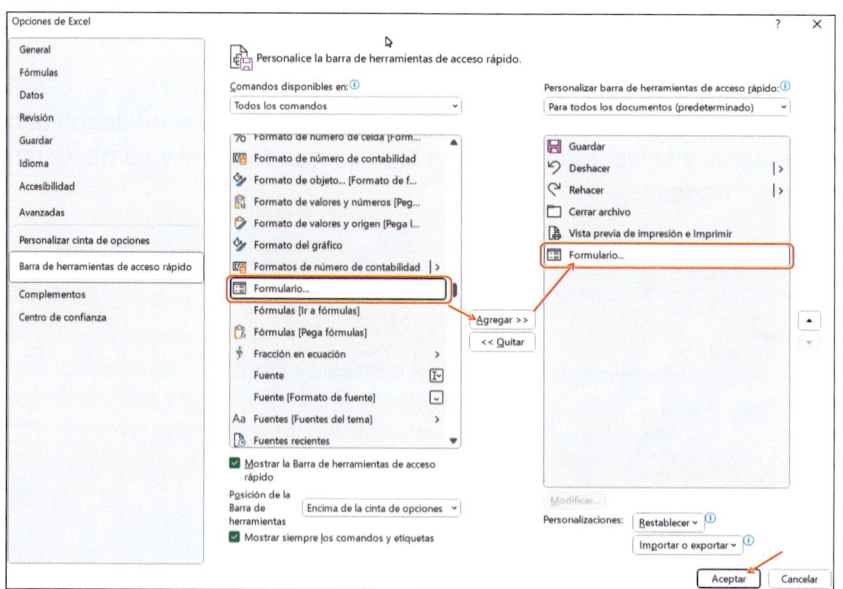

5. Al pulsar el botón *Aceptar* tendrás agregado el icono *Formularios* en la barra de herramientas de acceso rápido.

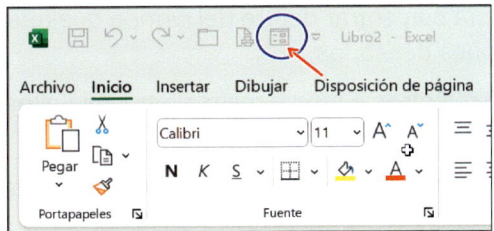

Ahora ya podemos empezar a trabajar con formularios, y lo vamos a hacer a través de un pequeño ejemplo.

Una empresa dispone de la siguiente información de sus empleados/as:

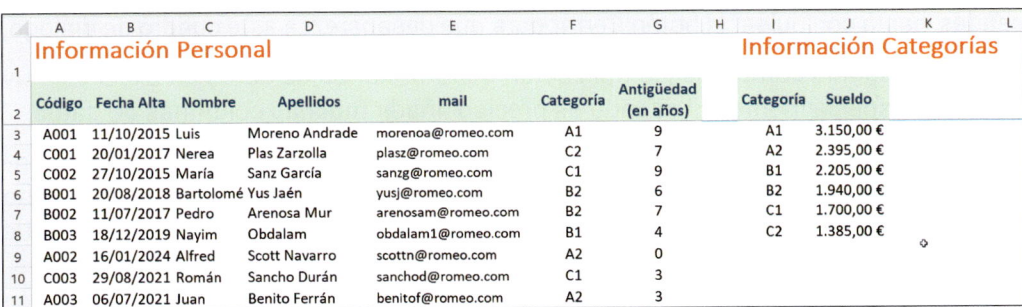

Si queremos introducir más trabajadores a través de la opción formulario, solamente tenemos que colocarnos dentro de alguna celda que contiene la información de los estos y pulsar sobre el icono que hemos añadido en la barra de herramientas de acceso rápido. Al hacerlo, podrás comprobar que aparece un cuadro de diálogo como el que se puede ver en la siguiente imagen.

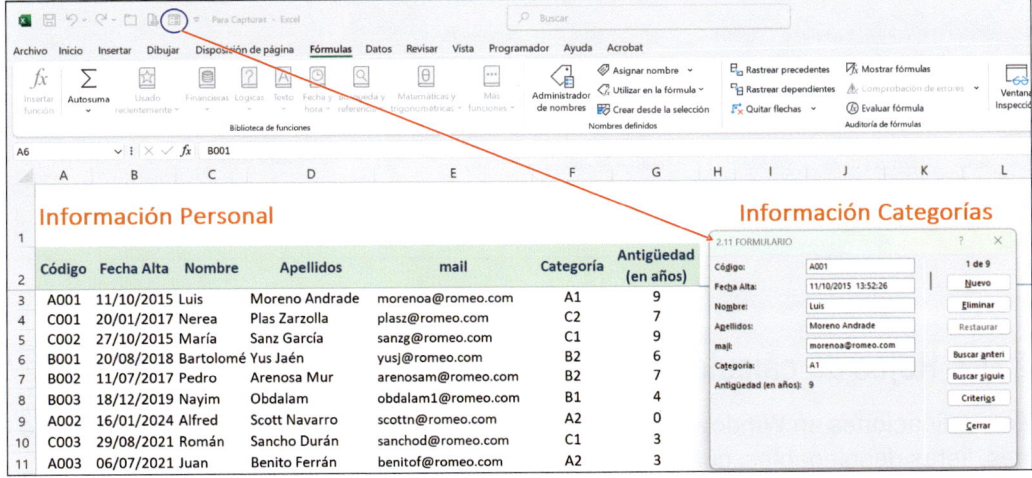

Como puedes ver, el título de las columnas los considera como campos y cada una de las filas son los registros de la tabla. Desde este cuadro de diálogo podrás:

- Modificar datos. Basta con entrar dentro del campo que queremos modificar y realizar las modificaciones deseadas.

- Desplazarse por los registros. Esto se realiza a través de los botones *Buscar anterior* y *Buscar siguiente*.

- Eliminar registros. Solo tenemos que posicionarnos en el registro deseado y pulsar sobre el botón *Eliminar*.

- Añadir registros. Pulsando sobre el botón *Nuevo*.

- Buscar registros. A través del botón *Criterios*.

Una vez que se ha terminado de añadir registros, o de realizar las modificaciones deseadas, basta con pulsar el botón *Cerrar* para que desaparezca este cuadro de diálogo.

Como has podido comprobar, la utilización de formularios de datos en Excel es muy sencilla y especialmente útil cuando es preciso añadir muchas columnas de datos.

Sin embargo, ¿qué sucedería si alguna de las columnas de la tabla con los datos contiene alguna fórmula? El formulario detecta que ese campo contiene una fórmula y no nos dejará acceder a este, tal y como puedes comprobar en la siguiente imagen, que en el formulario no deja acceder al campo *Antigüedad*.

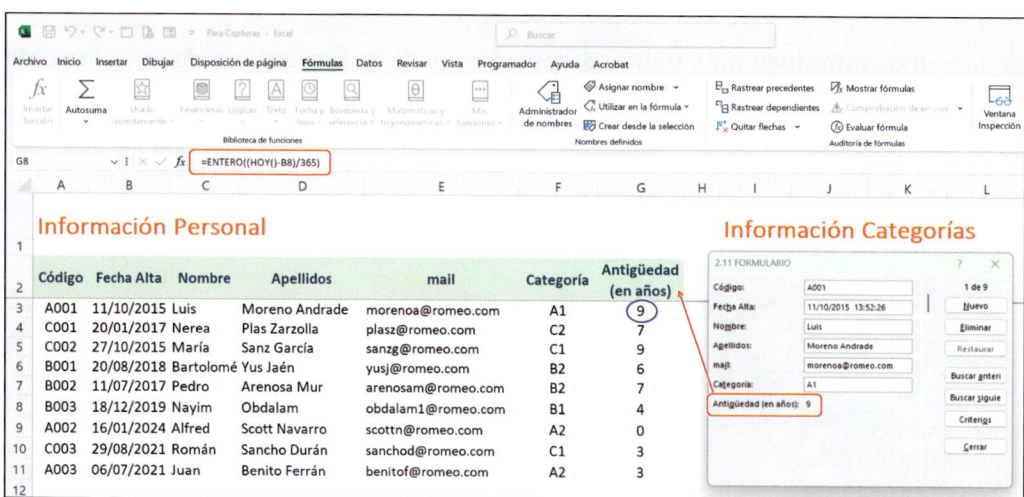

2.11.2. Hojas de cálculo con controles de formulario

Las aplicaciones en Windows suelen tener algunos elementos comunes como: botones, listas desplegables, cuadros combinados, casillas de verificación, etcétera.

Los controles de formulario de Excel son objetos que se pueden insertar en las hojas de cálculo para crear formularios de una gran funcionalidad. Su uso y configuración no precisa de conocimientos de programación y, con el diseño adecuado, permiten crear la apariencia de una aplicación en una hoja de cálculo o, simplemente, facilitar su uso.

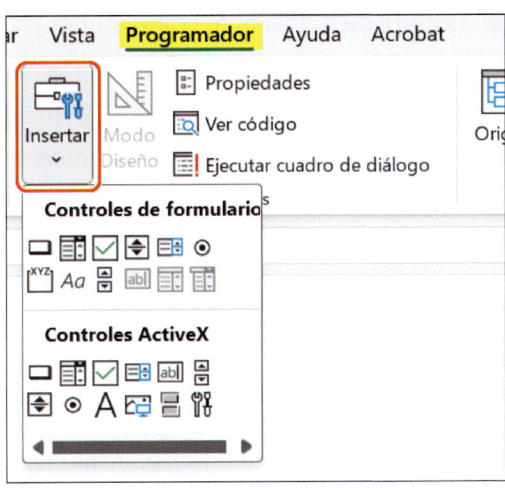

Al igual que sucedía con los formularios, por defecto Excel no muestra la opción desde la cual se insertan los controles de formulario, ya que se realiza a través de la ficha *Programador*. En el apartado 2.7, cuando te hemos explicado las macros, has podido ver cómo activar esta ficha.

De todas las opciones disponibles en la ficha *Programador*, solamente nos van a interesar las que están dentro del grupo *Controles*.

Los controles de formulario disponibles en el icono *Insertar* son los que se pueden ver en la siguiente imagen.

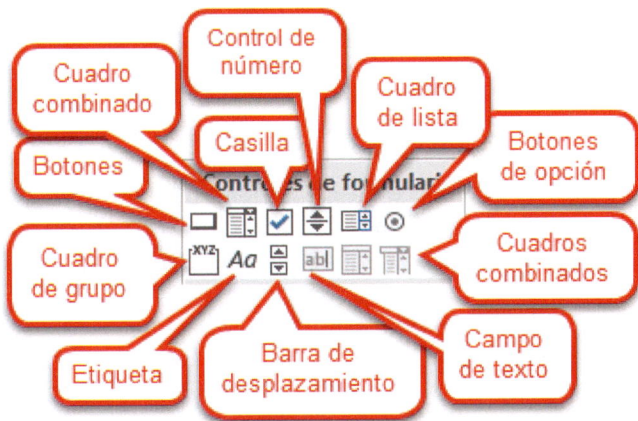

Cada control tiene una función específica, por lo que los parámetros que requiere son distintos entre ellos. Cada uno de estos controles sirve para lo siguiente:

- *Botón*. Permite ejecutar una macro cuando se hace clic sobre él.

- *Cuadro combinado*. Es una combinación de un cuadro de texto con un cuadro de lista.

- *Casilla*. También conocida como casilla de verificación; permite la selección o no de una opción.

- *Control de número*. Ayuda a aumentar o disminuir un valor numérico.

- *Cuadro de lista*. Muestra una lista de valores de los cuales se puede elegir una única opción, o múltiples opciones, según cómo se haya configurado.

- *Botón de opción*. Permite una única selección dentro de un conjunto de opciones.

- *Cuadro de grupo*. Agrupa varios controles dentro de un rectángulo.

- *Etiqueta*. Permite especificar un texto.

- *Barra de desplazamiento*. Al hacer clic en las flechas, se va desplazando la barra dentro de un intervalo predefinido.

Los tres últimos iconos (*Campo de texto, Cuadro combinado de lista* y *Cuadro combinado desplegable*) no están disponibles en esta versión de Excel, aunque si algún usuario necesitara su funcionalidad, podría utilizar *Controles ActiveX*.

Los controles se insertan en la hoja de cálculo siempre del mismo modo:

1. Pulsamos el icono *Insertar* del grupo *Controles* y seleccionamos el control deseado.

2. Se dibuja con el cursor el tamaño que va a tener el control sobre la hoja de cálculo. En la imagen siguiente se puede observar la inserción de un control de número.

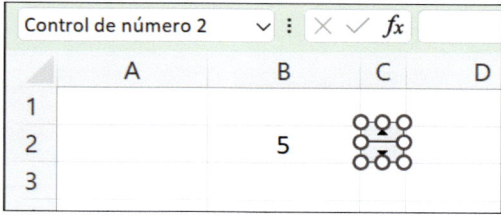

3. Pulsando con el botón derecho del ratón encima del control, se accede al menú contextual. En todos ellos disponemos de la opción *Formato de control*, desde donde se podrán establecer las propiedades del objeto insertado.

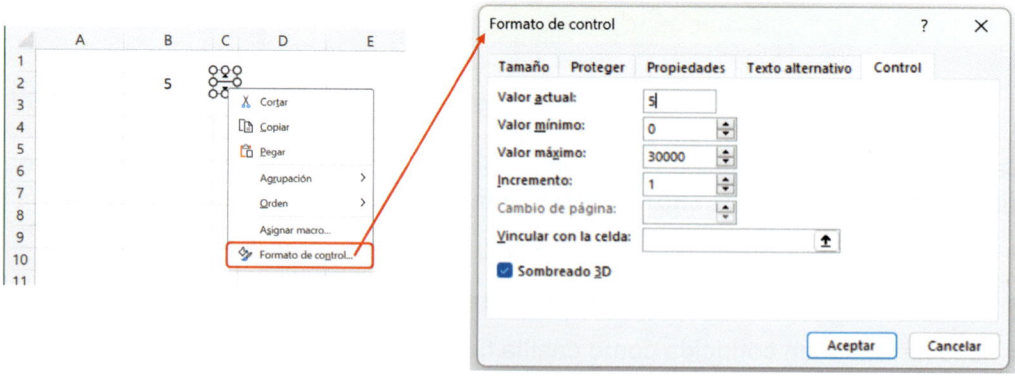

4. En función del control insertado, las opciones disponibles serán unas u otras. En el caso del ejemplo, se puede vincular el control a una celda para que su valor aumente o disminuya al pulsar sobre las flechas. De la misma forma, se pueden establecer los valores mínimos y máximos y cuánto es el incremento cuando se pulsa sobre el control.

2.12. Uso y creación de menús

Ya sabes cómo está distribuida el área de trabajo de Excel, en la que encontramos los siguientes elementos:

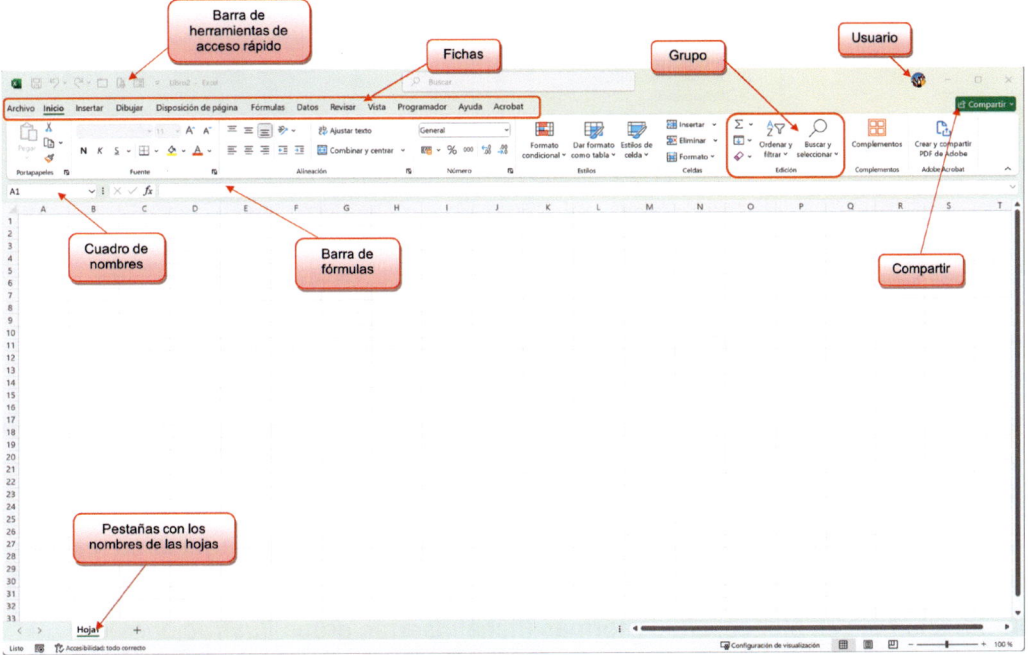

En la parte superior de la pantalla observamos los nombres de las diversas fichas disponibles (también llamadas pestañas), fichas que nos permitirán acceder a las diferentes funciones de la aplicación. Cuando pulsamos en una de ellas, se abren distintos botones en una cinta de opciones, situada bajo los nombres identificativos de las fichas. Dichos botones se agrupan en grupos con una cierta unidad lógica. Así, por ejemplo, en la ficha *Inicio* disponemos de los grupos *Portapapeles, Fuente, Alineación*, etcétera.

Todas las opciones de las fichas son personalizables a través de las *Opciones de Excel*, disponible desde la ficha *Archivo*. Una vez seleccionada esta opción, basta con acceder a *Personalizar cinta de opciones*, tal y como puedes ver en la siguiente imagen:

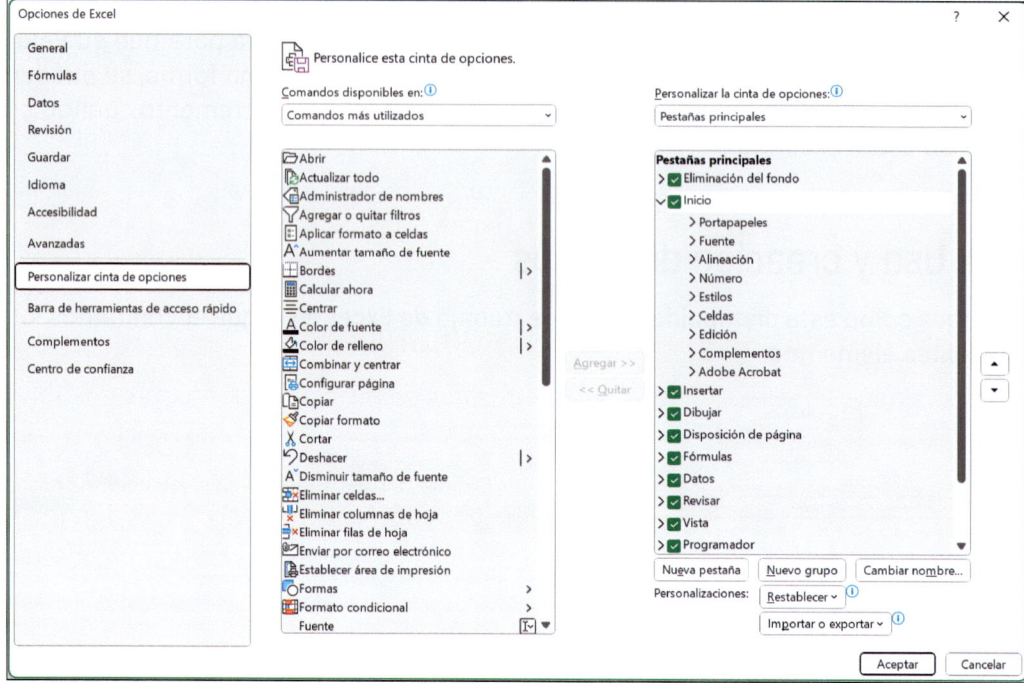

A través de los botones *Agregar >>* y *<< Quitar* se pueden personalizar las distintas fichas o pestañas.

No obstante, en Excel se pueden crear menús de navegación interactivos, tanto con programación Visual Basic como utilizando botones, hipervínculos y diversas opciones de formato.

Crear un botón al que se le asocia un hipervínculo (o una macro) es una tarea realmente sencilla, basta con seguir estos pasos:

1. En una hoja en blanco, añadir formas (ficha *Insertar*, grupo *Ilustraciones*).

2. Dar formato (colores, líneas, rellenos...) a los diferentes elementos a través de la ficha *Formato*.

3. Si se han añadido varios elementos de dibujo, es recomendable agruparlos. Para ello, es necesario seleccionarlos, pulsar el botón derecho del ratón y seleccionar la opción *Agrupar*.

4. Añadir a cada elemento de dibujo un vínculo. Podemos crearlo a través del grupo *Vínculos* de la ficha *Insertar*, o bien a través de la opción *Vínculo* cuando pincho con el botón derecho del ratón encima del dibujo.

En cualquiera de los dos casos se abrirá el cuadro de diálogo que puedes ver en la siguiente imagen:

© Ediciones Paraninfo

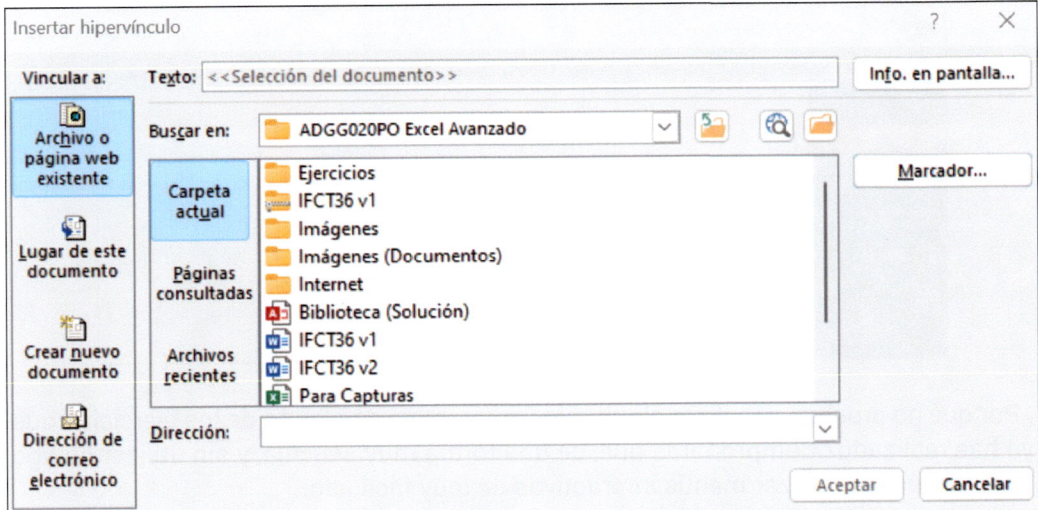

Las opciones disponibles son:

 A través de esta opción se inserta un hipervínculo a un archivo o a una web, pudiendo elegir entre tres opciones diferentes.

 Este tipo de hipervínculo funciona de forma similar al descrito anteriormente con la diferencia de que el hipervínculo nos permitirá desplazarnos a las distintas hojas del libro de trabajo (o a los diferentes nombres que hayamos creado).

 Este icono nos permite crear un hipervínculo a un documento que aún no hemos creado.

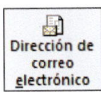 Tal y como se desprende de su nombre, gracias a este icono podremos insertar un hipervínculo a una dirección de correo electrónico.

5. Habitualmente suele ser recomendable no mostrar la barra de fórmulas, los encabezados y las líneas de cuadrícula. Todo ello es configurable a través del grupo *Mostrar* de la hoja *Vista*.

6. Además, si todas las hojas del libro de trabajo están con hipervínculos, podrías llegar a no mostrarlas. Para ocultarlas, debes ir a las *Opciones de Excel*, y en la opción *Avanzadas*, desmarcar la opción *Mostrar pestañas de hoja*.

En la siguiente imagen puedes ver un ejemplo de menú interactivo que, gracias a las cuatro opciones creadas en la zona de la izquierda, te permitiría ir desplazándote por las diferentes hojas del libro.

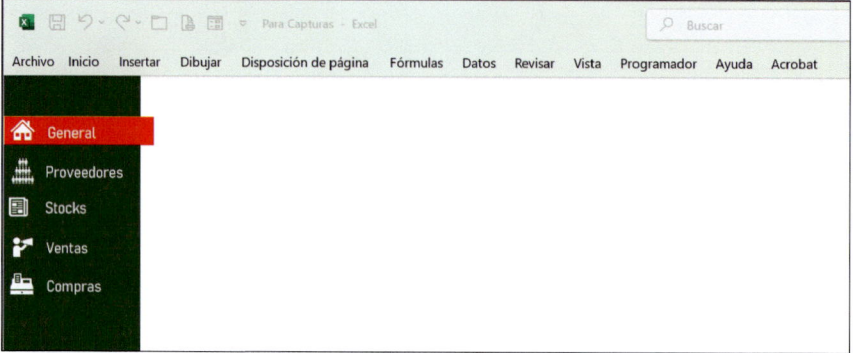

¿Por qué no pruebas a realizar algún menú interactivo de alguno de los ejercicios que ya has realizado? Comprobarás que, de una forma muy sencilla, y sin utilizar código VBA, se pueden realizar menús interactivos de muy fácil uso.

2.13. Uso y creación de plantillas

Excel proporciona diversas plantillas para facilitar la elaboración de nuestros documentos. Mediante la ficha *Archivo* y la opción *Nuevo* accedemos a un cuadro de selección de plantillas desde el que podemos no solo escoger una de las plantillas guardadas en nuestro equipo, sino también descargar plantillas de una extensa colección disponible en *Buscar plantillas en línea*.

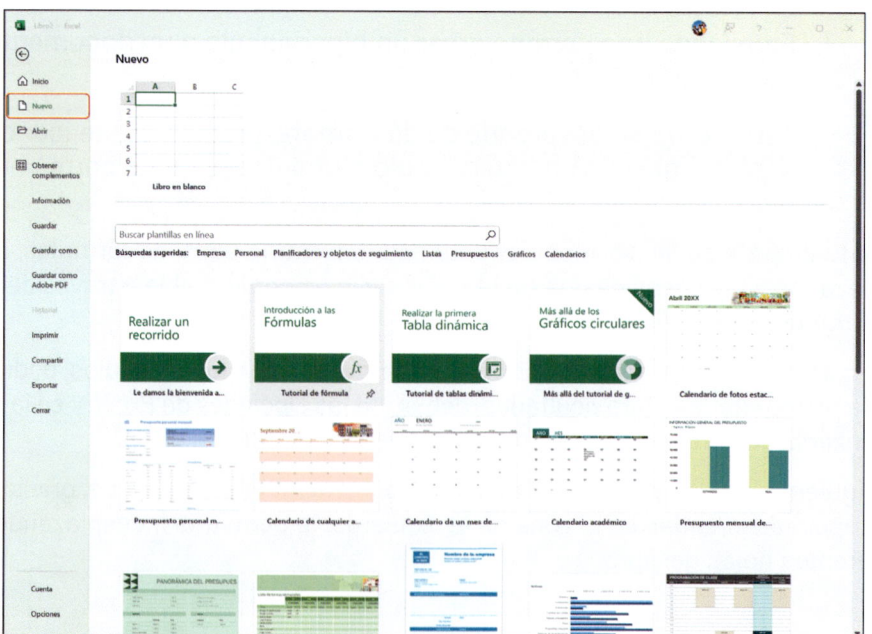

Si queremos guardar un documento como plantilla de Excel, acudimos a la opción *Guardar como* (ficha *Archivo*) y escogemos en el formato "Plantilla de Excel". Esta se guardará en la carpeta de *Plantillas* con extensión .xltx (C:\Users\...\Documents\Plantillas personalizadas de Office).

2.14. Gestión de la base de datos

En el apartado 2.11 te hemos explicado cómo crear un formulario y trabajar con los datos introducidos en él.

En ocasiones, de la base de datos en donde se guarda la información introducida es necesario realizar determinados cálculos. Para ello, se utilizan las funciones de bases de datos.

Excel tiene doce funciones de base de datos, siendo las siguientes:

- **BDPROMEDIO**: devuelve el promedio de los valores seleccionados de un campo de registros.

- **BDCONTAR**: cuenta las celdas que contienen números en un campo de registros.

- **BDCONTARA**: cuenta las celdas que no están vacías en un campo de registros.

- **BDEXTRAER**: extrae un único valor de un campo de registros que cumple con los criterios especificados.

- **BDMAX**: arroja el valor máximo de un campo de registros que cumple con los criterios especificados.

- **BDMIN**: arroja el valor mínimo de un campo de registros que cumple con los criterios especificados.

- **BDPRODUCTO**: multiplica los valores de un campo de registros.

- **BDDESVEST**: calcula la desviación estándar basándose en una muestra y usando los números de un campo de registros.

- **BDDESVESTP**: calcula la desviación estándar basándose en toda la población y usando los números de un campo de registros.

- **BDSUMA**: suma los valores de un campo de registros.

- **BDVAR**: calcula la varianza basándose en una muestra y usando los números de un campo de registros.

- **BDVARP**: calcula la varianza basándose en toda la población y usando los números de un campo de registros.

Como puedes observar to-
das las funciones que se
encuentran dentro de esta
categoría comienzan con
"BD" seguido de nombres
de algunas funciones co-
nocidas en Excel.

Además, si observas la
sintaxis de las funciones,
comprobarás que todas
tienen tres argumentos
obligatorios:

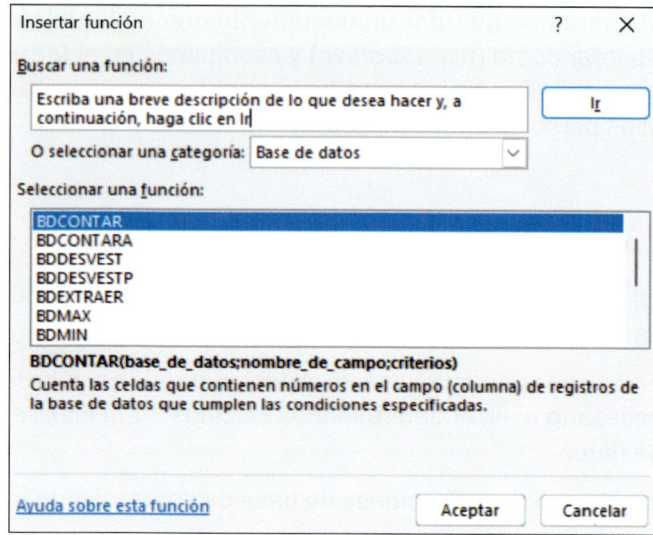

- *Base_de_datos*: es el conjunto de datos que serán
  incluidos como parte de
  la consulta. Obligatoriamente, la primera fila debe corresponder al encabezado, debiendo ser único. Si hubiera dos columnas que se llamen igual, la función usará siempre
  la columna que se encuentre a la izquierda.

- *Nombre_de_campo*: es el nombre, o número, de la columna sobre la que se realizará
  la operación. Por ejemplo: si se va a realizar una suma (utilizando para ello la función BDSUMA), este segundo parámetro sirve para indicar la columna en que se encuentran los elementos que podrían ser sumados.

- *Criterios*: permite indicar cuáles son los elementos que se deben tener en cuenta en
  el cálculo. Es preciso que tengan en cuenta que, si bien este elemento es obligatorio, se pueden seleccionar filas vacías (con al menos dos filas), de esta forma se to-
  marán todos los elementos de la base de datos.

Vamos a ir explicando algunas de las funciones de bases de datos con un ejemplo.

Imaginémonos que disponemos de la información de los trabajadores de la empresa,
tal y como se recoge en la siguiente imagen:

	A	B	C	D	E	F	G
1	Código	Fecha Alta	Nombre	Apellidos	Categoría	Antigüedad (en años)	Sueldo mes
2	A001	11/10/2015	Luis	Moreno Andrade	A1	9	3.150,00 €
3	C001	20/01/2017	Nerea	Plas Zarzolla	C2	7	1.385,00 €
4	C002	27/10/2015	María	Sanz García	C1	9	1.700,00 €
5	B001	20/08/2018	Bartolomé	Yus Jaén	B2	6	1.940,00 €
6	B002	11/07/2017	Pedro	Arenosa Mur	B2	7	1.940,00 €
7	B003	18/12/2019	Nayim	Obdalam	B1	4	2.205,00 €
8	A002	16/01/2024	Alfred	Scott Navarro	A2	0	2.395,00 €
9	C003	29/08/2021	Román	Sancho Durán	C1	3	1.700,00 €
10	A003	06/07/2021	Juan	Benito Ferrán	A2	3	2.395,00 €
11							

Dentro de la hoja de cálculo hemos preparado la siguiente estructura para extraer determinados datos (fíjate que el nombre de las columnas de la fila 12 es el mismo que el de la fila 1, ya que, si no lo fueran, la función daría un error):

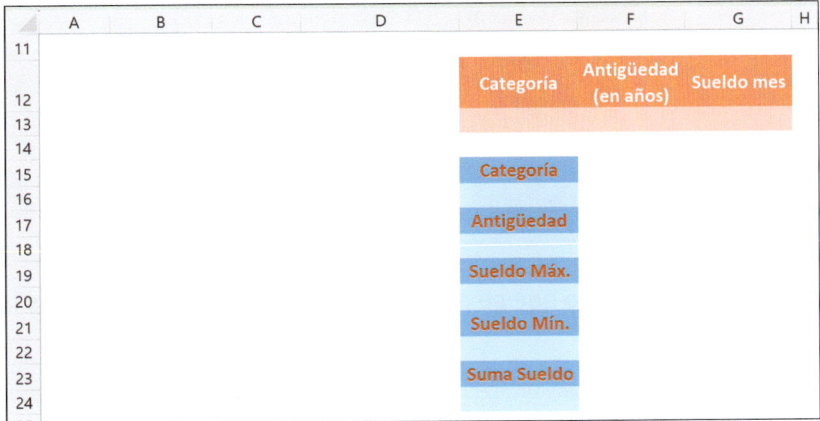

Queremos conocer la siguiente información:

■ Número de trabajadores que tienen la categoría C1. Dado que queremos contar datos de tipo texto, debemos utilizar la función BDCONTARA.

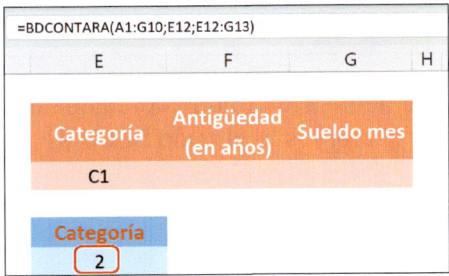

■ Número de trabajadores que tienen determinada antigüedad. Como el dato es numérico, utilizamos la función BDCONTAR. En la imagen siguiente puedes ver el número de trabajadores cuya antigüedad es superior a siete años.

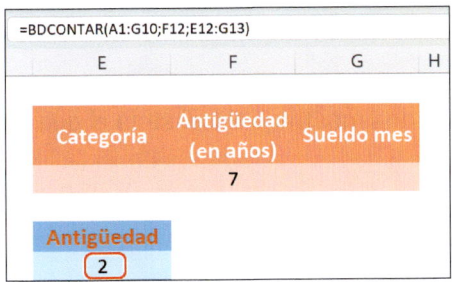

- Importe del sueldo máximo que se paga al mes. En este caso utilizamos la función BDMAX.

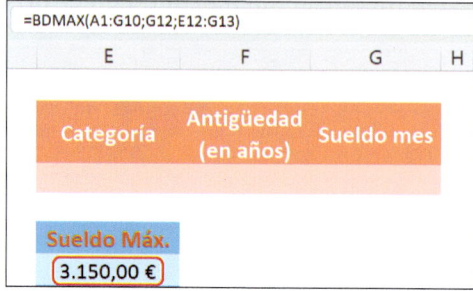

- Importe del sueldo mínimo que se paga al mes. En este caso utilizamos la función BDMIN.

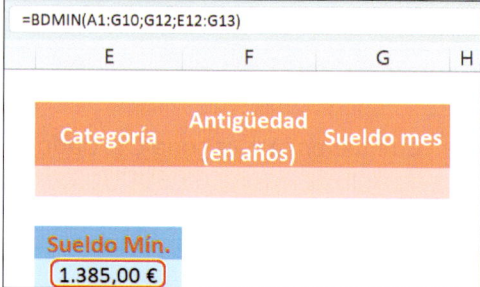

- Cuánto se paga mensualmente a los trabajadores que tienen categoría B2. Puesto que queremos sumar, utilizaremos la función BDSUMA.

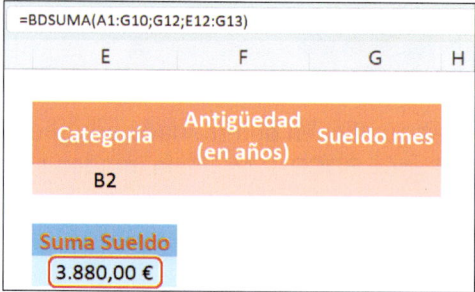

Si no se estableciera ningún dato en las celdas donde se establecen los criterios (E12:G13), el resultado que nos mostraría Excel sería el que se puede ver en la siguiente imagen.

	A	B	C	D	E	F	G	H
1	Código	Fecha Alta	Nombre	Apellidos	Categoría	Antigüedad (en años)	Sueldo mes	
2	A001	11/10/2015	Luis	Moreno Andrade	A1	9	3.150,00 €	
3	C001	20/01/2017	Nerea	Plas Zarzolla	C2	7	1.385,00 €	
4	C002	27/10/2015	María	Sanz García	C1	9	1.700,00 €	
5	B001	20/08/2018	Bartolomé	Yus Jaén	B2	6	1.940,00 €	
6	B002	11/07/2017	Pedro	Arenosa Mur	B2	7	1.940,00 €	
7	B003	18/12/2019	Nayim	Obdalam	B1	4	2.205,00 €	
8	A002	16/01/2024	Alfred	Scott Navarro	A2	0	2.395,00 €	
9	C003	29/08/2021	Román	Sancho Durán	C1	3	1.700,00 €	
10	A003	06/07/2021	Juan	Benito Ferrán	A2	3	2.395,00 €	
11								
12					Categoría	Antigüedad (en años)	Sueldo mes	
13								
14								
15					Categoría			
16					9			
17					Antigüedad			
18					9			
19					Sueldo Máx.			
20					3.150,00 €			
21					Sueldo Mín.			
22					1.385,00 €			
23					Suma Sueldo			
24					18.810,00 €			

El ejemplo que te hemos mostrado está realizado solamente con nueve registros, pero imagina las posibilidades que tienen estas funciones cuando son cientos o miles los registros que tienes en una base de datos.

Para finalizar, debes tener en cuenta que aunque haya muchas personas que utilizan Excel para almacenar información, eso no lo convierte en un sistema de gestión de bases de datos, siendo algunas de las desventajas las siguientes:

■ Solo un usuario puede acceder a la información al mismo tiempo.

■ Excel comenzará a funcionar lentamente cuando el volumen de información introducido en la base de datos empiece a crecer.

■ No es posible establecer un nivel de seguridad avanzado como en una base de datos.

2.15. Análisis de sensibilidad y creación de escenarios

Tal y como explicamos en el apartado 1.13, la herramienta de *Análisis de hipótesis* en Excel, dentro de la ficha *Datos*, se utiliza para analizar cómo afectan los cambios de valores de celdas en el valor resultado de una celda dependiente de dichos valores a través de fórmulas.

Excel incluye tres tipos de análisis de hipótesis: *Escenarios, Buscar objetivo* y *Tablas de datos*, aunque se pueden instalar complementos que ayuden a realizar *Análisis de hipótesis*.

En su momento te explicamos la opción *Buscar objetivo*; ahora te explicaremos las otras dos: ***Escenarios*** y ***Tablas de datos***.

2.15.1. Administrador de escenarios

El *Administrador de escenarios* de Excel es una herramienta que nos permite realizar un análisis de nuestros datos en el escenario del **qué pasaría si**.

Es frecuente, sobre todo en las entidades u organizaciones, analizar información para intentar predecir el futuro. Dicho futuro, que puede verse afectado por muchas situaciones y cada una de ellas es probable que suceda, haría que se modificasen determinados parámetros, que son los que interesa analizar en cada uno de los escenarios.

En este caso, se puede acudir a esta herramienta de Excel que permite revisar esos cambios en nuestras variables y mostrarnos cómo afectarían a nuestros resultados.

¡¡Veamos cómo realizar escenarios en Excel mediante un ejemplo!!

Tenemos información relacionada con los resultados de la venta de uno de nuestros artículos. Sin embargo, estamos evaluando posibles cambios que podrían darse en los precios, en los costes o en otros gastos. De esta forma, en una situación normal, nos encontraríamos con los siguientes datos:

	A	B		C	D	E		F	G
1									
2		Precio por unidad		55,00 €		Ingresos brutos		165.000,00 €	
3		Número de ventas		3.000		Coste de las ventas		105.000,00 €	
4		Coste por unidad		35,00 €		Beneficio bruto		60.000,00 €	
5		Gastos de comercialización		12.500,00 €		Gastos de comercialización		12.500,00 €	
6		Gastos generales		10.000,00 €		Gastos generales		10.000,00 €	
7						Beneficio neto		37.500,00 €	
8						% Bº Neto sobre Ingresos brutos		22,73%	
9									

A través del icono *Mostrar fórmulas* de la ficha *Fórmulas,* grupo *Auditoría de fórmulas,* vemos cuáles son las fórmulas que se han utilizado:

	A	B	C	D	E	F	G
1							
2	Precio por unidad		55		Ingresos brutos	=Precio_Unidad*Cantidad_Vendida	
3	Número de ventas		3000		Coste de las ventas	=Cantidad_Vendida*Coste_Unitario	
4	Coste por unidad		35		Beneficio bruto	=Ingresos-Coste_Total_Vtas	
5	Gastos de comercialización		12500		Gastos de comercialización	=Gtos_Comercialización	
6	Gastos generales		10000		Gastos generales	=Gtos_Generales	
7					Beneficio neto	=Bº_Bruto-Total_Gtos_Generales-Total_Gtos_Comercialización	
8					% Bº Neto sobre Ingresos brutos	=Bº_Neto/Ingresos	
9							
10					Ingresos brutos	165000	
11					Coste de las ventas	105000	
12					Beneficio bruto	60000	
13					Gastos de comercialización	12500	
14					Gastos generales	10000	
15					Beneficio neto	37500	
16					% Bº Neto sobre Ingresos brutos	0,227272727272727	
17							

Como puedes comprobar por la imagen anterior, se ha dado nombre a todas las celdas. Cuando se utiliza el *Administrador de escenarios*, es muy útil para identificar cada una de las celdas en el resumen.

De acuerdo con la información que nos da el mercado, podría haber modificaciones en los precios, costes y gastos generales, de tal forma que:

- Escenario 1: Tenemos una posibilidad de mejorar nuestro precio a 60 € mejorando nuestras estrategias de *marketing*, pero esto supondrá un incremento de los gastos de comercialización a 15 000 €.

- Escenario 2: Puede que la estrategia de *marketing* anterior no funcione y el precio de venta descienda a 45 €, pero manteniéndose el incremento de los gastos de comercialización en 15 000 €.

- Escenario 3: Con el escenario 2 pensamos que puede venir una reducción de nuestros gastos generales a 7000 €. Además, se reduciría la calidad del producto, por lo que el coste unitario del producto pasaría a 30 €.

¿Cómo quedarían nuestros beneficios en cada uno de los escenarios anteriores? Este análisis lo vamos a realizar a través de la opción *Administrador de escenarios*.

Para ello, en la ficha *Datos*, seleccionamos la opción *Análisis de hipótesis* y pinchamos en el *Administrador de escenarios*, tal y como se puede ver en la siguiente imagen:

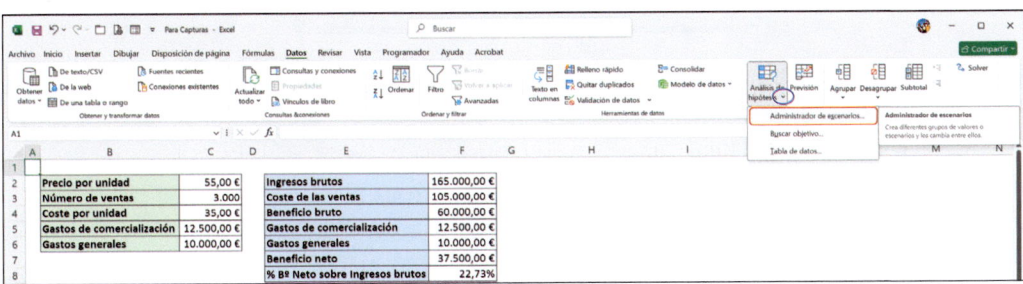

Nos aparecerá el cuadro de diálogo *Administrador de escenarios* y pulsamos sobre el botón *Agregar...*

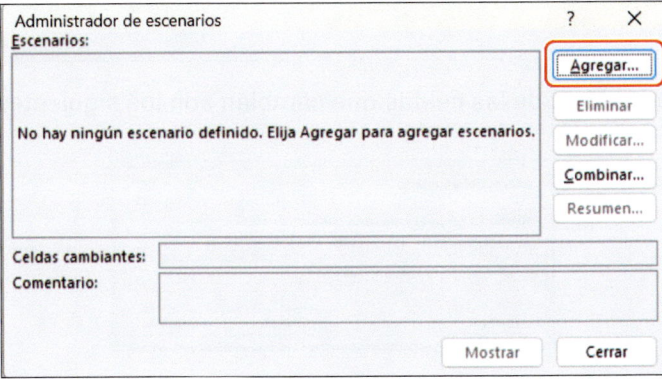

Vamos incorporando los cambios que tendrán nuestras variables en el escenario 1:

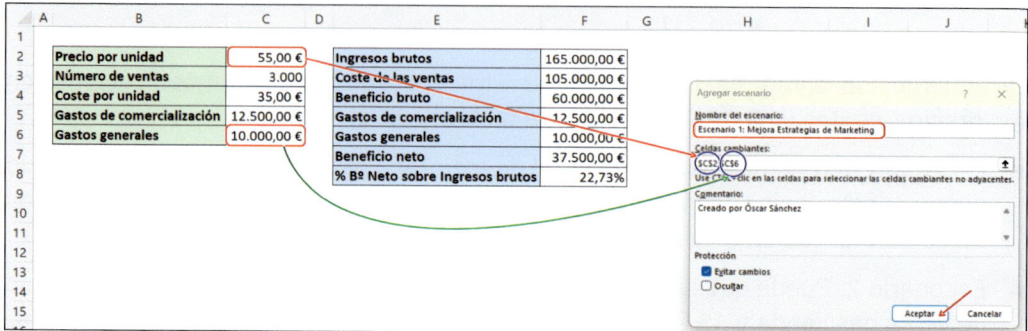

En el cuadro de diálogo que nos aparece al pulsar sobre el botón *Aceptar*, definimos los valores que tendrán las celdas cambiantes. Se prevé que el precio subiría a 60 € y los gastos de comercialización a 15 000 €.

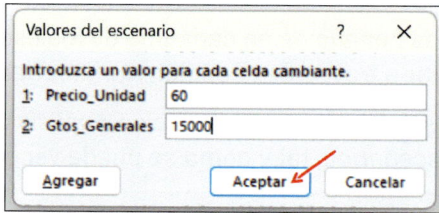

Ahora daremos de alta el escenario 2 de la misma forma que hemos hecho el anterior.

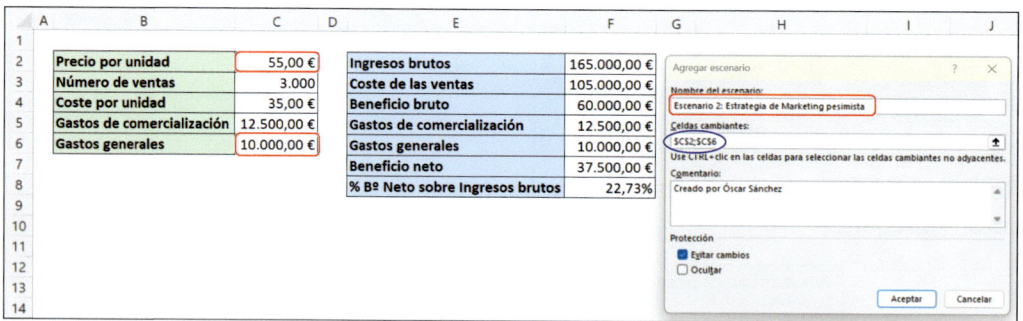

En este caso, los valores de las celdas que cambian son los siguientes:

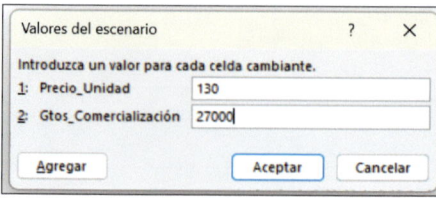

Por último, damos de alta el escenario 3.

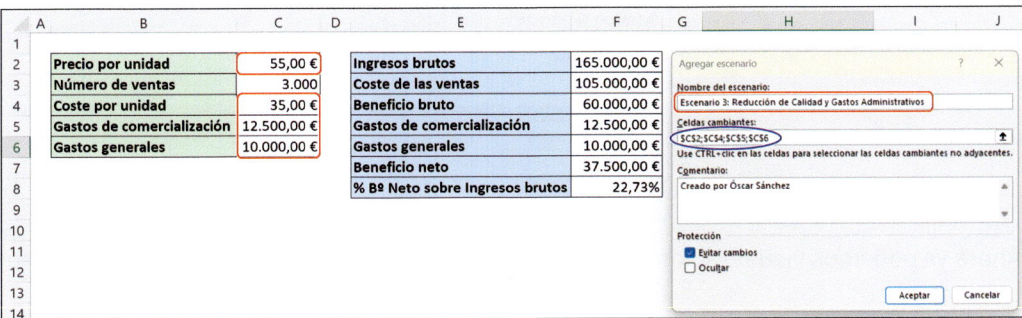

Los valores que adoptarían estas celdas serían:

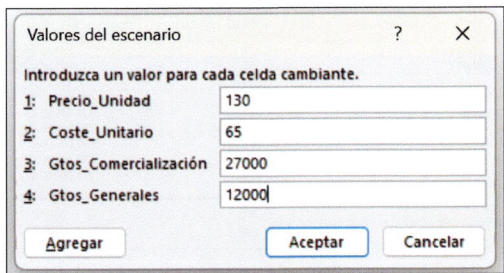

Una vez que hemos dado de alta los tres escenarios, ya podemos obtener el resumen pinchando en el botón del mismo nombre.

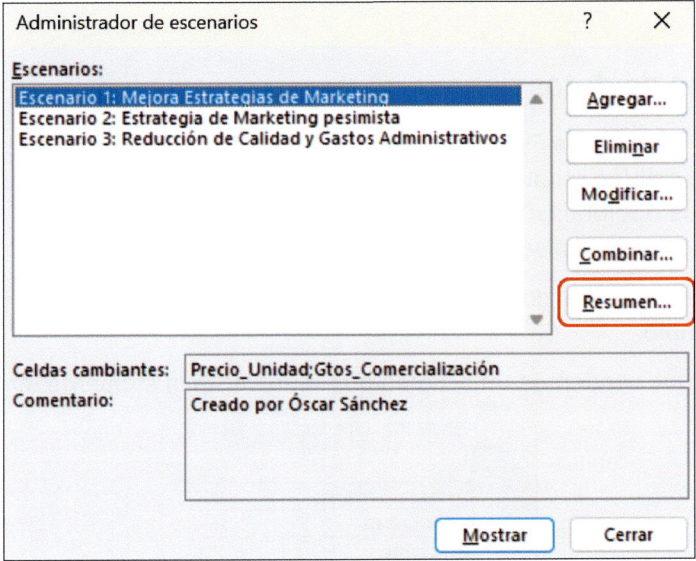

Seleccionamos el rango F2:F8 que es donde se encuentran los resultados para revisar y pulsamos en *Aceptar*.

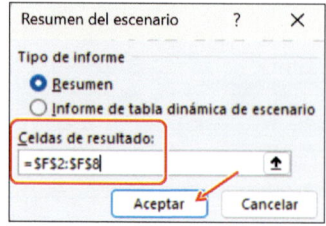

Ahora ya podemos visualizar los resultados, tal y como se muestra en la siguiente imagen:

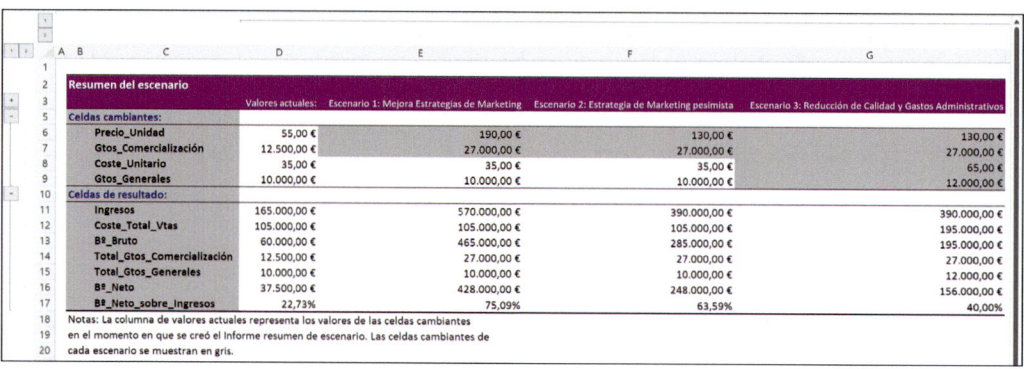

Como se muestra en la imagen, obtenemos un resultado comparativo por escenarios. Las celdas no están vinculadas a la fuente de información, pero se encuentra cargadas en el *Administrador de escenarios*.

Lo que está sombreado significa que son las celdas cambiantes.

2.15.2. Tablas de datos

Las *Tablas de datos* y los *Escenarios* toman conjuntos de valores introducidos y determinan los posibles resultados. Sin embargo, y esta es la diferencia fundamental entre estas dos opciones, una tabla de datos trabaja solo con una o dos variables, cuando los escenarios, tal y como has comprobado, acepta más variables.

Al igual que hemos hecho con la opción anterior, vamos a ver las tablas de datos a través de un ejemplo.

Supongamos que vendemos un artículo que representa la siguiente información:

	A	B	C
1			
2		Unidades vendidas	1.000
3		Coste unitario	15 €
4		Descuento	5,00%
5		**IMPORTE (sin IVA)**	**14.250,00 €**
6			

Queremos conocer cuál sería el importe con diferentes porcentajes de descuento. Por ello, añadimos en la hoja de cálculo los diferentes porcentajes de descuento (%) que queremos aplicar a nuestro artículo, tal y como se puede ver en la siguiente imagen:

	A	B	C	D	E	F
1						
2		Unidades vendidas	1.000		% Descuento	
3		Coste unitario	15 €		2,50%	
4		Descuento	5,00%		5,00%	
5		IMPORTE (sin IVA)	14.250,00 €		7,50%	
6					10,00%	
7					12,50%	
8					15,00%	
9					17,50%	
10					20,00%	
11					22,50%	
12					25,00%	
13						

Vamos a establecer en la celda F2 el resultado que se va a calcular, es decir, el importe de la celda C5, y seleccionamos el rango de la tabla resultante, es decir, $F$3:$F$12, pulsando a continuación la opción *Análisis de hipótesis > Tabla de datos...* de la ficha *Datos* del grupo *Previsión*.

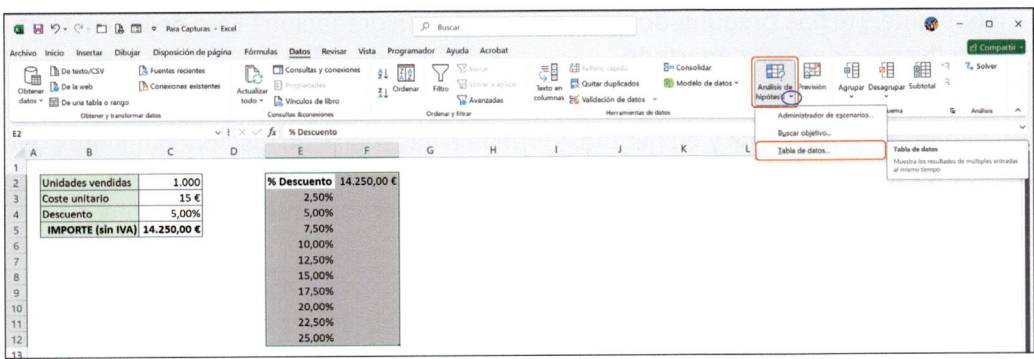

En el cuadro de diálogo que aparece introducimos la celda variable, en nuestro caso la celda C4.

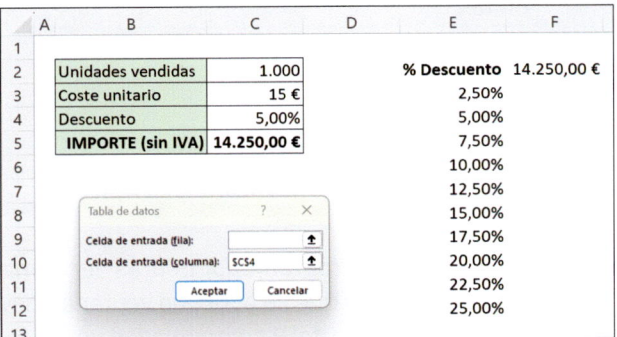

Al pulsar en el botón *Aceptar*, se obtiene una tabla con los valores resultantes para cada porcentaje de descuento.

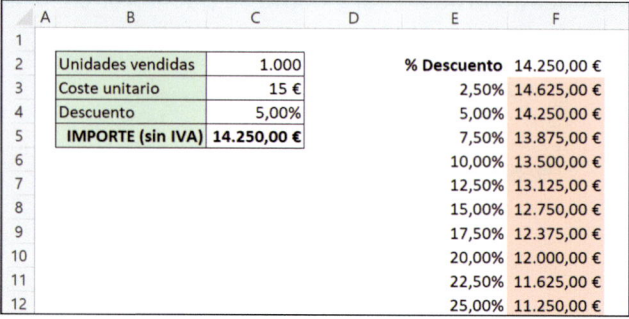

	A	B	C	D	E	F
1						
2		Unidades vendidas	1.000		% Descuento	14.250,00 €
3		Coste unitario	15 €		2,50%	14.625,00 €
4		Descuento	5,00%		5,00%	14.250,00 €
5		IMPORTE (sin IVA)	14.250,00 €		7,50%	13.875,00 €
6					10,00%	13.500,00 €
7					12,50%	13.125,00 €
8					15,00%	12.750,00 €
9					17,50%	12.375,00 €
10					20,00%	12.000,00 €
11					22,50%	11.625,00 €
12					25,00%	11.250,00 €

2.16. Conceptos básicos de programación

En el apartado 2.7 has aprendido a realizar macros en Excel. Como has podido comprobar la grabación de una macro es una tarea relativamente sencilla, lo único que hay que tener presente es lo que se quiere hacer e ir siguiendo los pasos en orden.

No obstante, ¿te has preguntado qué hay detrás de la grabación? Esto es lo que te vamos a descubrir en este apartado.

Vamos a crear una macro que va a establecer un tipo de letra Arial, con tamaño de 20 puntos, en color verde y en negrita. ¡¡Prueba a hacerla!! Con los conocimientos que tienes no deberías tener ningún inconveniente en crearla. Establece como nombre **Formato_Titulo** y la macro solo estará disponible en el libro que estás haciendo.

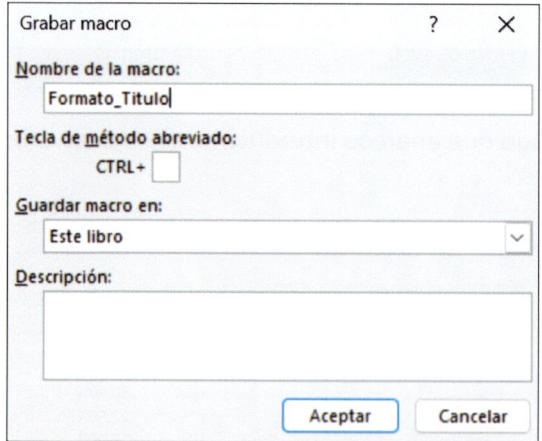

Al pulsar en el icono *Macros* de la ficha *Programador* podrás ver la macro que has creado. Si pinchas en el botón *Modificar*, verás que se abre una ventana nueva con el código de programación de la macro que has creado, tal y como puedes ver en la siguiente imagen:

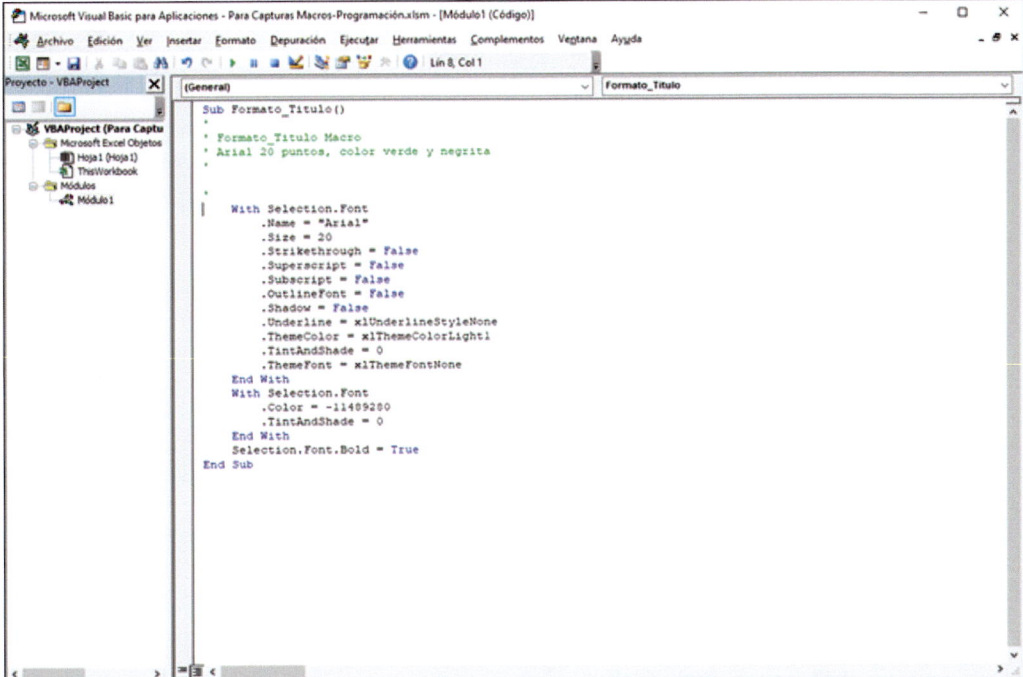

Observa el código de programación de la macro:

- Se inicia con **Sub *Nombre de la Macro()***, en el caso del ejemplo **Sub Formato_Titulo()**.

- Termina en **End Sub**.

- El texto en color verde son comentarios que puedes establecer en la macro, no siendo interpretados por el compilador de Visual Basic. Para establecer un comentario basta con empezar la línea con un apóstrofe ('). Como puedes comprobar, lo que has puesto en el cuadro *Descripción* al grabar la macro, figura aquí como comentario.

Vamos a ir analizando cada una de las líneas que se han establecido al grabar la macro:

```
1    Sub Formato_Titulo()
2    '
3    ' Formato_Titulo Macro
4    ' Arial 20 puntos, color verde y negrita
5    '
6
7    '
8        With Selection.Font
9            .Name = "Arial"
10           .Size = 20
11           .Strikethrough = False
12           .Superscript = False
13           .Subscript = False
14           .OutlineFont = False
15           .Shadow = False
16           .Underline = xlUnderlineStyleNone
17           .ThemeColor = xlThemeColorLight1
18           .TintAndShade = 0
19           .ThemeFont = xlThemeFontNone
20       End With
21       With Selection.Font
22           .Color = -11489280
23           .TintAndShade = 0
24       End With
25       Selection.Font.Bold = True
26   End Sub
```

1 Inicia la macro de nombre Formato_Titulo().

Desde la línea **2** a la **7** son comentarios de la macro.

8 Función que agrupa propiedades del objeto fuente.

9 Selecciona la fuente de nombre "Arial".

10 Aplica el tamaño de 20 a la fuente seleccionada.

11 Desactiva el tachado de fuente.

12 Desactiva la opción de superíndice a la fuente.

13 Desactiva la opción de subíndice a la fuente.

14 Sin aplicar contorno a la fuente.

15 Sin sombra.

16 Sin subrayado.

17 Especifica el color de tema que se va a utilizar.

18 Hace el texto totalmente claro (1) o totalmente oscuro (-1).

---

19 Deja el formato de fuente como se ha indicado anteriormente.

20 Cerrar la función que agrupa las propiedades de la fuente.

21 Función que agrupa propiedades del objeto fuente.

22 Color de la fuente verde.

23 Hace el texto totalmente claro (1) o totalmente oscuro (-1).

24 Cerrar la función que agrupa las propiedades de la fuente.

25 Aplicar negrita a la fuente.

26 Cerrar la estructura de la macro.

Algunos de los códigos más comunes en las macros son:

- Trasladarse a una celda:

    Range("A1").Select

- Escribir en una celda:

    Activecell.FormulaR1C1="Óscar"

- Letra negrita:

    Selection.Font.Bold = True

- Letra cursiva:

    Selection.Font.Italic = True

- Letra subrayada:

    Selection.Font.Underline = xlUnderlineStyleSingle

- Centrar texto:

    With Selection
    .HorizontalAlignment = xlCenter
    End With

- Alinear a la izquierda:

    With Selection
    .HorizontalAlignment = xlLeft
    End With

- Alinear a la derecha:

    With Selection
    .HorizontalAlignment = xlRight
    End With

- Tipo de letra (fuente):

  ```
  With Selection.Font
  .Name = "Courier New"
  End With
  ```

- Tamaño de letra:

  ```
  With Selection.Font
  .Size = 22
  End With
  ```

- Copiar:

  ```
  Selection.Copy
  ```

- Pegar:

  ```
  ActiveSheet.Paste
  ```

- Cortar:

  ```
  Selection.Cut
  ```

- Ordenar ascendente:

  ```
  Selection.Sort Key1:=Range("A1"), Order1:=xlAscending, Header:=xlGuess, _OrderCustom:=1, MatchCase:=False, Orientation:=xlTopToBottom
  ```

- Orden descendente:

  ```
  Selection.Sort Key1:=Range("A1"), Order1:=xlDescending, Header:=xlGuess, _OrderCustom:=1, MatchCase:=False, Orientation:=xlTopToBottom
  ```

- Buscar:

  ```
  Cells.Find(What:="Óscar", After:=ActiveCell, LookIn:=xlFormulas, LookAt_:=xlPart, SearchOrder:=xlByRows, SearchDirection:=xlNext, MatchCase:= _False).Activate
  ```

- Insertar fila:

  ```
  Selection.EntireRow.Insert
  ```

- Eliminar fila:

  ```
  Selection.EntireRow.Delete
  ```

- Insertar columna:

  ```
  Selection.EntireColumn.Insert
  ```

- Eliminar columna:

  ```
  Selection.EntireColumn.Delete
  ```

- Abrir un libro:

  ```
  Workbooks.Open Filename:="D:\Excel\Para Captura.xlsx"
  ```

- Grabar un libro:

  ActiveWorkbook.SaveAs Filename:="D:\Excel\Para Captura.xlsx", FileFormat_:= xlNormal, PassWord:="", WriteResPassWord:= "", ReadOnlyRecommended:=_False, CreateBackup:=False

Además de los conceptos anteriores que se utilizan en las macros, debes conocer los siguientes conceptos básicos que comparten todos los lenguajes de programación:

- **Algoritmo**. Son la secuencia de pasos lógicos que resuelven un problema, siendo la base de la programación. Las partes de un algoritmo son:

  - Input (entrada). Información que damos al algoritmo con la que va a trabajar para ofrecer la solución esperada.

  - Proceso. Conjunto de pasos para que, a partir de los datos de entrada, llegue a la solución de la situación.

  - Output (salida). Resultados a partir de la transformación de los valores de entrada durante el proceso.

En muchas ocasiones se realiza la representación gráfica de un algoritmo a través de un diagrama de flujo. Algunos de los símbolos utilizados para dibujar un diagrama de flujo son:

Símbolo	Nombre	Acción
⬭	Terminal	Representa el inicio el fin del diagrama de flujo.
▱	Entrada y salida	Representa los datos de entrada y de salida.
◇	Decisión	Representa las comparaciones de dos o más valores, disponiendo de dos salidas de información: verdadero o falso.
▭	Proceso	Indica todas las acciones o cálculos que se ejecutarán con los datos de entrada u otros datos que se hayan obtenido.
⬅⬆⬇➡	Líneas de flujo de información	Indican el sentido de la información obtenida y su uso posterior en algún proceso siguiente.
○	Conector	Permite identificar la continuación de la información si el diagrama es muy extenso.

- **Variable**. Es una unidad de almacenamiento y recuperación de datos, datos que utilizarás más adelante al programar. Se identifican con un nombre único y sus valores pueden cambiar.

  Por ejemplo:

      $currentMonth = "Octubre"

  También se pueden definir como espacios reservados en la memoria RAM para almacenar datos. Se reservan dándoles un nombre y un valor a través del signo =. Es fundamental que comprendas las variables porque ellas son la base de los componentes de todo código.

- **Función**. Es un bloque de código reutilizable que realiza tareas específicas. Se le llama a través del comando **function**. Cada vez que llamemos a esa función se ejecutará ese código, por lo que se ahorra tiempo en escribir línea por línea.

  Por ejemplo:

  ```
  function saludo(){
      return 'Hola a todos';
  }
  ```

- **Tipos de datos**. Son los diferentes tipos de variables en las que se clasifica la información. Aunque en el siguiente apartado los veremos más detenidamente, los más utilizados son:

  - String (cadena de texto): "Óscar".
  - Number (número): 1, 2, 3.
  - Boolean: se utilizan cuando hay dos opciones disponibles en una pregunta, por ejemplo "Sí" o "No" (*False* o *True*).
  - Date (fecha): 31/10/2025.

- **Estructuras de control**. El código se lee de arriba hacia abajo. Pero estas estructuras permiten que el código se lea de diferentes maneras. Son el caso de los ciclos y las condicionales:

  - Ciclo: un ciclo repite un bloque de código las veces que sean necesarias hasta que se deje de cumplir una condición.
  - Condicionales: la condicional **if** permite que el código tome decisiones en función de ciertos parámetros. Por ejemplo, si la condición se cumple, el programa hará algo, si no se cumple, hará otra cosa.

    Por ejemplo:

    ```
    if (condición){
        haz algo si se cumple la condición
    } else {
        haz otra cosa si no se cumple la condición
    }
    ```

2.17. Visual Basic para aplicaciones (VBA)

El lenguaje de programación que utiliza Excel está basado en Visual Basic, un lenguaje de programación orientado a objetos. Un objeto es algo tangible que se identifica por sus propiedades y por sus métodos, por ejemplo, un objeto de Excel puede ser: un libro (Workbook), las hojas de cálculo (Worksheet), los rangos (Range), los gráficos (*Charts*) o una tabla dinámica (PivotTable).

Visual Basic para Aplicaciones (VBA) es una combinación de un entorno de programación integrado denominado **Editor de Visual Basic** y del lenguaje de programación Visual Basic, permitiendo diseñar y desarrollar con facilidad programas en Visual Basic. La expresión "para Aplicaciones" hace referencia al hecho de que el lenguaje de programación y las herramientas de desarrollo están integrados con las aplicaciones de Microsoft 365 (en nuestro caso, Excel).

El Editor de Visual Basic contiene todas las herramientas de programación necesarias para escribir código en Visual Basic y crear soluciones personalizadas. Este editor es una ventana independiente de Excel, pero tiene el mismo aspecto que cualquier otra ventana de una aplicación Microsoft 365, tal y como puedes ver en la siguiente imagen, y funciona igual para todas las aplicaciones integradas en Microsoft 365.

Para acceder al editor es preciso tener activada la ficha *Programador*, tal y como te hemos explicado en el apartado 2.7. El icono de acceso es el primero que se ve en la ficha.

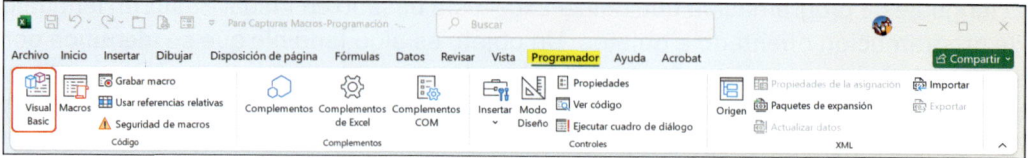

2.17.1. Ventana del Editor de Visual Basic

Tal y como has podido ver anteriormente, la ventana del editor consta de varias partes:

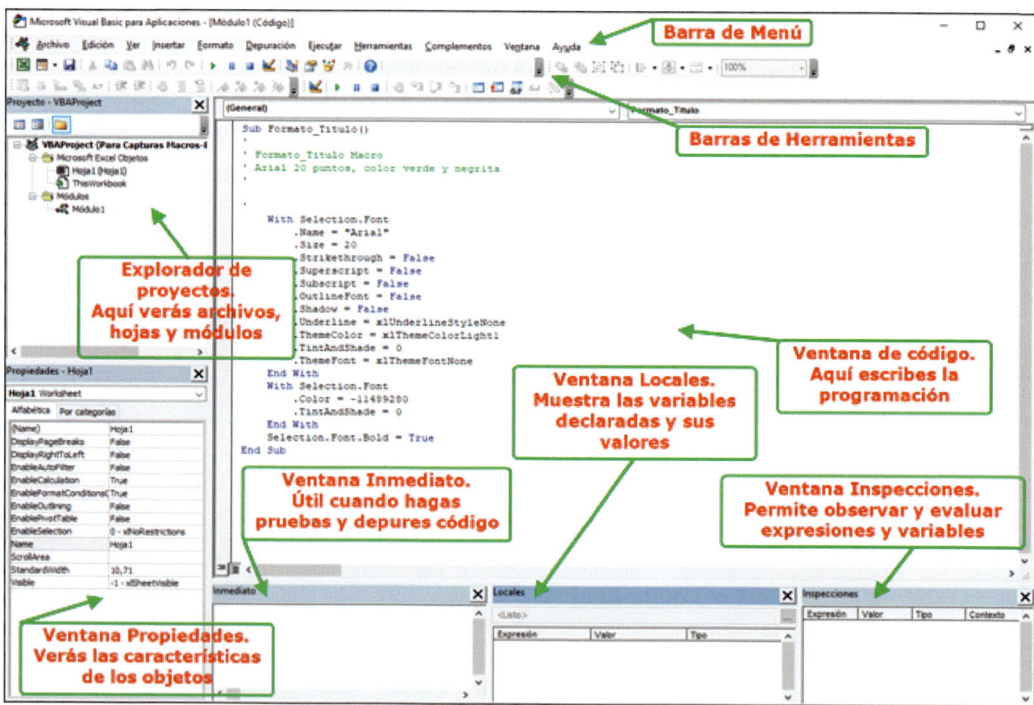

2.17.2. Conceptos básicos del código

Antes de comenzar a ver cómo se escribe código VBA, es preciso que tengas en cuenta que existen determinadas reglas que debes respetar para la escritura de este y que a continuación te explicamos.

- **Reglas de asignación de nombres**. Para dar nombre a los procedimientos, variables y argumentos en módulo de VBA se deben en tener en cuenta las siguientes reglas:

© Ediciones Paraninfo

- El nombre no puede tener más de 255 caracteres de longitud, y el primer carácter debe ser una letra.

- No puede contener espacios ni caracteres especiales, tales como punto (.), signo de exclamación (!), arroba (@), and (&), símbolo dólar ($),almohadilla (#).

- No es posible usar nombres reservados de VBA (palabras clave) como *Private, If* o *Workbook*, entre otras.

- Las minúsculas y mayúsculas no se diferencian. El Editor de VBA ajusta automáticamente la escritura.

■ **División de una instrucción en varias líneas**. Aunque una línea de código de VBA puede tener hasta 1024 caracteres, es una buena práctica dividirla en varias líneas. Para dividir una instrucción larga en diferentes líneas en la ventana de código, utilizamos el guion bajo (_) precedido de un espacio. Podemos utilizar el carácter de continuación de línea en los siguientes lugares del código:

- Antes o después de los operadores, como &, +, -.

- Antes o después de una coma (,).

- Antes o después de un signo igual (=).

No es posible utilizarlo en los siguientes casos:

- Entre los dos puntos (:) y el signo igual (=).

- En el texto entre comillas.

■ **Utilización de sangrías**. Aunque no es obligatorio su uso, la utilización de sangrías ayuda a que el código sea más fácil de leer y comprender. De esta forma, es recomendable la utilización de sangrías cuando se establecen líneas de código que toman decisiones o acciones repetidas. Para aplicarlas se emplea la tecla de tabulación (TAB).

El siguiente ejemplo muestra el uso de sangrías:

```
Sub perimetro_circulo()
    radio = InputBox("Introduce cuál es el radio del círculo")
    Pi = 3.1416
        MsgBox "El perímetro de un círculo con radio " & radio & _
        " es: " & 2 * radio * Pi
End Sub
```

Vamos a ir analizando cada una de las líneas que se han establecido en el código:

```
1    Sub perímetro_circulo()
2        radio = InputBox("Introduce cuál es el radio del círculo")
3        Pi = 3.1416
4            MsgBox "El perímetro de un círculo con radio " & radio & _
5            " es: " & 2 * radio * Pi
6    End Sub
```

1 Inicia el procedimiento de nombre perimetro_circulo().

2 Solicita al usuario que introduzca el radio del círculo.

3 Establece en una variable llamada "Pi" el valor 3.1416.

4 Muestra un cuadro de diálogo con el texto "El perímetro de un círculo con radio <valor radio introducido en la fila 2>".

5 Continuación de la línea anterior y muestra, después de lo escrito anteriormente, "es: " y calcula la multiplicación de 2 por el valor del radio introducido por el valor de Pi.

6 Cerrar la estructura del procedimiento.

- **Comentarios al código**. En el apartado 2.16 ya vimos esta opción. Un comentario es un texto explicativo del código, y que siempre va precedido por un apóstrofe ('). Los comentarios suelen ser muy útiles para describir la funcionalidad del código de los procedimientos y, además, suelen servir para probar y solucionar problemas en los procedimientos VBA.

2.17.3. Escribir sentencias con VBA

Al comienzo de este apartado te hemos indicado que son diversos los objetos que pueden contener código VBA. Dentro de estos objetos se organiza el código por medio de los **procedimientos**, pudiendo distinguir tres tipos diferentes:

© Ediciones Paraninfo

- **Sub**, que también se llaman subrutinas.

- **Function**, que son las funciones.

- **Property**, o procedimientos de propiedad.

Has de tener en cuenta que, de forma predeterminada, todos los procedimientos son públicos (**Public**) en todos los módulos, lo que implica que se les puede llamar desde cualquier parte del proyecto, es decir, cuando se ejecute VBA lo buscará en el módulo en el que nos encontremos y, si no lo encuentra, continuará en el resto de módulos del proyecto. Sin embargo, si el procedimiento es declarado privado (**Private**), solo puede ser llamado desde otros procedimientos que se encuentren en el mismo módulo.

A continuación vamos a explicar los tres tipos de procedimientos mencionados anteriormente.

- **Procedimientos Sub**. Son el conjunto de códigos VBA contenido por las sentencias Sub y End Sub, que realizan una serie de acciones específicas. Aunque pueden estar compuestos por todas las líneas de código que necesitemos, es aconsejable dividirlos en procedimientos más pequeños, para que cada uno desarrolle una tarea y, de esta forma, será más sencillo encontrar o modificar el código.

  Distinguimos dos tipos de procedimientos Sub: procedimientos generales y procedimientos de eventos.

  La sintaxis que define a este tipo de procedimientos es la siguiente:

  [Private | Public | Friend] [Static] Sub nombre [(lista de argumentos)]

    [Instrucciones]

    [Exit Sub]

    [Instrucciones]

  End Sub

Debiendo tener en cuenta que:

— Private: determina que el procedimiento solo puede ser llamado desde otros procedimientos que estén en el mismo módulo (dato opcional).

— Public: indica que el procedimiento está disponible para todos los módulos del proyecto (dato opcional).

— Friend: se emplea únicamente en un módulo de clase. Podemos declarar como Friend a aquellos procedimientos de la clase que queremos poner a disposición de otras clases dentro del mismo procedimiento (dato opcional).

— Static: indica que las variables del procedimiento se mantendrán entre una llamada y otra (dato opcional).

— nombre: es el nombre del procedimiento Sub (dato obligatorio).

— lista de argumentos: es una lista de variables separadas por comas que se pasan al procedimiento Sub cuando se lo invoca (dato opcional).

— Instrucciones: es el conjunto de sentencias que se ejecutan dentro del procedimiento Sub. Cada instrucción se escribe en una línea diferente (dato opcional).

— Exit Sub: permite salir de un procedimiento. No es necesario a no ser que se necesite retornar a la sentencia situada inmediatamente a continuación de la que efectuó la llamada antes de que el procedimiento finalice.

— End Sub: marca el cierre del procedimiento Sub.

Por ejemplo, la sintaxis de un procedimiento que permita introducir el nombre y la fecha de nacimiento en la celda B2 sería:

```
Private Sub nombre_fecha()

    nombre = InputBox("Introduzca su nombre")

    fecha = InputBox("Introduzca su fecha de nacimiento")

    Range("B2").Value = nombre & " " & fecha

End Sub
```

■ **Procedimientos Function**. Excel proporciona un gran conjunto de funciones predefinidas (Suma, Promedio, Max, Min...). Sin embargo, en ocasiones, se precisa realizar cálculos más complejos para los cuales no existe una función disponible.

Por medio de los procedimientos Function se pueden crear nuevas funciones ampliando, de esta manera, las incorporadas en Excel. A este tipo de funciones se las conoce como funciones definidas por el usuario.

Al igual que los procedimientos Sub, un procedimiento Function puede tomar argumentos, realizar un conjunto de acciones específicas y cambiar el valor de los argumentos. El código de estos procedimientos está encerrado entre las sentencias Function y En Function.

A diferencia de los procedimientos Sub, los procedimientos Function pueden devolver un valor o resultado; por esta razón, cuando declaramos una función, es necesario establecer qué tipo de variable será el valor que va a devolver el procedimiento.

La sintaxis que define a este tipo de procedimientos es la siguiente:

```
[Private | Public | Friend] [Static] Function nombre [(lista de argumentos)] [(As tipo)]

    [Instrucciones]

    [Exit Function]

    [Instrucciones]

End Function
```

Debiendo tener en cuenta que:

— Private: determina que el procedimiento Function solo puede ser llamado desde otros procedimientos que estén en el mismo módulo (dato opcional).

— Public: indica que el procedimiento Function está disponible para todos los módulos del proyecto (dato opcional).

— Friend: se emplea solamente en un módulo de clase. Podemos declarar como Friend a aquellos procedimientos de la clase que queremos poner a disposición de otras clases dentro del mismo procedimiento (dato opcional).

— Static: indica que las variables del procedimiento Function se mantendrán entre una llamada y otra (dato opcional).

— nombre: es el nombre del procedimiento Function (dato requerido).

— lista de argumentos: es una lista de variables separadas por comas que se pasan al procedimiento cuando se lo invoca (dato opcional).

— As tipo: determina el tipo de datos que devuelve la función (dato opcional).

— Instrucciones: es el conjunto de sentencias que se ejecutarán dentro del procedimiento, escribiéndose cada instrucción en una línea diferente (dato opcional).

— Exit Function: permite salir de una función. Solo se requiere si se necesita retornar a la sentencia situada inmediatamente a continuación de la que efectuó la llamada antes de que el procedimiento finalice.

Por ejemplo, la sintaxis de una función que nos permite calcular el área de un pentágono sería la siguiente:

```
Function area_pentagono(lado, apotema)

    perimetro = lado * 5

    area = (perimetro * apotema) / 2

    area_pentagono = area

End Function
```

- **Procedimientos Property**. Se emplean para crear y personalizar las propiedades de los objetos de Excel. No desarrollaremos estos procedimientos, puesto que su estudio es muy amplio.

Una vez que hemos escrito los procedimientos Sub correspondientes, podemos ejecutarlos. Para ello, podemos operar de diversas formas:

- Llamar a un procedimiento Sub desde otro procedimiento, escribiendo su nombre dentro del procedimiento que lo llama. Por ejemplo:

```
Sub llama_proc()

    perimetro_circulo

End Sub
```

- Seleccionar la opción *Ejecutar Sub/UserForm* del menú *Ejecutar*.

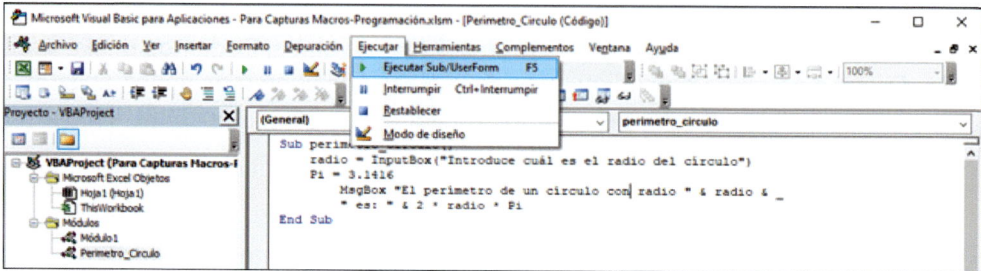

- Pulsar la tecla *F5*.
- Pulsar el botón *Ejecutar* de la barra de herramientas *Estándar*.

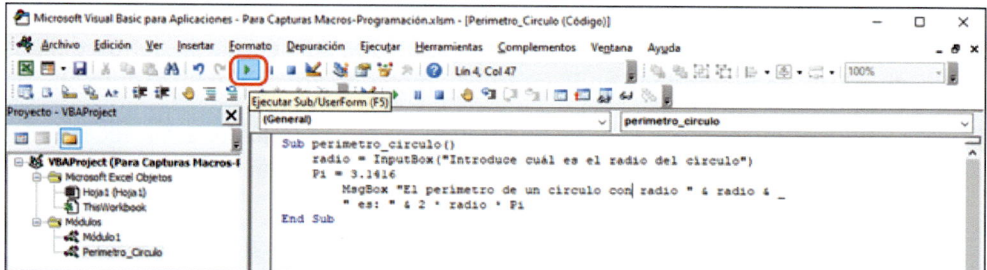

- Desde la ventana de Excel, en la ficha *Programador*, pulsando en el botón *Macros*. Nos aparecerá el cuadro de diálogo del mismo nombre, debiendo seleccionar la macro deseada y pulsar sobre el botón *Ejecutar*.

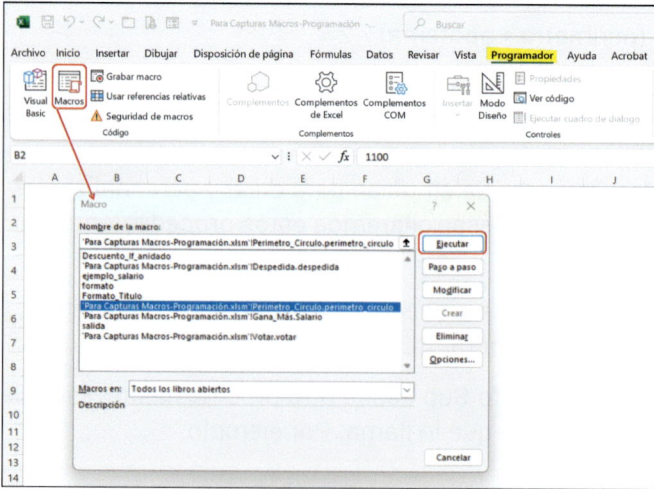

- También podemos ejecutar un procedimiento asignando la macro a un botón de formulario.

Por lo que respecta a la ejecución de un procedimiento Function, estos se pueden ejecutar desde:

- Otro procedimiento Sub o Function.

- Desde una fórmula de una hoja de cálculo.

2.17.4. Datos en VBA

En Excel podemos introducir diferentes clases de datos en las celdas y aplicarles un formato. Esto describe a una variable en cualquier lenguaje de programación.

Una **variable** es el elemento del código que empleamos para guardar valores o información temporal que luego usaremos en la ejecución de un programa. El contenido que se guarda en la variable es la información que queremos manipular y se llama valor de la variable.

Podemos decir que las variables son las palabras mediante las cuales vamos a hacer referencia a una determinada información dentro de nuestro programa. El uso de variables se debe a que, en muchas ocasiones, no tendremos la información que queremos manipular de antemano, sino que esta se va a generar o a solicitar en un determinado momento.

Por ejemplo, podemos pedirle al usuario, mientras se ejecuta el programa, que ingrese el salario que gana, guardando esta información con el nombre "salario". De esta manera, a lo largo del desarrollo del programa, cuando tengamos que referirnos a este salario, simplemente hacemos referencia a "salario", en lugar de indicar la cantidad introducida.

En el siguiente ejemplo vamos a solicitarle al usuario que introduzca su salario para poder calcular el mismo, por ejemplo, tras una subida del IPC.

```
1   Sub ejemplo_salario()
2       'Ejemplo uso de variables
3       Range("B2").Clear
4       Dim salario As Single, Salario_con_IPC As Single
5       salario = InputBox("Introduzca salario mensual: ")
6       IPC = InputBox("Introduzca el IPC: ")
7       Salario_con_IPC = salario + salario * IPC / 100
8       Range("B2") = Salario_con_IPC
9   End Sub
```

1 Inicia el procedimiento de nombre ejemplo_salario().

2 Comentario de la macro.

3 Borra el contenido de la celda B2.

4 Se declaran las variables "salario" y "Salario_con_IPC" con formato de datos numéricos simples.

5 Se le pide al usuario que introduzca el salario mensual y se almacena en la variable "salario".

6 Se le pide al usuario que introduzca el IPC y se almacena en la variable "IPC".

7 Se calcular el salario con IPC como resultado de sumar al salario el salario multiplicado por el IPC.

8 Se muestra en la celda B2 el resultado de la fórmula anterior.

9 Cerrar la estructura del procedimiento.

Tal y como hemos indicado anteriormente, las variables pueden almacenar diferentes tipos de datos, siendo el tipo de dato el que determina la naturaleza del conjunto de valores que puede tomar una variable. Gracias a la cláusula **As** podemos definir el tipo de dato (tal y como hemos hecho en el ejemplo anterior).

VBA soporta los siguientes tipos de datos:

- **Numéricos**. Como su nombre indica, guarda datos numéricos, tanto enteros como con decimales. Los distintos tipos son:

  - Byte. Los valores de tipo Byte son los números enteros comprendidos entre 0 y 255. Estos datos se almacenan en memoria como un *byte* (8 bits). Por ejemplo, si necesitamos declarar la variable "edad" usamos la siguiente sentencia:

    Dim edad As Byte

  - Integer. Estas variables pueden almacenar números enteros en el rango de valores de -32768 a 32767. Los enteros se almacenan en memoria como 2 *bytes*. Por ejemplo, para declarar la variable "altura" usamos la siguiente sentencia:

    Dim altura As Integer

  - Long. Estas variables pueden almacenar números enteros comprendidos entre 2.147.483.648 y 2.147.483.647. Por ejemplo, para declarar la variable "precio" (sin usar decimales) usamos la siguiente sentencia:

    Dim precio As Long

  - Single. Estas variables pueden almacenar números reales de 32 bits con una precisión de 7 decimales. Por ejemplo, para declarar la variable "peso" como Single, usamos la siguiente sentencia:

    Dim peso As Single

  - Double. Estas variables pueden almacenar números reales de 64 bits con una precisión de 16 decimales que van de 1.79769313486231E308 a 4,94065645841247E-324 para valores negativos y de 4,94065645841247E-324 a 1,79769313486232E308 para valores positivos. Por ejemplo, si queremos una variable llamada "distancia" que nos permita almacenar la distancia entre Zaragoza y Madrid, usamos la siguiente sentencia:

    Dim distancia As Double

- Currency. Estas variables pueden almacenar números reales que van desde el número 922.337.203.685.477,5808 al 922.337.203.685.477,5807. Este tipo nos permite manejar valores con una precisión de 15 dígitos a la izquierda del punto decimal y 4 dígitos a la derecha. Esta clase de datos la usamos para realizar cálculos de tipo monetario, donde necesitamos evitar errores de redondeo. Por ejemplo, si queremos declarar la variable "salario" como Currency, tenemos que usar la siguiente sentencia:

Dim salario As Currency

- **Fecha/Hora**. Se emplea para almacenar fechas y horas como un número real. Por ejemplo, para declarar la variable "caducidad", usamos la siguiente sentencia:

Dim caducidad As Date

- **Texto** (String). Este tipo de dato consiste en una cadena de caracteres que puede incluir letras, números, espacios y signos de puntuación. Los datos almacenados en una variable de tipo String serán tratados como texto y no como números. Por ejemplo, si necesitamos declarar la variable "nombre", usamos la siguiente sentencia:

Dim nombre As String

De forma predetermina, estas variables son de longitud variable, es decir, la cadena crece y disminuye según le asignemos nuevos datos. Sin embargo, también podemos declarar cadenas de longitud fija que nos permiten indicar un número específico de caracteres.

Para declararlas, se utiliza el asterisco (*) seguido del número de caracteres. Por ejemplo, si queremos declarar la variable "direccion" con una longitud fija de 50 caracteres, usamos la siguiente sentencia:

Dim direccion As String * 50

- **Booleanos**. Estos datos son de tipo lógico, es decir, que pueden tomar solo dos valores posibles: True (verdadero) y False (falso). El valor por defecto es False. Por ejemplo, para declarar la variable "primero", usamos la siguiente sentencia:

Dim primero As Boolean

- **Variant**. Estos datos pueden contener prácticamente cualquier tipo de valor. Se utilizan para declarar una variable cuyo tipo no se especifica de forma explícita. La forma de declarar una variable explícitamente es la siguiente:

Dim variable As Variant

- **Objeto**. Permite almacenar referencias a objetos y, de esta forma, podemos acceder a las propiedades de un objeto e invocar sus propiedades y métodos a través de la variable. Para declarar una variable Object cuando no conocemos el tipo de objeto, usamos la siguiente sentencia:

Dim nombre_variable As Tipo_Objeto

Donde Tipo_Objeto debe ser uno de los tipos de objetos de VBA, como por ejemplo Range o Worksheet y no uno de los tipos de datos que vimos anteriormente. Por ejemplo, para declarar la variable "imagen" como objeto Range, emplearemos la siguiente sentencia:

Dim imagen As Range

Para asignarle un objeto a esta variable, usamos la instrucción Set. Siguiendo con el ejemplo anterior, para asignarle a la variable "imagen" el rango B2:D15, usamos la siguiente sentencia:

Set imagen = Range("B2:D15")

Además de las variables que hemos explicado anteriormente, VBA dispone de las **constantes** que, como su nombre indica, son objetos invariables que mantienen su valor durante toda la ejecución de la aplicación. Habitualmente se utilizan para almacenar valores que reaparecen una y otra vez o para almacenar números que resulten difíciles de recordar. El alcance que tienen estas constantes es el mismo que la declaración de una variable, pudiéndose utilizar a nivel de procedimiento, de módulo o de proyecto.

La sintaxis para declarar una constante es:

[Public | Private] Const nombre_constante [As tipo] = expresión

Debiendo tener en cuenta que:

- nombre_constante: es un nombre simbólico válido para la constante, utilizándose las mismas reglas que para la definición de las variables.

- expresión: puede estar compuesta por constantes y operadores de cadena o numéricos.

Las variables y las constantes definidas se pueden procesar utilizando operaciones y funciones adecuadas a sus tipos de datos. Una **operación** es un conjunto de datos o funciones unidas por **operadores**, ya sea para modificar un valor o para introducir uno nuevo. Los operadores soportados por VBA son:

- **Operadores aritméticos**. + (suma), − (resta), * (multiplicación), / (división), \ (división entera), Mod (Resto), ^ (exponencial), & (concatenación).

- **Operadores comparativos**. Pudiéndose ser: = (igual), < (menor), <= (menor o igual), > (mayor), >= (mayor o igual), <> (distinto).

- **Operadores lógicos**. Que pueden ser: Not (negación lógica), And (conjunción lógica), Or (disyunción lógica).

2.17.5. Estructuras condicionales en VBA

Las estructuras de programación permiten controlar el flujo de ejecución de un programa, es decir, el orden en que se ejecutan sus acciones individuales. Sin embargo, es posible establecer **estructuras condicionales** que permiten tomar decisiones en el momento que nos encontremos con dos o más opciones.

En todos los ejemplos vistos anteriormente, cada instrucción se ejecutaba una sola vez en el orden en el que se ha escrito. Sin embargo, frecuentemente, nos encontraremos con situaciones en las que se deben proporcionar instrucciones alternativas que pueden ejecutarse o no, dependiendo de los datos de entrada, y reflejando el cumplimiento o no de una determinada condición establecida.

Las estructuras condicionales, llamadas también estructuras de decisión o selectivas, se utilizan para tomar decisiones lógicas. En ellas se evalúa una condición y, dependiendo del resultado obtenido, se realizan diferentes operaciones. El diagrama de flujo de las estructuras condicionales simples y dobles las puedes ver en las siguientes imágenes:

Entre las estructuras de decisión que acepta VBA, se incluyen las siguientes:

- **If...Then**

    En muchas ocasiones necesitaremos ejecutar una o más instrucciones solo en el caso de que una determinada condición sea verdadera, y no tendremos que realizar ninguna acción si la condición es falsa. Es en este caso cuando deberemos usar la estructura If...Then (si... entonces).

    Si solo tenemos que realizar una única instrucción, en el caso de que la condición sea verdadera, usamos la sintaxis de una línea:

    If condicion Then instrucciones

    En el caso de que necesitemos escribir varias instrucciones cuando la condición es verdadera, usamos la siguiente sintaxis:

    If condicion Then

        Instrucción_1

        Instrucción_2

        ...

    End If

Debiendo tener en cuenta que:

- condición: normalmente es una comparación, pero puede ser cualquier expresión numérica o de cadena que dé como resultado un valor de tipo numérico. VBA interpreta este valor como True (Verdadero) o False (Falso). Cualquier valor numérico distinto de cero es considerado True, mientras que el cero es False, como así también una condición Null.

- instrucciones: es el conjunto de órdenes que debe realizar el compilador. En el formato en bloque es opcional, pero es requerido en el formato de línea que no tenga una cláusula Else. Si la condición es verdadera, y hay varias condiciones, estas se separan por dos puntos (:).

Cuando VBA encuentra una sentencia If...Then, evalúa si la expresión lógica es verdadera y, en caso afirmativo, ejecutará las sentencias que siguen a la cláusula Then. Si la expresión es falsa, entonces no hará nada.

Por ejemplo, la siguiente sintaxis le pregunta al usuario si desea cerrar la aplicación y, en caso afirmativo, se muestra un mensaje de despedida y se ejecuta el procedimiento "salida" (que se ha definido en otro procedimiento):

```
Sub despedida()
    Mensaje = MsgBox("¿Desea salir?", vbQuestion + vbYesNo)
    If Mensaje = vbYes Then
        MsgBox "¡¡Nos vemos pronto!!"
        salida
    End If
End Sub
```

```
Sub salida()
    Workbooks.Close
End Sub
```

■ **If...Then...Else**

Como has visto, la estructura If...Then es muy limitada, ya que permite ejecutar una o más instrucciones solo si una cierta condición es verdadera, y no realiza ninguna acción en caso contrario.

Sin embargo, habitualmente, necesitaremos realizar una serie de instrucciones si la condición es verdadera y otro conjunto de ellas si la condición es falsa. Para poder hacerlo, VBA cuenta con la estructura If...Then...Else (si... entonces... sino):

```
If condicion Then
    Instrucción_1
    Instrucción_2
    ...
Else
    Instrucción_10
    Instrucción_11
    ...
End If
```

Esta estructura permite que el programa pueda ir por dos caminos distintos en función de si la condición se cumple o no. Si la condición resulta verdadera, se ejecutará el bloque de instrucciones correspondientes y, si resulta falsa, se ejecutará el bloque de instrucciones comprendidos entre Else y End If. Cuando termina las operaciones, el ciclo del programa vuelve a la secuencia normal.

Por ejemplo, en la siguiente sintaxis se le pregunta al usuario el nombre y la fecha de nacimiento; si es mayor de edad, se le contesta "Hola <nombre>, ya puedes votar" y, en caso contrario, "Hola <nombre>, todavía no puedes votar".

```
Sub votar()
    Dim nombre As String
    Dim edad As Integer
        nombre = UCase(InputBox("Introduzca su nombre: "))
        edad = UCase(InputBox("Introduzca su edad (en años): "))
            If edad >= 18 Then
                MsgBox "Hola " & nombre & ", ya puedes votar"
            Else
                MsgBox "Hola " & nombre & ", todavía no puedes votar"
            End If
End Sub
```

■ **If…Then…ElseIf**

Esta estructura es un caso especial de la anterior, y la usaremos cuando se necesite comprobar más de una condición al mismo tiempo. Su sintaxis es:

```
If condición_1 Then
    Instrucción_1
    Instrucción_2
    ...
ElseIf condición_2 Then
    Instrucción_10
    Instrucción_11
    ...
ElseIf condición_3 Then
    Instrucción_20
```

Instrucción_21

...

Else

Instrucción_30

Instrucción_31

...

End If

En este tipo de estructura, la condición_1 es la que se examina en primer lugar. Si resulta verdadera, entonces se ejecutará el bloque de instrucciones correspondientes; sin embargo, si es falsa, se evaluará la segunda condición (condición_2). Si la segunda condición es verdadera, se ejecutará el bloque de instrucciones ElseIf, y así sucesivamente.

Por último, si ninguna de las condiciones evaluadas resulta verdadera, entonces, al llegar a este punto, se deberán ejecutar las instrucciones que se encuentran comprendidas entre el bloque Else y End If.

Por ejemplo, en la siguiente sintaxis se le pregunta al usuario que introduzca el salario bruto que ganan tres personas y el programa mostrará cuál de ellos es mayor.

```
Sub Salario()
    Dim s1 As Double, s2 As Double, s3 As Double
    s1 = Val(InputBox("Introduzca el primer salario: "))
    s2 = Val(InputBox("Introduzca el segundo salario: "))
    s3 = Val(InputBox("Introduzca el tercer salario: "))
        If s1 > s2 Then
            MsgBox "El salario " & s1 & _
                " es mayor que: " & s2
        ElseIf s1 > s3 Then
            MsgBox "El salario " & s1 & " es menor que: " & _
                s2 & " pero mayor que " & s3
        Else
            MsgBox "El salario " & s1 & " es menor que " & _
                s2 & " y " & s3
        End If
End Sub
```

■ **Estructuras If anidadas**

Como has podido comprobar en la sintaxis de la estructura If, dentro del bloque de instrucciones para ejecutar podemos usar cualquier instrucción, incluso otra sentencia If...Then...Else. Cuando una o ambas bifurcaciones de una sentencia If... Then...Else contienen también una sentencia If...Then...Else, se dice que dichas sentencias están anidadas, y el proceso recibe el nombre de **anidamiento**.

Vamos a verlo con un ejemplo. Una tienda nos hace descuento en función del importe que has gastado. De esta forma, si has gastado un importe mayor o igual de 1500 €, te aplican un descuento del 15 %; si has gastado menos 1500 € pero igual o más de 750 €, te aplican un descuento del 10 %; si has gastado menos de 750 € pero igual o más de 500 €, te aplican un descuento del 5 %, y, para importes de menos de 500 €, no te aplican descuento. La sintaxis sería:

```
Sub Descuento_If_anidado()

    Dim importe As Double

    Dim total As Double

        importe = InputBox("Introduzca Importe: ")

    If importe >= 1500 Then

        total = importe - importe * 15 / 100

        MsgBox "Importe a cobrar: " & total

    Else

        If importe >= 750 And importe < 1500 Then

            total = importe - importe * 10 / 100

            MsgBox "Importe a cobrar: " & total

        Else

            If importe >= 500 And importe < 750 Then

                total = importe - importe * 5 / 100

                MsgBox "Importe a cobrar: " & total

            Else

                MsgBox "Importe a cobrar: " & importe

            End If

        End If

    End If

End Sub
```

■ **Select Case**

Cuando tenemos muchas condiciones diferentes, puede ser difícil utilizar varios If anidados; por ello, VBA ofrece esta estructura como alternativa de la estructura If... Then...Else.

Con la estructura Select Case, se evalúa una expresión que puede tomar un número indeterminado de valores y realizar acciones según el valor de esta. Su sintaxis es la siguiente:

Select Case expresión

    Case Valor1

        Instrucción_1

        Instrucción_2

        ...

    Case Valor2

        Instrucción_1

        Instrucción_2

        ...

    Case Valor3

        Instrucción_1

        Instrucción_2

        ...

    Case Else

        Instrucción_1

        Instrucción_2

        ...

    End Select

Esta estructura funciona con una única expresión de prueba que se evalúa una sola vez al principio de esta. VBA compara el resultado de esta expresión con los valores de cada Case de la estructura y, si hay coincidencia, ejecuta el bloque de instrucciones asociados a ese Case.

■ **With...End With**

Dado que la mayoría de los objetos tiene diversas propiedades, a veces necesitaremos realizar varias acciones sobre un mismo objeto, debiendo repetir, una y otra vez, el mismo objeto para realizar esa serie de operaciones.

Esto lo podemos evitar empleando la estructura With…End With, que permite nombrar un objeto y realizar varias instrucciones en él, sin necesidad de tener que nombrarlo varias veces.

Su sintaxis es la siguiente:

```
With objeto

    [Instrucciones]

End With
```

Por ejemplo, imagina que de la celda A1 a la A10 quieres establecer negrita, tipo de fuente Arial y tamaño de 18 puntos. El código sería:

```
Sub formato()

    With Range("A1:A10").Font

        .Bold = True

        .Name = "Arial"

        .Size = 18

    End With

End Sub
```

2.17.6. Tipos de errores en VBA

En Visual Basic los errores los podemos dividir en tres categorías diferentes:

- **Errores de sintaxis**. Este tipo de error es el que se produce bien porque se escribe mal una instrucción, o bien porque se escribe una instrucción correcta en un lugar inadecuado.

- **Errores en tiempo de ejecución**. Estos errores son más complejos y ocurren cuando la macro intenta ejecutar una instrucción que no está permitida, de manera que Excel dejará de responder. Algunos de estos errores ocurren por:

  - Intentar realizar una operación prohibida en Excel, como dividir entre cero o sumar una cadena de texto.

  - Intentar utilizar una librería de código que no está accesible en ese momento.

  - Utilizar un bucle con una condición que nunca se cumple.

  - Tratar de asignar un valor que está fuera de los límites de la variable.

En general, para la corrección de la mayoría de estos errores, se debe volver a escribir el código defectuoso.

- **Errores lógicos**. Son aquellos que aparecen una vez que la aplicación que está en uso. Suelen ser suposiciones erróneas realizadas por el desarrollador, o resultados no deseados o inesperados en respuesta a las acciones del usuario.

ACTIVIDADES FINALES

2.1. En este ejercicio se van a desarrollar las siguientes opciones:

1. Formato de celdas: número, alineación, fuente y bordes.

2. Trabajo con hojas.

3. Operaciones matemáticas simples: sumas, restas, multiplicaciones.

4. Funciones: AÑO, AHORA, BUSCARV, Y, O, SUMA.

5. Ancho de columnas.

6. Márgenes.

7. Combinación de celdas.

8. Gráficos.

Realiza la siguiente hoja de cálculo teniendo en cuenta las consideraciones que se dan en el cuadro siguiente:

1º. Abrir el archivo "Actividad 2.1 (Alumno)".

2º. Poner nombre a las hojas, tal que:

- Hoja 1: Personal.

- Hoja 2: Sueldos y Pagas.

- Hoja 3: Gráfico.

- Hoja 4: Tablas.

Las hojas que no sean necesarias elimínalas, y si te hace falta alguna, insértala.

3º. En la hoja **Personal** la columna "Antigüedad" es con fórmula, y es la diferencia entre el AÑO ACTUAL y el Año de la columna "Fecha Contrato". (Utilizar para ello las funciones de FECHA Y HORA que consideres oportunas).

4º. En la hoja **Sueldos y Pagas** tendrás que aplicar las siguientes fórmulas:

1. La columna "Nombre" y "1er Apellido" aparecerá automáticamente una vez que hayamos introducido el valor de la columna "Código". (Utilizar para ello la función BUSCARV).

2. La columna "Sueldo Base" estará en función del Pto. Trabajo. El importe del salario base lo tenemos en la hoja **Tablas**. (Utilizar para ello la función BUSCARV anidada).

3. La columna "Importe Hora" estará en función de la categoría. El importe de la hora extra lo tenemos en la hoja **Tablas**. (Utilizar para ello la función BUSCARV anidada).

4. La columna "Total Horas Extra" es la multiplicación del número de horas por el importe/hora.

5. La columna "Euros Antigüedad" será de 12,02 € siempre y cuando la columna "Antigüedad" sea mayor de 5 y la categoría sea la "A" o la "B", en caso contrario será de 6,01 €. (Utilizar para ello las funciones SI, Y, BUSCARV y O).

6. La columna "Total Salario" es la suma de las columnas "Sueldo Base" más "Total Horas Extra" más "Euros Antigüedad". (Utilizar para ello la función SUMA).

5º. En el encabezado de todas las hojas aparecerá el **nombre de la hoja** en la izquierda, y la **fecha y la hora,** a la derecha. en el pie de página no habrá **nada**.

6º. Establece los bordes, formatos, combinaciones y sombreados de celdas necesarios para que las diferentes hojas de cálculo queden presentables.

7º. Realiza el gráfico comparativo de lo que cobran los trabajadores por sueldo base y total salario, apareciendo en el eje de abscisas la tabla de datos. el **sueldo base** aparecerá con un gráfico de <u>columnas</u>, y el total salario aparecerá con un gráfico de <u>líneas</u>. Realízalo en la hoja correspondiente.

2.2. Realiza un nuevo libro al que llamarás Transporte.

En este ejercicio se van a desarrollar las siguientes opciones:

1. Formato de celdas: número, alineación, fuente, bordes y rellenos.

2. Operaciones matemáticas simples: restas, multiplicaciones y divisiones.

3. Funciones: SI, Y, SUMA y PROMEDIO.

4. Referencias absolutas, relativas o mixtas.

5. Ancho de columnas.

6. Márgenes.

7. Orientación.

8. Combinación de celdas.

9. Plantillas.

10. Macros.

Realiza la siguiente hoja de cálculo teniendo en cuenta las consideraciones que se dan a continuación:

1. Genera una plantilla con la estructura de la hoja de cálculo, y así se podrá utilizar para sucesivas ocasiones.

2. En esa misma plantilla crea una macro para sombrear y poner un borde sencillo a las celdas de las filas 2 y 4.

Una vez realizados los dos apartados anteriores, cierra la plantilla y crea a través de ella una hoja de cálculo nueva que tendrá las siguientes características:

1. Hasta la columna H se introducen los datos manualmente.

2. La columna I es la multiplicación del peso transporte (columna F) por el precio por kilo.

3. El valor de la columna J dependerá de los kilómetros recorridos, tal y como se aprecia en la tabla "Pluses". De tal forma, si se han recorrido más de 5000 km se aplicará un plus del 7 %; de la misma forma, si se han recorrido menos de esos 5000 km, el plus será del 3,5 %.

4. La columna K solamente mostrará importe cuando el trayecto sea "RESTO", estableciendo el valor que figura en la tabla "Pluses".

5. El importe de la columna L dependerá del tipo de trayecto que se haya realizado. De tal forma, tal y como se establece en la tabla "Precio por Kilómetro Recorrido", dependiendo del tipo de trayecto el importe va variando. El resultado es la multiplicación de los kilómetros recorridos por el valor de ese kilómetro.

6. En la columna M se establecerá un descuento de 30 €, tal y como se muestra en la tabla "Descuentos", siempre y cuando las unidades transportadas excedan de 15. Estos 30 € se multiplicarán por el número de unidades que excedan de 15.

7. La empresa se compromete a realizar el servicio en unos días, en función del tipo de trayecto, tal y como se muestra en la tabla "Plazo Comprometido Según Trayecto". Cuando no se cumplen esos plazos existe un descuento, tal y como se muestra en la tabla "Descuento por Incumplimiento del Plazo Comprometido".

   Esta columna N especifica a qué cantidad asciende ese descuento, siempre y cuando la diferencia entre la fecha de entrega y la fecha de salida sea superior a los días comprometidos.

8. El coste final es la suma desde la columna I hasta la columna L, menos los descuentos correspondientes (columnas M y N).

9. El coste/kg es el importe unitario que supone transportar un kilo de producto, teniendo en cuenta el coste final calculado anteriormente, y el peso transportado.

10. En la fila 16 establece la media de las columnas correspondientes.

11. Establece un ancho de columnas y un alto de filas similar al que te doy, teniendo en cuenta que tiene que caber todo en una sola página.

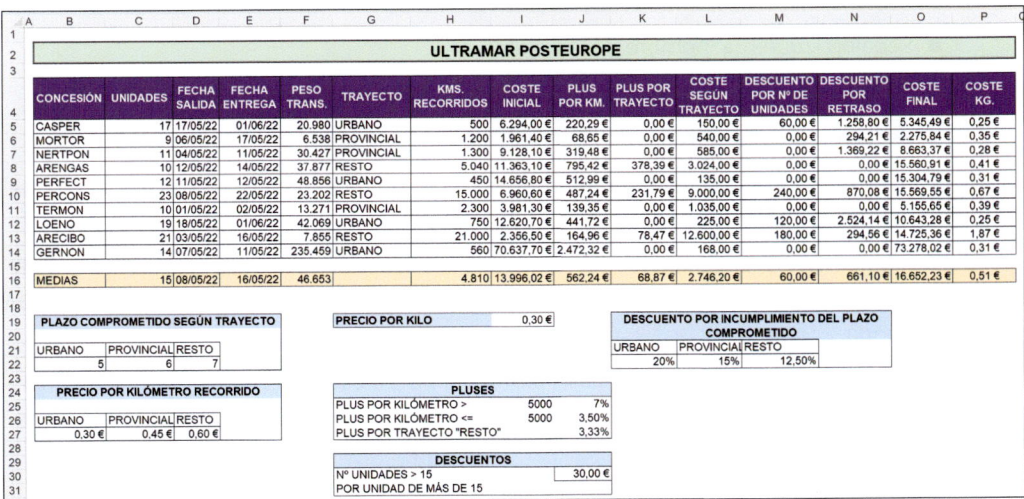

2.3. Realiza un nuevo libro de Microsoft Excel al que llamarás Notas Alumnado.

Los aspectos que se van a trabajar en este libro son:

1. Formato de celdas: número, alineación, fuente, bordes y rellenos.

2. Trabajo con hojas.

3. Funciones: BUSCARV, SI, Y, O, PROMEDIO, CONTARA, CONTAR.BLANCO, CONTAR.SI.

4. Formato condicional.

5. Ancho de columnas.

6. Encabezado y pie de página.

7. Márgenes.

8. Gráficos.

9. Protección de la hoja.

Realiza la siguiente hoja de cálculo teniendo en cuenta las consideraciones que se dan en el cuadro siguiente:

1. El contenido se deberá escribir en las mismas celdas que las establecidas en la muestra.

2. Copia, en una hoja que llamarás **ALUMNOS**, el listado con el nombre y apellidos de doce personas.

3. Los datos que se escriben manualmente en la hoja **NOTAS** son los siguientes:

   - Fila 2.

   - Columnas B, D, E, F, G y K.

   Todas las demás celdas tendrán una fórmula.

4. En el encabezado aparecerá lo siguiente:

   - Sección Izquierda: nombre de la hoja.

   - Sección central: tu nombre y apellidos (en negrita y con un tamaño de 14 puntos).

   - Sección derecha: nombre del archivo.

5. En el pie de página, a la derecha, aparecerá el número de página y el total de páginas (tal y como se ve en la muestra).

6. En la hoja **NOTAS,** al cumplimentar manualmente la columna B, deberá aparecer el nombre del alumno automáticamente en la columna C, utilizando la función de **BÚSQUEDA** adecuada.

7. La columna H me tendrá que sacar el promedio de los cuatro ejercicios, siempre y cuando no aparezca la expresión "NP" en alguno de ellos. Si sucede esto último, deberá aparecer "SUSPENSO".

8. La columna I me tendrá que sacar un 3 si en la columna H aparece "SUSPENSO" o si la media de los cuatro ejercicios es inferior a 3, apareciendo el valor de la columna H en caso contrario.

9. La celda L7 me tendrá que **CONTAR** cuántos alumnos se han examinado.

10. La celda L8 me tendrá que **CONTAR** cuántos alumnos han aprobado.

11. La celda L9 me tendrá que **CONTAR** cuántos alumnos han suspendido.

12. Realiza el gráfico cilíndrico que puedes observar, dejándolo tal y como allí figura.

13. Establece los formatos de celda necesarios para que quede como en la muestra, teniendo en cuenta que el tamaño de la fuente será de 13 puntos para los encabezados de la tabla y de 11 puntos para el resto.

14. La hoja **NOTAS** estará protegida, pudiéndose escribir solamente en las columnas B, D, E, F y G. Además, solamente se podrán seleccionar las celdas desbloqueadas. Pon como contraseña tu primer apellido en mayúsculas.

15. Establece un formato condicional a las columnas D, E, F y G, de tal forma que:

   ■ Si la nota es "NP", la celda aparecerá con un sombreado rojo.

   ■ Si la nota es superior a 8, el color de la fuente será verde en negrita.

16. Realiza una copia de la hoja **NOTAS** en otra hoja que llamarás **COPIA NOTAS** y haz lo siguiente:

   ■ Ordena los datos alfabéticamente (de mayor a menor) por el nombre del alumno (columna C).

   ■ Realiza un filtrado de los datos, de tal forma que solamente se vean los alumnos que tienen SUSPENSO en la columna H.

   ■ Establece de color rojo la etiqueta de la hoja.

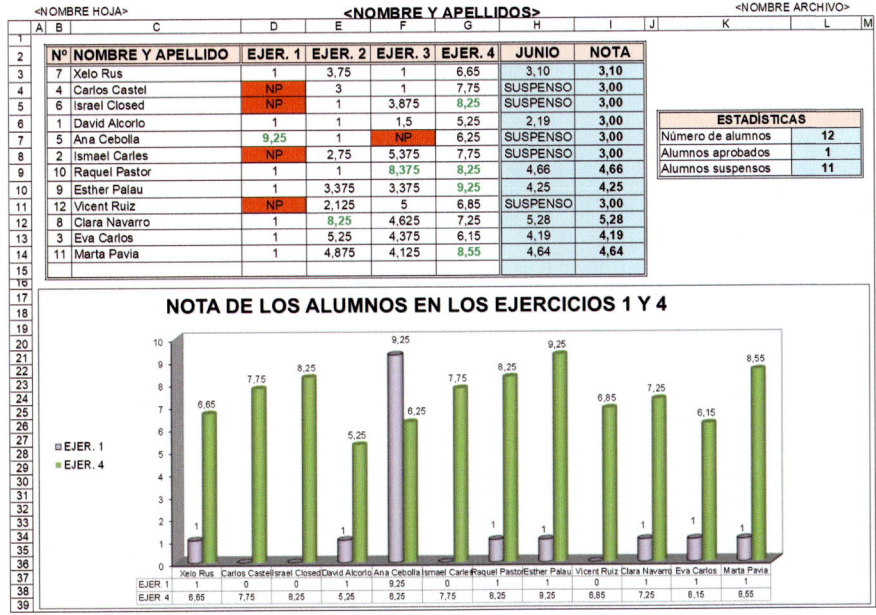

193

2.4. Realiza un nuevo libro al que llamarás Piscina.

Aspectos a trabajar:

1. Formato de celdas: número, alineación, fuente, bordes y rellenos.

2. Operaciones matemáticas simples: restas y divisiones.

3. Funciones: BUSCARV, SI, ENTERO, HOY y SUMAR.SI.

4. Referencias absolutas, relativas o mixtas.

5. Trabajo con varias hojas.

6. Ancho de columnas.

7. Combinación de celdas.

Realiza la siguiente actividad teniendo en cuenta las siguientes consideraciones:

1. El libro de trabajo constará de dos hojas: la hoja **TABLAS** que recoge los precios de los cursos y los descuentos que se hacen a los socios, y la hoja **CURSOS** en donde se refleja el importe a pagar por cada persona.

2. Los datos que se introduzcan en la hoja **TABLAS** son manuales.

3. En la hoja **CURSOS** habrá que calcular el precio del curso. Este precio depende de dos factores:

4. El tipo de curso que se haga: iniciación, aprendizaje o avanzado.

5. El descuento que se aplica, de tal forma que a los socios se les hace un descuento sobre el precio del curso. Este descuento varía en función de la edad.

6. En las filas 19, 20 y 21 se establecerá el importe total que se ha cobrado por cada uno de los tipos de cursos que se ofrecen.

Hoja **TABLAS:**

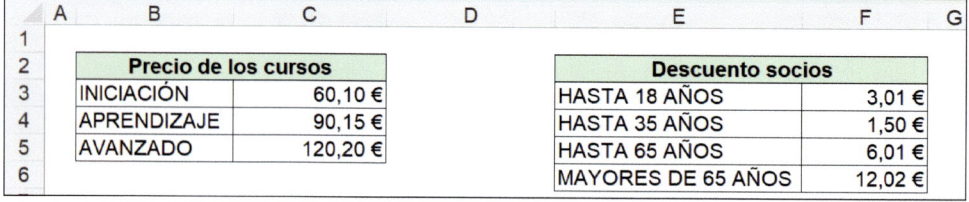

	A	B	C	D	E	F	G
1							
2		Precio de los cursos			Descuento socios		
3		INICIACIÓN	60,10 €		HASTA 18 AÑOS	3,01 €	
4		APRENDIZAJE	90,15 €		HASTA 35 AÑOS	1,50 €	
5		AVANZADO	120,20 €		HASTA 65 AÑOS	6,01 €	
6					MAYORES DE 65 AÑOS	12,02 €	

Hoja **CURSOS**:

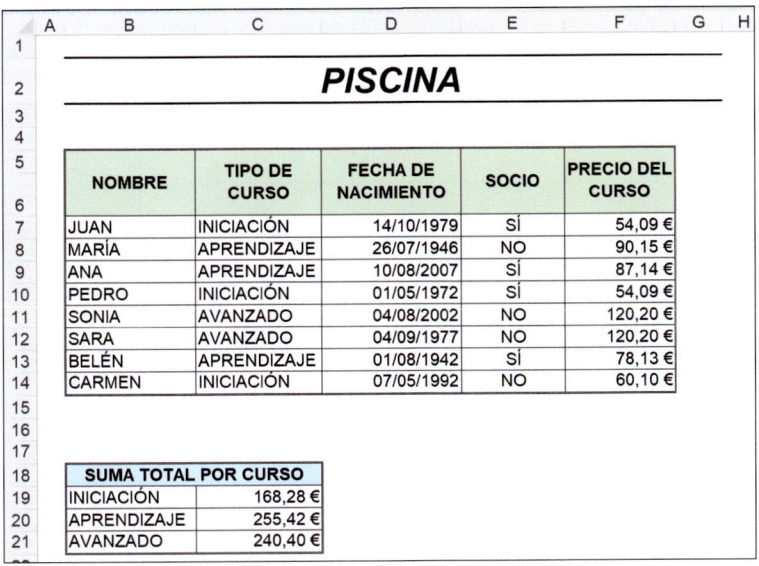

PISCINA

NOMBRE	TIPO DE CURSO	FECHA DE NACIMIENTO	SOCIO	PRECIO DEL CURSO
JUAN	INICIACIÓN	14/10/1979	SÍ	54,09 €
MARÍA	APRENDIZAJE	26/07/1946	NO	90,15 €
ANA	APRENDIZAJE	10/08/2007	SÍ	87,14 €
PEDRO	INICIACIÓN	01/05/1972	SÍ	54,09 €
SONIA	AVANZADO	04/08/2002	NO	120,20 €
SARA	AVANZADO	04/09/1977	NO	120,20 €
BELÉN	APRENDIZAJE	01/08/1942	SÍ	78,13 €
CARMEN	INICIACIÓN	07/05/1992	NO	60,10 €

SUMA TOTAL POR CURSO	
INICIACIÓN	168,28 €
APRENDIZAJE	255,42 €
AVANZADO	240,40 €

NOTA: El precio del curso está calculado a fecha 10 de noviembre DE 2024.

2.5. Realiza un nuevo libro al que llamarás Agencia de Viajes.

Aspectos a trabajar:

1. Formato de celdas: número, alineación, fuente, bordes y rellenos.

2. Operaciones matemáticas simples: sumas y multiplicaciones.

3. Funciones: BUSCARV, SI, Y, SUMAR.SI.

4. Ancho de columnas.

5. Márgenes.

6. Combinación de celdas.

Las consideraciones que debes tener en cuenta para realizar esta actividad son:

1. La hoja **TABLAS** contendrá los datos necesarios para poder calcular el importe total a pagar por los viajes. Toda la información en ella contenido se escribirá manualmente.

2. En la hoja **VIAJES** se tendrán en cuenta lo siguiente:

   ■ La columna B y C se escribirán manualmente.

   ■ El precio y la compañía aparecerá automáticamente una vez introducido el destino.

   ■ Para calcular los pluses se tendrá en cuenta la tabla "PLUSES" existente en la hoja **TABLAS**. De tal forma que, si se hace un viaje a Nueva York con IBERIA, el plus será del 15,50 %; de la misma forma, si el viaje es a Dubái con EMIRATES, el plus será del 25,35 %.

- El total es la suma del precio más los pluses.

- En la fila 20 se calculará el importe total facturado por cada una de las compañías.

3. Establece como encabezado, en todas las hojas, el nombre de la hoja en la derecha.

Hoja **TABLAS**:

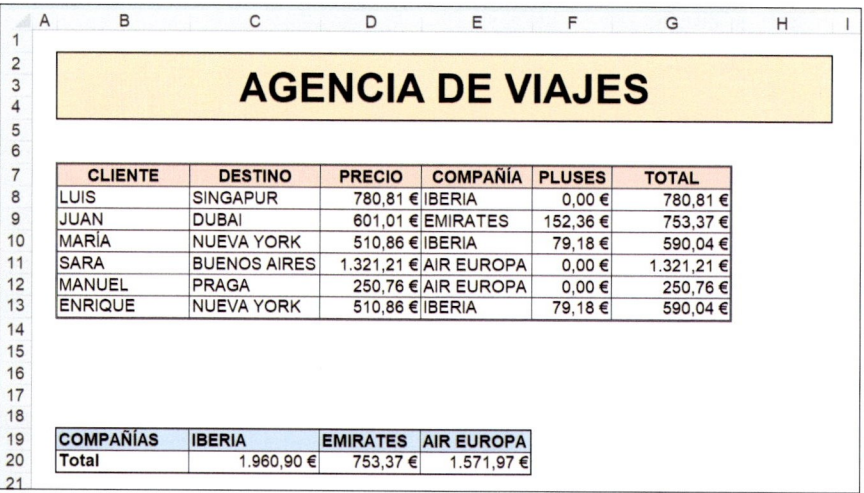

	DESTINO	PRECIO	COMPAÑÍA			PLUSES	
	NUEVA YORK	510,86 €	IBERIA		IBERIA	NUEVA YORK	15,50%
	SINGAPUR	780,81 €	IBERIA		EMIRATES	DUBAI	25,35%
	DUBAI	601,01 €	EMIRATES				
	BUENOS AIRES	1.321,21 €	AIR EUROPA				
	PRAGA	250,76 €	AIR EUROPA				

Hoja **VIAJES**:

AGENCIA DE VIAJES

CLIENTE	DESTINO	PRECIO	COMPAÑÍA	PLUSES	TOTAL
LUIS	SINGAPUR	780,81 €	IBERIA	0,00 €	780,81 €
JUAN	DUBAI	601,01 €	EMIRATES	152,36 €	753,37 €
MARÍA	NUEVA YORK	510,86 €	IBERIA	79,18 €	590,04 €
SARA	BUENOS AIRES	1.321,21 €	AIR EUROPA	0,00 €	1.321,21 €
MANUEL	PRAGA	250,76 €	AIR EUROPA	0,00 €	250,76 €
ENRIQUE	NUEVA YORK	510,86 €	IBERIA	79,18 €	590,04 €

COMPAÑÍAS	IBERIA	EMIRATES	AIR EUROPA
Total	1.960,90 €	753,37 €	1.571,97 €

2.6. Realiza un nuevo libro de Microsoft Excel al que llamarás Factura Papelería.

Aspectos a trabajar:

1. Formato de celdas: número, alineación y bordes.

2. Operaciones matemáticas simples: sumas, restas y multiplicaciones.

3. Funciones SUMA, HOY, SI y BUSCARV.

4. Ancho de columnas y márgenes.

5. Combinación de celdas.

6. Referencias absolutas, relativas o mixtas.

7. Cuadro combinado.

Realiza la siguiente hoja de cálculo teniendo en cuenta las consideraciones siguientes:

1. La hoja en la que se establecerá la factura de venta se llamará **FACTURA**.

2. Las cuatro tablas que aparecen escríbelas en una hoja aparte, que llamarás **TABLAS.**

3. La fecha del extracto será la del día en el que estemos (función de Fecha y Hora).

4. Hasta que no se rellene la columna B (Código), no tendrá que aparecer ningún dato en el resto de columnas, utilizando para ello la función SI, salvo en las columnas E y G, que para que aparezca el resultado correspondiente se tendrá que rellenar la columna D (Cantidad) y la celda D17 (Condición de Pago).

5. La celda D17 (Condición de Pago) se realiza con un cuadro combinado.

6. La columna C (Artículo) tendrá que aparecer automáticamente una vez que hayamos introducido el código del artículo, utilizando para ello la función BUSCARV.

7. Las columnas E (Precio Unitario) y G (Descuento) tendrán que salir automáticamente una vez que se haya introducido el código de artículo y la condición de pago, utilizando para ello la función BUSCARV.

8. La columna F (Total) es la multiplicación de la cantidad por el precio unitario.

9. La columna H (Importe Total) es el Total menos el Descuento.

10. La celda H15 (Importe Total) es la suma de la columna F, y no aparecerá ningún valor hasta que no haya por lo menos un importe total.

11. La celda H16 (Descuento) es la suma de todos los descuentos ofrecidos al cliente (Columna F - Columna H), y no aparecerá ningún valor hasta que no haya por lo menos un Descuento.

12. La celda H17 (IVA 16 %) es el importe total (celda H15) menos el descuento (celda H16), y el resultado se multiplica por el 21 %, y no aparecerá ningún valor hasta que esté rellenada la celda H16 (Descuento).

13. La celda H18 (Total a Pagar) es el importe total (celda H15) menos el descuento (celda H16) más el IVA (celda H17), y no aparecerá ningún valor hasta que no esté el importe del IVA.

Hoja **FACTURA**

	A	B	C	D	E	F	G	H

ALMACÉN DE PAPELERÍA LA PAJARITA

FACTURA DE VENTA FECHA: *<Fecha actual>*

CÓDIGO	ARTÍCULO	CANTIDAD	PRECIO UNITARIO	TOTAL	DESCUENTO	IMPORTE TOTAL
1	Bolígrafo BOL	6	0,90	5,40	20%	4,32
2	Libreta de Anillas	5	1,29	6,45	18%	5,29
4	Paquete Papel A4	6	6,76	40,56	20%	32,45

IMPORTE TOTAL	52,41
DESCUENTO	10,35
IVA (21%)	8,83
TOTAL A PAGAR	50,89

Condición de pago CONTADO ▼

Hoja **TABLAS**

TABLA DE ARTÍCULOS	
CÓDIGO	ARTÍCULO
1	Bolígrafo BOL
2	Libreta de Anillas
3	Goma MILA 213
4	Paquete Papel A4
5	Cuaderno A4
6	Lápiz NORRI

TABLA DE PRECIOS		
CÓDIGO	P. CONTADO	P. RESTO
1	0,90	1,20
2	1,29	1,80
3	0,27	0,45
4	6,76	8,71
5	4,21	5,68
6	0,21	0,39

CONDICIONES DE PAGO	
CÓDIGO	DESCRIPCIÓN
1	CONTADO
2	TARJETA
3	CHEQUE
4	OTROS

TABLA DE DESCUENTOS		
CÓDIGO	D. CONTADO	D. RESTO
1	20%	10%
2	18%	8%
3	10%	5%
4	20%	10%
5	22%	12%
6	5%	0%

2.7. Realiza un nuevo libro de Microsoft Excel al que llamarás Factura.

Aspectos a trabajar:

1. Formato de cCeldas: número, alineación, fuente, bordes y rellenos.

2. Operaciones matemáticas simples: sumas, restas y multiplicaciones.

3. Función SI.

4. Ancho de columnas y alto de filas.

5. Combinación de celdas.

6. Cuadros combinados.

Reproduce la siguiente hoja de cálculo:

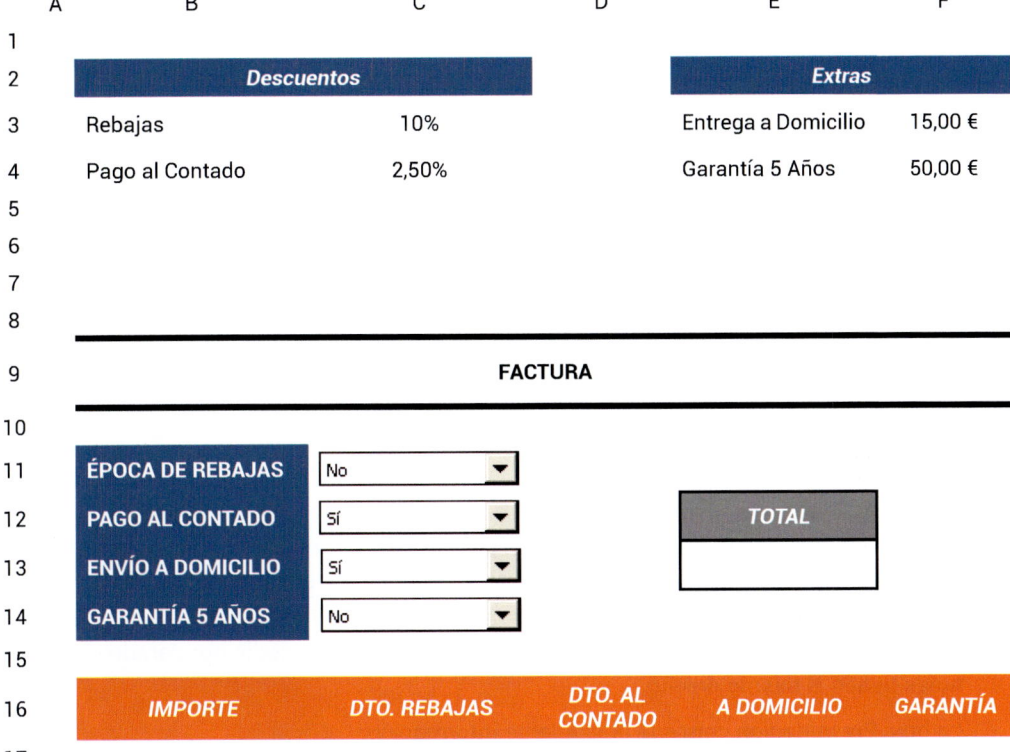

Calcula el total (celda E13) teniendo en cuenta las siguientes consideraciones:

1. Se indicará mediante las palabras "Sí" y "No" los descuentos o extras a aplicar, utilizando para ello un cuadro combinado (celdas C11, C12, C13 y C14).

2. Todas las celdas de la fila 17 contendrán una fórmula, salvo la celda B17 que se escribirá manualmente.

3. Hasta que no se cumplimente esta celda B17 no deberá aparecer ningún valor en el resto de celdas de la fila, al igual que en el total. (Utilizar para ello la función SI).

4. Los descuentos (celdas C17 y D17) aparecerán en euros, aplicando el porcentaje correspondiente al Importe, pero solamente si se cumple la condición de estar en rebajas o de pagar al contado.

5. El total (celda E13) es el resultado de restar al Importe los descuentos y sumarle los extras.

6. Todas las celdas sombreadas utilizan un color de fuente blanco y en negrita.

7. Establece un ancho de columnas y un alto de filas similar a la muestra, teniendo en cuenta que tiene que caber todo en una sola página.

2:8. Realiza un nuevo libro de Excel al que llamarás Ficha de Almacén.

Aspectos a trabajar:

1. Formato de celdas: número, alineación, fuente, bordes y relleno.

2. Operaciones matemáticas simples: sumas, restas, multiplicaciones y divisiones.

3. Funciones: SI e Y.

4. Trabajo con varias hojas.

5. Ancho de columnas.

6. Márgenes.

7. Combinación de celdas.

8. Hipervínculos.

9. Gráficos.

10. Formas.

La empresa Distribución, S. A., utiliza Excel para la valoración de sus existencias. Para ello, la citada empresa, ha creado un libro de trabajo, que contiene cuatro hojas, denominadas: **Presentación, Artic. A, Artic. B** y **Artic. C**, cada una de las cuales recoge la ficha de coste de material para un producto mediante el método del precio medio ponderado. **Todas las hojas tienen el mismo diseño.**

La hoja **Presentación** contiene la siguiente información:

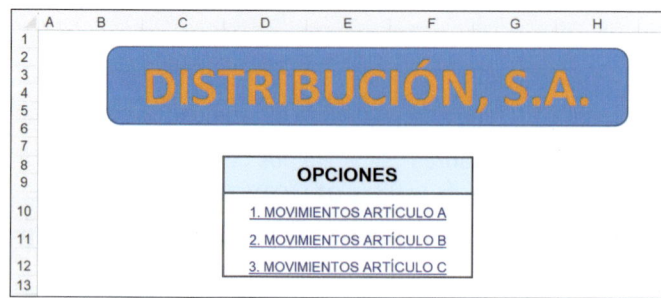

Las otras tres hojas, de idéntica distribución tal y como se ha indicado anteriormente, tienen el siguiente diseño:

A	B	C	D	E	F	G	H	I	J	K
1										
2		**FICHA DE ALMACÉN DEL ARTÍCULO B**								
3										
4			*MOVIMIENTOS*				*EXISTENCIAS*			
5	Fecha	Kg.	Euros	Tipo mvto.	Euros	Precio ud.	Kg.	Euros	P. ½ pond.	
6										
7										
8										
9										
10										
11										

Estas hojas tendrán que ser diseñadas para albergar un máximo de 30 operaciones, no apareciendo ningún valor hasta que no se haya cumplimentado la casilla correspondiente. Es decir, se podrá escribir desde la fila 6 hasta la fila 35.

Las consideraciones a tener en cuenta para elaborar esta actividad son las siguientes:

1. En el rango B6;H6:J6 se refleja la situación inicial del almacén. La celda J6 es la división de los Euros entre los Kg., siendo el resto celdas manuales.

2. Los únicos datos que se deberán teclear se recogen en las tres primeras columnas: en la columna B se establecerá la fecha en que se realiza el movimiento; en la columna C los kilogramos que intervienen en la operación; y en la columna D, solo se rellena en el caso de una entrada, introduciendo el importe en euros (€) de la compra.

3. La columna E reflejará automáticamente el tipo de movimiento realizado. Así, si es una entrada se establecerá la expresión ENT y si es una salida con la expresión SAL; ambos rótulos solo servirán para que el operador compruebe que la entrada de datos ha sido correcta.

4. La columna F refleja el Importe de la transacción: cuando sea una entrada, esta columna será una copia automática de la columna D; en el caso de que sea una salida, es el producto de los kilos pedidos por el precio medio ponderado.

5. La columna G contiene el precio unitario utilizado en la transacción, de tal forma que, si el movimiento es una entrada, se dividirá el total en euros por el número de kilogramos; y si fuese una salida, aparecerá el precio medio ponderado de la fecha inmediatamente anterior.

6. La columna H contiene el número de kilos que hay como existencias en el almacén, de tal forma que, si hay una entrada, a la cantidad anterior habrá que sumarle la cantidad que ha entrado. De la misma forma, si hay una salida, a la cantidad anterior habrá que restarle la cantidad que ha salido.

7. La columna I indica el valor de las existencias en euros, como multiplicación del precio unitario por el número de kilos en el almacén.

8. La última columna indicará el precio medio ponderado, y se calcula como división entre el Importe de valoración del almacén (columna I) entre la cantidad de existencias existentes (columna H).

Se pide:

1. Crear las hojas correspondientes y protegerlas adecuadamente.

2. Crear un gráfico de líneas (en la hoja del artículo A) que represente la evolución del precio medio ponderado en las distintas fechas. Debes tener en cuenta que de manera que vayas escribiendo fechas, automáticamente se modificará el gráfico, sin necesidad de modificarlo.

3. Crear los hipervínculos necesarios para que desde la hoja **Presentación** se pueda acceder a las otras tres y que desde cada una de las hojas se pueda regresar a la hoja de **Presentación**.

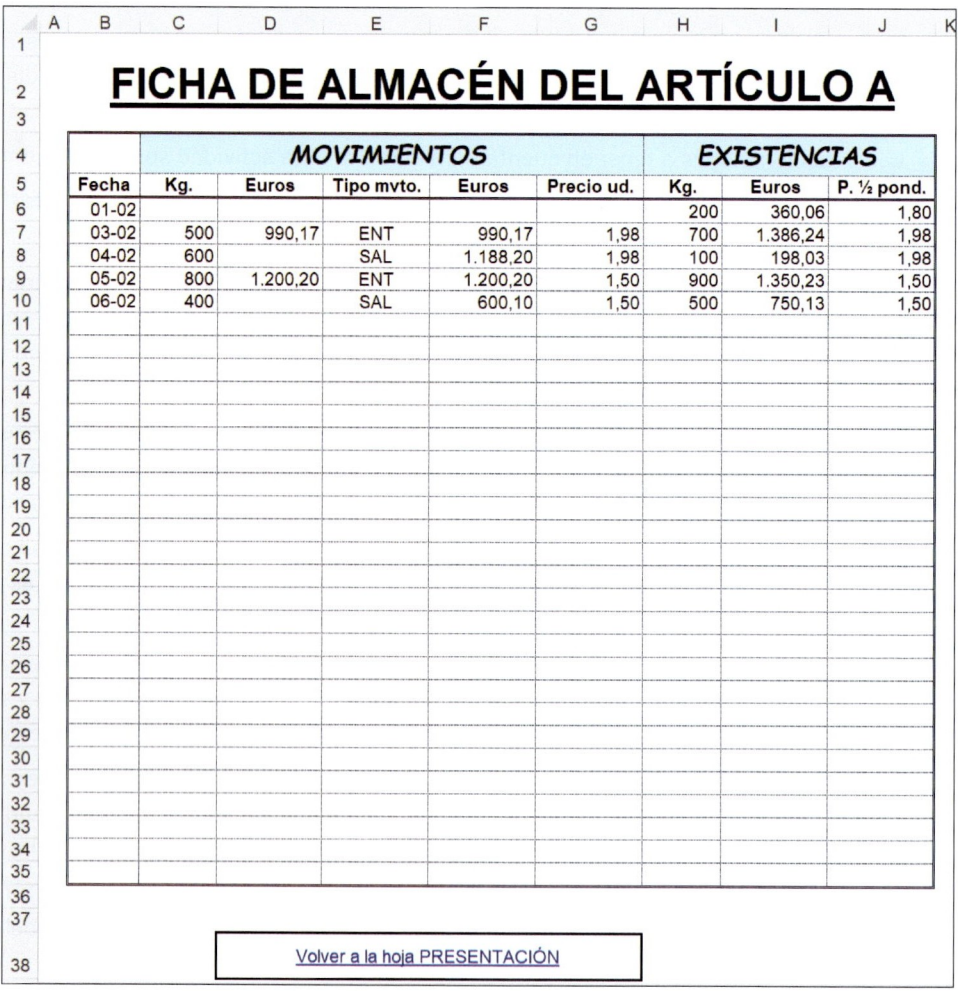

FICHA DE ALMACÉN DEL ARTÍCULO A

| | | MOVIMIENTOS | | | | EXISTENCIAS | | |
Fecha	Kg.	Euros	Tipo mvto.	Euros	Precio ud.	Kg.	Euros	P. ½ pond.
01-02						200	360,06	1,80
03-02	500	990,17	ENT	990,17	1,98	700	1.386,24	1,98
04-02	600		SAL	1.188,20	1,98	100	198,03	1,98
05-02	800	1.200,20	ENT	1.200,20	1,50	900	1.350,23	1,50
06-02	400		SAL	600,10	1,50	500	750,13	1,50

Volver a la hoja PRESENTACIÓN

2.9. Aspectos a trabajar:

1. Formato de celdas: número, alineación, fuente, bordes y rellenos.

2. Operaciones matemáticas simples: sumas, restas, multiplicaciones y divisiones.

3. Funciones: SI, BUSCARV, ESERROR, O y PAGO.

4. Ancho de columnas.

5. Márgenes.

6. Combinación de celdas.

7. Sombreado de celdas.

8. Operaciones con la barra de herramientas de formularios:

   - Casilla de verificación.

   - Cuadro combinado.

   - Barra de desplazamiento.

   - Control de número.

El concesionario de motos YAMAHA de una provincia española quiere diseñar un libro de trabajo de tal forma que cuando un cliente entre a pedir información sobre una moto en cuestión poder darle una hoja impresa con los datos de la operación.

Para llevar a cabo este trabajo, dispone de dos hojas de cálculo: una con los datos de todas las motos que vende, y otra para el control de la operación.

Abre el libro de trabajo Actividad 2.9 (Alumno) y crea una nueva hoja (que llamarás **CONTROL OPERACIÓN**) que tendrá el siguiente formato:

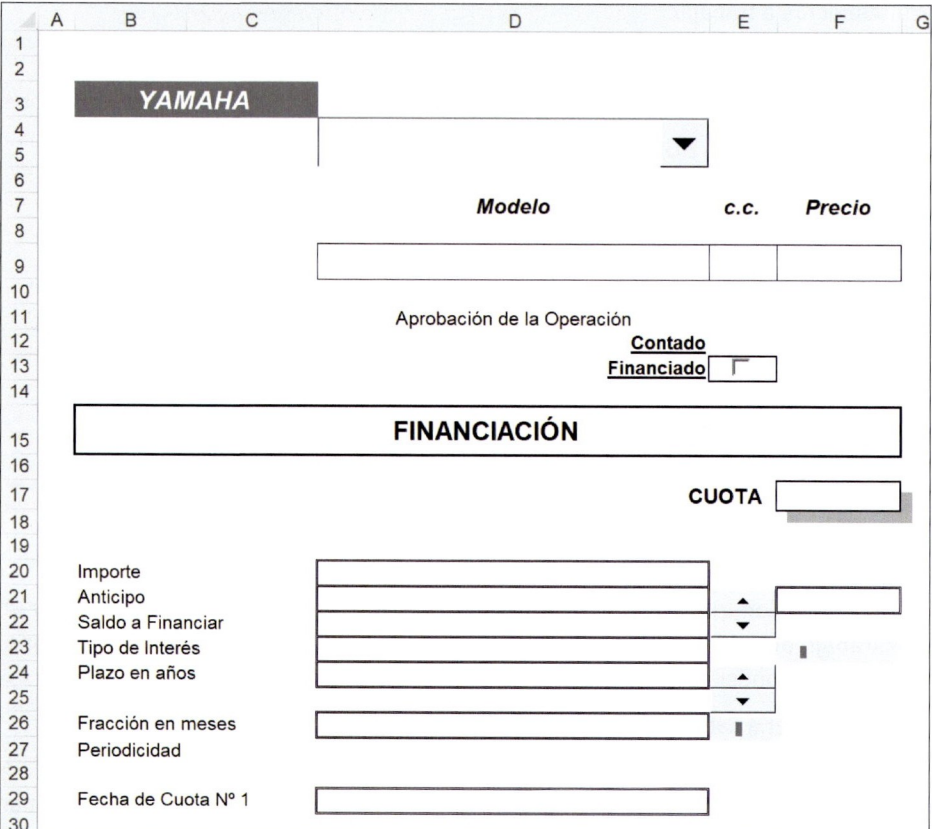

Las consideraciones a tener en cuenta para la correcta elaboración de esta hoja son las siguientes:

1. La celda C3 tiene como fondo de celda color gris al 50 % y las letras son de color blancas.

2. Crear un cuadro combinado que ocupe las celdas D4 y D5. Este cuadro combinado mostrará las motos existentes en la hoja **Datos**. Se vinculará con la celda D4.

3. En las celdas D9, E9 y F9 aparecerá el modelo, los centímetros cúbicos y el precio de la moto seleccionada en el cuadro combinado. Utilizar para ello la función de Búsqueda y Referencia oportuna, teniendo en cuenta que no aparecerá ningún valor hasta que no se haya seleccionado una moto en el cuadro combinado.

4. En la celda E13 se incorporará una casilla de verificación para marcarla en el caso de financiar la compra de la moto. Estará vinculada a la celda E12, poniendo el contenido de esta celda en color blanco para que no se vea.

5. En la celda D20 se pondrá el Importe de la moto siempre y cuando se vaya a financiar la operación. No aparecerá ningún valor hasta que no se haya marcado la casilla de verificación. (Utilizar la función ESERROR para evitar la aparición de errores).

6. Para establecer el anticipo se realizará a través de dos pasos:

■ En las celdas E21 y E22 se incorporará un control de números. Los valores que podrá tomar serán del 0 al 100, con incrementos de 5 en 5, vinculándolo a la celda E21.

■ La celda D21 se establecerá con formato porcentual. El valor que tomará será el mismo que aparezca en la celda E21, pero no aparecerá nada hasta que no se haya establecido el Importe o se haya establecido un porcentaje de anticipo a través del control de números.

7. En la celda F21 se mostrará el Importe del anticipo en euros, como multiplicación del Importe por el porcentaje del anticipo. Para evitar la aparición de errores utilizar la función ESERROR.

8. La celda D22 es el resultado de restar el Importe a la cantidad de anticipo. Utilizar la función ESERROR para evitar la aparición de errores.

9. Para establecer el tipo de Interés se hará también mediante dos pasos:

■ En la celda F23 se incorporará una barra de desplazamiento. Los valores que podrá tomar serán del 0 al 200, con incrementos de 1 en 1, vinculándolo a la celda F23.

■ La celda D23 se establecerá con formato porcentual. El valor que tomará será el mismo que aparezca en la celda F23, pero no aparecerá nada hasta que se haya establecido el saldo a financiar o se haya establecido un tipo de interés a través de la barra de desplazamiento.

10. Para el plazo en años se vuelve a recurrir a un control de números. Se realizará de la siguiente forma:

■ En las celdas E24 y E25 se incorporará el control. Los valores que podrá tomar serán del 0 al 8, con incrementos de 1 en 1, vinculándolo a la celda E24.

■ La celda D24 tomará el mismo valor que aparezca en la celda E24, pero no aparecerá nada mientras permanezca en blanco el tipo de interés o no se haya establecido un plazo en años a través del control de números.

11. La fracción en meses se establecerá de la siguiente forma:

■ En la celda E26 se incorporará una Barra de Desplazamiento. Los valores que podrá tomar serán del 1 al 12, con incremento de 1 en 1, vinculándolo a la celda E26.

■ En la celda D26 se establecerá el mismo valor que en la celda E26 siempre y cuando no esté en blanco el plazo en años o no se haya establecido el plazo en meses a través de la barra de desplazamiento.

12. En la celda F17 se calculará el valor de la cuota que se tendrá que abonar por la financiación de la moto, utilizando para ello la función PAGO. (Utilizar la función ESERROR para evitar la aparición de errores).

13. Las únicas celdas que recibirán una entrada manual serán:

■ D27: Donde se establecerá la periodicidad del pago.

■ D29: Donde se pondrá la fecha de pago de la primera cuota.

14. Proteger y ocultar todas las celdas, salvo estas dos últimas de entrada manual, para impedir que puedan ser vistas o modificadas las fórmulas de la hoja de trabajo.

15. Establecer el ancho de columnas y alto de filas similar al que te doy.

16. Los márgenes serán los que consideres oportunos, pero ten en cuenta que las dos hojas se imprimirán en una sola página.

2:10. Utilizando VBA escribe el código de lo siguiente (cada uno en un módulo diferente):

a) Procedimiento que permita realizar la suma de los primeros 5 números enteros.

b) Vamos a complicar un poco el código anterior. La suma será de los primeros X números, introduciendo el usuario el valor X con una pregunta que se le realizará.

c) Procedimiento que solicite introducir al usuario un número del 1 al 12, y devuelva el nombre del mes correspondiente.

d) Procedimiento que solicite la introducción de dos números y determine cuál de los dos valores es el mayor, mostrándolo en un cuadro de diálogo.

e) Procedimiento que lea los primeros 100 números enteros y determine cuántos de ellos son impares; al final, se deberá mostrar su sumatoria.

f) Procedimiento que permita calcular el promedio de notas de un grupo de alumnado. Este finaliza cuando ya se hayan leído todas las notas (notas=0).